DR. FRANCISCO ALARCÓN LÓPEZ
DR. DAVID CÁRDENAS VÉLEZ
DR. VICENTE JAVIER CLEMENTE SUÁREZ
DR. JUAN ÁNGEL COLLADO MARTÍNEZ (COORDINADOR)
D. JESÚS C. GUILLÉN BUIL
DR. MANUEL JIMÉNEZ LÓPEZ
D. JUAN LÁZARO MATEO
DR. DANIEL NAVARRO ARDOY
D. ORIOL MERCADÉ CANALS
DR. IVÁN RIVILLA ARIAS
DR. MAURO SÁNCHEZ SÁNCHEZ

# NEUROCIENCIA, DEPORTE Y EDUCACIÓN

©Copyright: Dr. Francisco Alarcón López, Dr. David Cárdenas Vélez, Dr. Vicente Javier Clemente Suárez, Dr. Juan Ángel Collado Martínez (Coordinador), D. Jesús C. Guillén Buil, Dr. Manuel Jiménez López, D. Juan Lázaro Mateo, Dr. Daniel Navarro Ardoy, D. Oriol Mercadé Canals, Dr. Iván Rivilla Arias, y Dr. Mauro Sánchez Sánchez

©Copyright: De la presente Edición, Año 2018 WANCEULEN EDITORIAL

**Título**: NEUROCIENCIA, DEPORTE Y EDUCACIÓN

**Autores**: DR. FRANCISCO ALARCÓN LÓPEZ, DR. DAVID CÁRDENAS VÉLEZ, DR. VICENTE JAVIER CLEMENTE SUÁREZ, DR. JUAN ÁNGEL COLLADO MARTÍNEZ (COORDINADOR), D. JESÚS C. GUILLÉN BUIL, DR. MANUEL JIMÉNEZ LÓPEZ, D. JUAN LÁZARO MATEO, DR. DANIEL NAVARRO ARDOY, D. ORIOL MERCADÉ CANALS, DR. IVÁN RIVILLA ARIAS y DR. MAURO SÁNCHEZ SÁNCHEZ

**Editorial:** WANCEULEN EDITORIAL
**Sello Editorial:** WANCEULEN EDITORIAL DEPORTIVA

**ISBN (Papel):** 978-84-9993-847-9
**ISBN (Ebook):** 978-84-9993-848-6

**DEPÓSITO LEGAL:** SE 676-2018

Impreso en España. 2018

WANCEULEN S.L.
C/ Cristo del Desamparo y Abandono, 56 - 41006 Sevilla
Dirección web: www.wanceuleneditorial.com y www.wanceulen.com
Email: info@wanceuleneditorial.com

Reservados todos los derechos. Queda prohibido reproducir, almacenar en sistemas de recuperación de la información y transmitir parte alguna de esta publicación, cualquiera que sea el medio empleado (electrónico, mecánico, fotocopia, impresión, grabación, etc), sin el permiso de los titulares de los derechos de propiedad intelectual. Cualquier forma de reproducción, distribución, comunicación pública o transformación de esta obra solo puede ser realizada con la autorización de sus titulares, salvo excepción prevista por la ley. Diríjase a CEDRO (Centro Español de Derechos Reprográficos, www.cedro.org) si necesita fotocopiar o escanear algún fragmento de esta obra.

*A los alumnos, nuestros grandes maestros;*
*A los amigos, nuestro exquisito tesoro;*
*A la familia, nuestra razón de ser.*


*"Tres cosas hacen a la persona discreta:*
*letras, camino y experiencia"*
**Miguel de Cervantes**

# NEUROCIENCIA, DEPORTE Y EDUCACIÓN

**Dr. Francisco Alarcón López**
@paquilloal
Profesor de la Facultad de Educación de la Universidad de Alicante. Docencia e Investigación en Baloncesto. Multitud de publicaciones dedicadas al avance de los métodos de entrenamiento para el desarrollo de la capacidad táctica y creativa de los jugadores en los deportes de equipo. Miembro del grupo de investigación "Estructura y procesos involucrados en los deportes de interacción", de la Universidad de Granada, y de la Sociedad para el estudio de los juicios y la toma de decisiones (www.sejyd.org). Más de 20 años ejerciendo como entrenador de baloncesto, tanto en etapas formativas como en el alto rendimiento. Perfil investigador: https://www.researchgate.net/profile/Francisco_Lopez26

**Dr. David Cárdenas Vélez**
Profesor Titular de la Facultad de Ciencias de la Actividad Física y el Deporte de la Universidad de Granada. Docencia e Investigación en Baloncesto. Más de 100 publicaciones relacionadas con los procesos cognitivos implícitos en los deportes de equipo. Responsable del grupo de investigación "Estructura y procesos involucrados en los deportes de interacción", de la Universidad de Granada, y miembro de la Sociedad para el estudio de los juicios y la toma de decisiones (www.sejyd.org). Amplia experiencia en el baloncesto profesional y colaborador habitual en los programas de formación para entrenadores de distintas federaciones autonómicas de Baloncesto. Perfil investigador: https://www.researchgate.net/profile/David_Velez

**Dr. Vicente Javier Clemente Suárez**
@vclementesuarez
Licenciado en Ciencias del Deporte, Graduado en Psicología, Doctor en Rendimiento Deportivo, Doctor en Biomedicina. Profesor Titular de la Universidad Europea de Madrid. Director del Grupo de Investigación Consolidado en Psicofisiología aplicada de la UEM. Director del Centro de Estudios de Combate Aplicado. Director Técnico del Club Triatlón Tritoledo. Líneas de investigación principales: respuesta psicofisiológica en combate, nuevos modelos de entrenamiento deportivo, evaluación psicofisiológica para la mejora de los procesos de enseñanza-aprendizaje, psicobiología de las conductas antisociales y de los trastornos psicológicos.

**Dr. Juan Ángel Collado Martínez**
@collado55

Doctor y Licenciado en Ciencias de la Actividad Física y del Deporte por la Universidad de Castilla-La Mancha, Licenciado en Psicología por la Universidad de Salamanca y Diplomado en Magisterio por la Universidad Camilo José Cela; Máster en Neuropsicología y Educación por UNIR y Máster en Psicología del Deporte por la UNED. Profesor del Máster de Formación del Profesorado y del Grado en Educación Infantil en la Universidad Internacional de Valencia y en el Universidad Internacional de la Rioja. Conferenciante en temas relacionados con la motivación, el liderazgo, la excelencia deportiva, la innovación metodológica y la neurociencia educativa.

**D. Jesús C. Guillén Buil**
@jesuscguillen

Licenciado en Ciencias Físicas por la Universidad de Barcelona. Autor del blog "Escuela con cerebro". También participo en plataformas educativas como Niuco, INED21, Universo UP o Revista digital. En la actualidad colaboro con el grupo de investigación coordinado por Anna Forés en proyectos relacionados con la Neuroeducación, como en el posgrado del ICE de la Universidad de Barcelona, en el Máster de Neurodidáctica en la Universidad Rey Juan Carlos o en la Diplomatura Neurociencias y Emociones en el Aprendizaje de la Universidad Nacional Villa María, de los que soy profesor. Colaborador con el Ministerio de Educación, Cultura y Deporte en proyectos relacionados con la neuroeducación. Formador y divulgador nacional e internacional. Coautor del libro "Neuromitos en educación" y autor de "Neuroeducación en el aula: de la teoría a la práctica".

**Dr. Manuel Jiménez López**
@CrazyFeelingFB

Doctor por el Departamento de Fisiología Humana y de la Educación Física y Deportiva de la Universidad de Málaga. Profesor de la Facultad de Educación de la UNIR y Profesor Colaborador de la Escuela de Medicina del Deporte de la UMA. Miembro del grupo de investigación "Grupo CTS-132" del Instituto de Investigaciones Biomédicas de Málaga y Co-Autor de la publicación ganadora del Premio "Dr. Fernández Pastor" a la mejor investigación en medicina del deporte del año 2012.

**D. Juan Lázaro Mateo**

Doctorando y Licenciado en Psicología por la Universidad de Valencia. Máster en intervención psicosocial. Postgrado de experto en adicción al juego y otras adicciones del comportamiento.
Presidente de la Asociación de Expertos en Comunicación No Verbal. Psicólogo General Sanitario en clínica privada. Coordinador

técnico del Centro de Referencia Estatal de Atención Psicosocial (CREAP) de Valencia, gestionado por el Grupo Rey Ardid. Técnico de investigación en la Universidad de Valencia en la Unidad de Investigación de Juego y Adicciones Tecnológicas.

### D. Oriol Mercadé Canals
### @oriolmercade

Licenciado en Psicología y Máster en Gestión de Entidades deportivas; en Psicología del deporte y el ejercicio físico; en Medicina y Neurofisiología del Sueño y doctorando en Ciencias del deporte y la Salud por la URL. Especialista en técnicas EMDR, Bio-Neurofeedback, Coaching e Hipnosis, tiene consulta privada en Barcelona y en la Unidad de Salud de la Clinica Londres y forma parte del equipo de la Clínica del Sueño del Dr. Estivill-Quiron. Profesor en Máster en Psicología deportiva y Escola Catalana de l'Esport. Ejerce de Psicólogo deportivo en Federació Catalana de Pádel, Catgas Santa Coloma y Barcelona Tennis Academy. Autor del libro "Entrenador Líder. Psicología deportiva aplicada a los equipos deportivos".

### Dr. Daniel Navarro Ardoy
### @dnardoy

Doctor por la Universidad de Granada desde 2012, con estancia investigadora en el Instituto Karolinska de Suecia. Profesor de Educación Física desde 2005 y como funcionario de carrera desde el 2008. Docente del Máster Neuroeducación y Educación Física, Universidad CEU Cardenal Herrera. Colaborador del grupo de investigación PROFITH (PROmoting FITness and Health) de la Universidad de Granada y del grupo de investigación SAFE (Salud, Actividad Física y Educación) de la Universidad de Murcia. Colaborador con el Ministerio de Educación, Cultura y Deporte en proyectos relacionados con la neuroeducación. Formador del profesorado y divulgador científico-didáctico sobre neuroeducación, salud, metodologías activas y gamifiación aplicada al aula. Autor de varios libros, capítulos y artículos científico-didácticos relacionados con su actividad profesional.

### Dr. Iván Rivilla Arias @rivilla_

Doctor y Licenciado en Ciencias de la Actividad Física y el deporte, Máster en Formación y Detección de jóvenes talentos en el fútbol por la Universidad de Castilla-La Mancha. Es director del departamento de didáctica de la Educación Física y la Salud en la Facultad de Educación de la Universidad Internacional de la Rioja (UNIR). Profesor en el Centro Nacional de Formación de Entrenadores. Autor, entre otras obras, del libro "Teoría y Práctica del entrenamiento futbolístico".

**Dr. Mauro Sánchez Sánchez**
**@snchez_mauro**

Profesor Contratado Doctor en la Facultad de Ciencias del Deporte de la Universidad de Castilla-La Mancha. Doctor en Educación Física por la Universidad de Granada, Master en Psicología del Deporte por la UNED y Entrenador Superior de Baloncesto. Su línea de investigación se centra en la educación integral a través del deporte. Ha desempeñado funciones docentes como profesor de EF y como entrenador de baloncesto dirigiendo a grupos de niños, jóvenes y adultos. Ha sido Vicedecano en la Facultad de Ciencias del Deporte y Secretario del Departamento de Actividad Física y Ciencias del Deporte de la UCLM. Como profesor visitante ha hecho estancias en la School of Kinesiology and Health Studies de la Universidad de Queen´s (Canadá) y en el STAPS de la Universidad de Nantes (Francia).

# Índice

**NEUROCIENCIA DE LA MOTIVACIÓN: DE LA DOPAMINA A LA ACCIÓN** ......................................................................... 13
Dr. Mauro Sánchez Sánchez y Dr. Juan Ángel Collado Martínez

**BENEFICIOS COGNITIVOS DE LA ACTIVIDAD FÍSICA: BUENO PARA EL CORAZÓN, BUENO PARA EL CEREBRO** ................................ 49
D. Jesús C. Guillén Buil

**NEUROCIENCIA DE LA ALIMENTACIÓN Y EL SEGUNDO CEREBRO** .......... 67
Dr. Daniel Navarro Ardoy y Dr. Juan Ángel Collado Martínez

**INTELIGENCIA EMOCIONAL Y SUEÑO EN EL DEPORTE** ....................... 103
D. Oriol Mercadé Canals

**PERSPECTIVA NEUROPSICOLOGÍA DEL ENTRENAMIENTO DEPORTIVO. UNA ORGANIZACIÓN SISTÉMICA** ................................................... 127
Dr. Iván Rivilla Arias

**INGELIGENCIA INTUITIVA Y DECISIONES INCONSCIENTES** .................. 145
Dr. Francisco Alarcón López y Dr. David Cárdenas Vélez

**EL LENGUAJE NO VERBAL EN EL DEPORTE: LAS EMOCIONES AL DESCUBIERTO** ............................................................................ 177
D. Juan Lázaro Mateo

**RESPUESTAS NEUROPSICOFISIOLÓGICAS EN CIRCUNSTANCIAS ESTRESANTES** ............................................................................. 203
Dr. Vicente Javier Clemente Suárez

**EMOCIONES Y MECANISMOS NEUROENDOCRINOS EN EL DEPORTE** .................................................................................... 227
Dr. Manuel Jiménez López

**LA INTELIGENCIA DE MOVERSE: LA NEUROPSICOLOGÍA EN LA EDUCACIÓN FÍSICA** ..................................................................... 259
Dr. Daniel Navarro Ardoy

# NEUROCIENCIA DE LA MOTIVACIÓN: DE LA DOPAMINA A LA ACCIÓN

**Dr. Mauro Sánchez Sánchez,** profesor de la Universidad de Castilla-La Mancha.

**Dr. Juan Ángel Collado Martínez** profesor de la Universidad Internacional de Valencia y de la Universidad Internacional de la Rioja.

*"El viaje es mejor que el destino"* **Miguel de Cervantes**

Un día cualquiera estival de verano se podría planificar de la siguiente manera: levantarse temprano para tomar un café (siempre que seamos alondras y nos guste madrugar con una dosis de activación neuromuscular); salir a trotar durante una hora para tener una experiencia autotélica; ducha liberando un torrente de opiáceos en forma de endorfinas; desayuno completo y saludable con múltiples vitaminas y carbohidratos; lectura sosegada y apasionante; meeting con amigos para tomar el vermut; comida ligera con omega 3, verduras y frutas...; y después llegará el momento sublime en referencia al invento más universal del que altivamente presumimos: la siesta. De pronto aparecieron unos niños, de entre 8-10 años, y empezaron a jugar con una pelota causando un ruido estridente cada vez que ésta golpeaba unas portadas de chapa. La reacción inmediata e instintiva es levantarse, abrir la ventana y vociferar todo tipo de improperios a los niños, lo que les provocaría un doble refuerzo para su sistema dopaminérgico: el juego como actividad autotélica y placentera, más el hecho de hacerme sufrir y rabiar por la inexistente conexión de nuestras neuronas espejo. Una vez puesta a funcionar la inteligencia ejecutiva en conexión con la generadora, la decisión más adecuada fue alabar el juego de los niños, por un lado, con un refuerzo social positivo[1] ¡qué bien jugáis! ¡me encanta veros golpear la pelota, tenéis mucho talento! y, por otro, con una recompensa económica ¡tomad 1€ para cada uno y prometedme que volveréis mañana, en ese caso os daré el doble! La "bendita" rutina se repitió, los niños volvieron a jugar, se divirtieron, recibieron la cantidad pactada, y quedaron emplazados para regresar al día siguiente y recibir 3€ *"por barba"*. Todo marchó igual que los días anteriores salvo que no recibieron la cantidad acordada, sino 1€ a repartir entre los tres, prometiéndoles que el próximo día les daría 5€ a cada uno. Aunque un poco desconfiados por motivos evidentes, volvieron a jugar y no recibieron ni un céntimo, por lo que el lector podría preguntarse ¿qué sucedió al día siguiente? ¿y la siesta?

## 1. HACIA UN ENFOQUE NEUROMOTIVACIONAL INTEGRADOR

¿De qué hablamos cuando hablamos de motivación? Para David Bueno i Torrens, doctor e investigador de genética de la Universidad de Barcelona, la motivación es un cóctel muy versátil que incluye y depende de variables biológicas, genéticas, neuronales, psicológicas, sociales, cognitivas, de personalidad y de plasticidad cerebral. Además, la motivación tiene la antítesis paradójica ya que en sí misma es per se recompensante y a la vez nos ayuda a demorar la gratificación inmediata[2].

**Los tres tenores junto con el sistema dopaminérgico**

Había una vez un prestigioso psicólogo de Columbia University, un psicólogo reconocido con el premio nobel de economía y un excelente catedrático de filosofía, que se referían al hot system/cool system, pensamiento rápido (sistema 1)/pensamiento lento (sistema 2) e inteligencia generadora (computacional)/inteligencia ejecutiva, respectivamente. ¿Podría el lector anticipar a qué autores nos estamos refiriendo y si sus teorías, con algunos matices, podrían converger?

El primero de ellos, Walter Mischel[3], realizó en la década de los 70 del pasado siglo una sencilla prueba, *"the marshmallow test"* o test de la golosina que consistía básicamente en que un adulto dejaba a un niño solo en una habitación delante de una golosina y la opción era comérsela o esperar a que volviese el adulto que, en este caso, le daría una segunda golosina. Tras un estudio longitudinal con una duración de más de 40 años, se ha comprobado que dicho test tiene un carácter predictor y correlacional más significativo para el éxito académico, profesional y personal que el SAT (examen de admisión para las universidades de EE.UU.), el IQ (cociente intelectual) y, en su defecto, las pruebas PISA (programa internacional para la evaluación de estudiantes). ¿Qué es entonces el autocontrol? En este experimento se ponía a prueba la capacidad de autocontrol de los niños que se basa en la competencia para demorar o posponer una recompensa inmediata, resistiendo posibles tentaciones y superando la procrastinación. En efecto, el propio Mischel destaca cómo el autocontrol es fundamental para conseguir objetivos a largo plazo, establecer relaciones sociales significativas y empáticas, evitar el consumo de drogas y el abandono escolar en edades tempranas, en definitiva, para construir una vida plena.

La teoría de Mischel se fundamenta en el *"cool system"* (o sistema frío) y lo que denomina *"hot system"* (o sistema cálido) que tiene predominancia en los primeros años de vida y no suele ser útil cuando el éxito en la resolución de un problema o una situación depende de la planificación y la racionalización. Por ello, los seis primeros años de vida, en los que el entorno es más influenciable, son fundamentales para fomentar la habilidad de regular impulsos, controlar la expresión de emociones, desarrollar la empatía y la conciencia hacia uno mismo y hacia los demás[3]. El autocontrol –junto con el autoconocimiento, la automotivación, la empatía y las relaciones interpersonales- es parte de los componentes de la inteligencia emocional que popularizó en su bestseller Goleman[4] aunque el término lo acuñaron Salovey y Mayer[5].

A continuación se verifica qué sucede cuando el cerebro juega con las ideas[I] para intentar formular la *"gran pregunta"*. Si el hot system es predominante en los primeros años de vida, activando más el cuerpo estriado ventral para favorecer la liberación inmediata y placentera de la dopamina, mientras que el cool system se configura como centro principal de las funciones ejecutivas y, por ende, el autocontrol que se alberga en el área del córtex prefrontal cuyo desarrollo no alcanza su plena madurez hasta los 25-30 años (por ello se dice que en la adolescencia y juventud se cometen tantas locuras impulsivas) –seguramente el lector ya haya anticipado la cuestión imprescindible-, ¿cómo y por qué el test de la golosina aplicado a niños entre 4-6 años de edad, que mide el autocontrol y la demora de la gratificación, puede tener tanta relevancia para estos niños cuando sean adultos si, a priori, los niños no tienen desarrolladas estas funciones?[II] ¿estamos inmersos en una contradicción?

En primer lugar, considerar áreas y estructuras cerebrales es parcialmente correcto (puesto que también habría que incluir las conexiones entre las mismas), debido a que el aprendizaje es un cambio en la estructura funcional del cerebro. Los circuitos que controlan las funciones ejecutivas en el córtex prefrontal están interconectados con las estructuras del cerebro más primitivas que regulan el desarrollo de los niños a las reacciones del estrés y la amenaza del hot system. Así mismo, en situaciones de estrés[III], el cool system no está operativo y es cuando más se necesita, ya que el córtex prefrontal (solución de problemas) y el

---

[I] Juego de palabras sobre el último libro de Francisco Mora titulado *"Cuando el cerebro juega con las ideas"*[6].
[II] Una hipótesis que planteamos los autores es que el juego genera sinergias y puentes de conexión entre el sistema dopaminérgico mesolímbico y mesocortial, de ahí que el juego sea un instrumento autotélitco: instrumento porque mejora las funciones ejecutivas y autotélico porque es placentero en sí mismo.

hipocampo (memoria) se atrofian mientras que la amígdala como representante del hot system incrementa significativamente su tamaño y conquista el cerebro. Por lo que es muy relevante aprender a regular la atención ejecutiva y disminuir dicho estrés negativo en los primeros años de vida. Si las funciones ejecutivas no se desarrollan bien en los primeros años, los niños probablemente incrementen el riesgo de desarrollar TDAH y otra gran variedad de problemas de aprendizaje y emocionales a lo largo de sus años de escolarización. De hecho, la deseabilidad social de las familias junto con la falta de implicación de algunos profesionales está provocando una tendencia a la precocidad en la etapa de infantil en el aprendizaje sistemático de la lectura, la escritura y los cálculos matemáticos para los que el cerebro en esa edad todavía no está preparado. El catedrático de la Universidad Complutense de Madrid y profesor de la Universidad de Iowa, Francisco Mora[III], afirma que una de las certezas existentes en neuroeducación sería la edad a la que deben empezar los niños a leer, los seis años. Y continua argumentando que los circuitos neuronales que van a facilitar el aprendizaje de la lectura no están formados hasta esa edad, por lo que comenzar antes va a provocar una experiencia negativa, sufrida y estresante además de emociones negativas que intentarán evitar futuros aprendizajes. Por tanto, ¿debemos atender a la deseabilidad social de *"cuanto antes más y mejor"*? Cuidado porque estamos preparando a los niños para lo que no están preparados (lectura) y no preparamos para lo que deberían estar preparados (autocontrol, psicomotricidad...), destacando su autonomía y apoyando sus decisiones. Estableciendo una analogía con el deporte, cuando en baloncesto se realiza un ataque en estático, ¿lo importante es acelerar un movimiento colectivo o más bien seguir un timing espacio-temporal en el que exista una sinergia coordinada y fluida de movimientos? Seguramente no por hacer una jugada más rápido sea más eficaz.

Por otro lado, y aunque puede parecer lo contrario, las funciones ejecutivas son un ingrediente esencial para la imaginación, la creatividad y el juego simbólico durante los primeros años. En este sentido, fomentando la imaginación se desarrolla un autocontrol más flexible y adaptativo[3]. En definitiva, el movimiento y el juego es una necesidad filogenética para facilitar la expresión epigenética dentro del adecuado desarrollo ontogenético. Además de los datos alentadores y preocupantes que maneja la Organización Mundial de la Salud[IV] en referencia a la prevalencia

---

[III] El artículo está disponible en: http://economia.elpais.com/economia/2017/02/17/actualidad/1487331225_284546.html

[IV] Los datos están disponibles en: http://www.who.int/end-childhood-obesity/facts/es/

de la obesidad infantil en los países desarrollados, si seguimos haciendo maravillosas fichas, potenciando los comportamientos sedentarios y estableciendo un cronograma de actividades infinito para los niños en sus primeros años de vida, evidentemente el resultado inmediato podría ser extraordinario pero también tendrá consecuencias poco deseables para su futuro.

¿Qué sucede entonces en el cerebro de las personas que tienen autocontrol y en el de las que no? La respuesta podría ser que los niños que se comen la golosina sin posponer la gratificación doble, activan el sistema dopaminérgico del cuerpo estriado ventral (en concreto el núcleo accumbens) en referencia a la recompensa inmediata, un área del cerebro más profunda y primitiva relacionada con el deseo, el placer y las adicciones, mientras que los niños que pudieron demorar la recompensa activaron la corteza prefrontal implicada en el autocontrol y, a su vez, es un área de influencia de la serotonina. Por lo que la dopamina puede jugar un papel de *"poli bueno o malo"*, ya que influye en las sensaciones placenteras que tienen un origen diverso a través de la comida, el alcohol, el sexo, el juego, la victoria en competición, etc., estimulando, por un lado, las respuestas compulsivas y, por otro, y aunque parezca una paradoja, favoreciendo la perseverancia. Asimismo, la serotonina es un neurotransmisor mediador entre la acción de la corteza prefrontal y el control de las emociones, los estados de ánimo y la voluntad; dicha sustancia es necesaria para el autocontrol pero no es suficiente[7]. En este sentido, el hecho de comerse una golosina ahora o dos después, per se no tiene mayor importancia, aunque a largo plazo las consecuencias de no controlar los impulsos a través de las funciones ejecutivas sí que la tienen.

En efecto, ¿es posible que las compañías móviles y las apps tengan como finalidad activar continuamente el núcleo accumbens a través de un sistema de reforzamiento de razón variable que incluye el azar, la sorpresa y la novedad junto con una atención dividida y superficial? ¿El vicio al móvil no sería similar al vicio a las tragaperras?[V] ¿Qué significado tiene *"me gusta"* en Facebook, Twitter, Edmodo e Instagram, o *"recomendar"* en Linkedin?[8] ¿Sabes qué significa el anglicismo *"nudge"*[VI]? Continuamente estamos siendo influidos, empujados y reconducidos, a nivel consciente e inconsciente, por nuestro entorno. El artículo del periodista Javier Salas

---

[V] Es posible que estemos saturando y dañando la eficacia y función del sistema dopaminérgico mesolímbico -al igual que el distrés crónico con el sistema inmunológico-, lo que posiblemente desencadene y sea un factor influyente en el desarrollo de enfermedades neurodegenerativas.

[VI] Les recomendamos el libro de Thaler y Sunstein titulado *"Nudge. Improving decisions about health, wealth and happiness"*[9].

titulado *"Phono sapiens"*[VII] es posible que dé respuesta a esta circunstancia afirmando que:

> *"<<Si se introduce el azar y no sabemos exactamente qué sorpresa vamos a recibir, el refuerzo es mucho mayor. Eso engancha todavía más. Es lo que sucede con las tragaperras>>. Y es exactamente el principio en el que se basa el vicio del móvil: cada vez que lo miramos hay algo. Puede ser bueno (un me gusta) o mejor (que te haya pedido amistad alguien que te interesa), incluso con el sonido de las notificaciones, como antaño las máquinas de juego, que son un condicionamiento digno del perro de Pávlov. Proyectamos tal atención sobre el aparato que llegamos a sentir que vibra en nuestro bolsillo. Varios estudios han analizado cómo respondemos a la privación del móvil: cuando se nos encomienda una tarea y el móvil está recibiendo notificaciones sin que podamos consultarlas, somos incapaces de concentrarnos en condiciones por culpa de la ansiedad que nos provoca, e incluso se han descrito síntomas de hiperactividad>>.*

¿Qué sucedería con las drogas como el alcohol, el tabaco o la cocaína? ¿Qué áreas funcionales se activan para que sean tan adictivas? El profesor de Stanford University Robert Sapolsky[11] indica que la cocaína actúa sobre el sistema de dopamina, ya sea en forma de recompensa o expectativa de recompensa, como lo hacen todos los euforizantes. Todo ello conlleva, según el divulgador científico Eduard Punset[12], que se produzcan en nuestro cerebro una serie de neuroadaptaciones, debido a las drogas, que alteran los mecanismos de recompensa necesarios para sobrevivir (alimentación, agua y sexo) y, por ende, los circuitos neuronales asociados a la sensación de placer, la motivación y el aprendizaje. Por último, ¿podría tener el mismo efecto y consecuencias el móvil con el sistema dopaminérgico (recompensa inmediata, continua y superflua, sin atención ejecutiva) como el ritmo de vida ajetreado en el estrés crónico? Inexorablemente, el móvil ha triunfado en conseguir el don de la ubicuidad a través de la (expectativa de) recompensa inmediata de razón variable[VIII].

Pide paso el segundo autor, Daniel Khaneman[13], quien hace referencia en su libro *"Pensar rápido, pensar lento"* a dos grandes sistemas con las siguientes características:

---

[VII] Véase el artículo en: http://elpaissemanal.elpais.com/documentos/enganchados-movil/ basado en el libro que recomendamos de Sherry Turkle (2017) titulado *"En defensa de la conversación"*[10].
[VIII] ¿Cuántas veces has mirado el móvil desde que comenzaste a leer el capítulo? ¿Tienes notificaciones?

- El *"Sistema 1"* o *"pensamiento rápido"* es aquél que opera de manera rápida y automática, prácticamente sin la sensación de control voluntario, ya que requiere poco o ningún esfuerzo. El propio Khaneman afirma que *"opera como una máquina de saltar a las conclusiones"* (sobre todo cuando la información es escasa). Este sistema estaría relacionado con el pensamiento intuitivo del experto, las decisiones heurísticas y los procesos mentales automáticos como la percepción.
- El *"Sistema 2"* o *"pensamiento lento"* es el encargado de centrar la atención en las actividades mentales que requieren esfuerzo, como podrían ser los cálculos complejos (asociados a la experiencia subjetiva de prestar atención, elección y acción) y, por supuesto, de regular el autocontrol.

Según Khaneman, el sistema 1 está haciendo continuamente propuestas y sugerencias al sistema 2 sobre impresiones, sensaciones e intuiciones que, con la aprobación del sistema 2, se convertirían en impulsos, creencias y acciones voluntarias. En este sentido, Albert Einstein ya aseveró hace años que *"la mente intuitiva es un regalo sagrado y la mente racional es un fiel sirviente. Hemos creado una sociedad que rinde honores al sirviente y ha olvidado al regalo"*. O como cita el propio Kahneman, *"en el caso improbable de que se hiciera una película sobre este libro, el Sistema 2 sería un personaje secundario que se cree protagonista"*. Habría que matizar que el fiel sirviente tiene que educar al gran regalo sagrado y que ambos deben actuar como amigos fieles e inseparables.

En tercer lugar y no por ello menos importante, José Antonio Marina[14] afirma que el talento es inteligencia en acción y que dicha inteligencia se podría estructurar en dos niveles diferentes (figura 1):

- *"Inteligencia generadora o computacional"*, es donde se generan las ideas, los sentimientos, los deseos, los impulsos y las imaginaciones. La inteligencia generadora trabaja incesantemente y no conocemos sus procesos sino algunos de sus productos. Funciona en la sala de máquinas, en el piso de abajo, fuera del nivel consciente, por lo que un objetivo de la educación sería educar eficazmente el inconsciente en sus diferentes manifestaciones o ámbitos[ix]:
    - Cognitivo: se trata de construir la inteligencia ejecutiva con la

---

[ix] Los autores de este capítulo hemos discutido la ausencia del sistema social dentro de la inteligencia generadora. Quizá podría estar ubicado dentro del sistema cognitivo en referencia a las neuronas espejo y, en extensión, la empatía.

complicidad dócil de la generadora. Es decir, en muchos mecanismos no podemos intervenir (como en la visión) pero sí podemos poner dichos mecanismos a nuestro servicio para nuestros proyectos.
- Motor: se basa en crear automatismos inteligentes diferenciados de los innatos y se caracterizan por estar dirigidos por metas y tener habilidades adquiridas con el entrenamiento.
- Afectivo: superarse, sobreponerse, aguantarse frente a otras como hundirse, degradarse, abandonarse. La importancia de la inteligencia generadora radica en que impulsa para la acción. La función de la inteligencia ejecutiva será favorecer la aparición de motivaciones y emociones adecuadas.

- *"Inteligencia ejecutiva"*, su función sería bloquear el impulso, dirigir la atención, organizar la memoria y educar el inconsciente para que atienda a las órdenes de los sistemas ejecutivos. De hecho, las habilidades ejecutivas son las que permiten dirigir una acción movidas por metas elegidas conscientemente y engloban: inhibir la respuesta, dirigir la atención, el control emocional, la planificación y organización de metas, el inicio y mantenimiento de la acción, la flexibilidad cognitiva, el manejo de la memoria de trabajo y la metacognición.

El objetivo se basa en construir una inteligencia generadora rica, eficiente y dócil a las metas de la inteligencia ejecutiva que debería ser eficaz y con buenos criterios de evaluación. Se trata de adiestrar y ejercitar los sucesos inconscientes de manera consciente. En definitiva, lo que nos hace humanos es el hecho de dirigir la inteligencia generadora a través de metas, que a su vez conlleva una transfiguración de las facultades humanas: se expanden y mejoran. En suma, el objetivo de la educación sería construir un sistema de creencias y habilidades, esquemas cognitivos y afectivos que sean estimulantes, creativos, justos y verdaderos, y todo ello se consigue con esfuerzo, entrenamiento, responsabilidad y disciplina. En suma, para Marina cualquier proyecto educativo debe iniciarse en la neurociencia y acabar en la ética, es decir, conectar la inteligencia ejecutiva con la generadora, proporcionando fertilidad y resistencia a través de la virtud que es el hábito de la excelencia. La fórmula de la educación sería:

**Educación=Instrucción+virtudes (Inteligencia Generadora x Inteligencia Ejecutiva)**

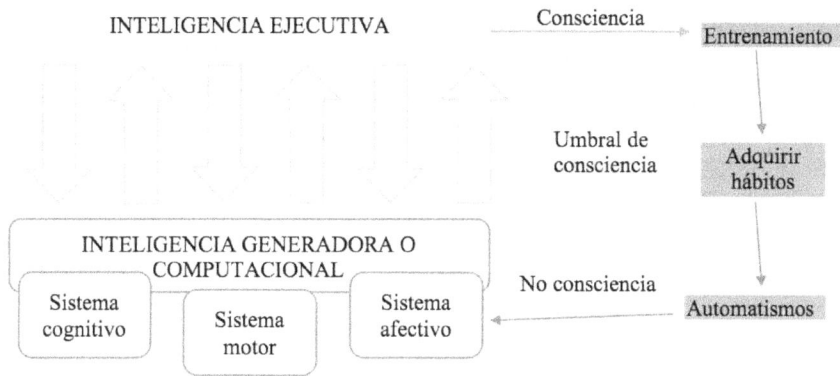

*Figura 1.* Los dos niveles de la inteligencia que propone José Antonio Marina.

Además de los otros tres autores mencionados se une un cuarto autor que intentará generar sinergias entre los anteriores incluyendo la importancia de la motivación y el sistema dopaminérgico dentro de las teorías propuestas. Es el profesor Sung-il Kim[15] del instituto de investigación dentro del departamento de educación, cerebro y motivación de la Universidad de Corea del Sur que justifica que existen dos tipos de sistemas dopaminérgicos diferenciados:

- El *"sistema dopaminérgico mesolímbico"* (anticipación de la recompensa y aprendizaje), va hacia el área tegmental ventral que conecta con el núcleo accumbens, la pulpa, la amígdala y el hipocampo. En este sentido, el córtex orbitofrontal, la amígdala y el núcleo accumbens activan el proceso de recompensa en base a las necesidades primarias (comida o excitación sexual), el dinero y la recompensa social (reconocimiento y cooperación). Siendo el núcleo accumbens el centro del placer orientado a muchos estímulos, ya sean anticipados o recibidos, y tan variados como escuchar chistes, enamorarse o fumar, mientras que el córtex orbitofrontal se centra en los juicios de valor.
- El *"sistema dopaminérgico mesocortical"* (valor de la recompensa y comportamiento dirigido a un objetivo) destaca por la unión entre el córtex prefrontal medio, el córtex cingulado anterior, y con el peririnal. Así, el córtex prefrontal dorsolateral y medial junto con el córtex cingulado anterior son los que regulan las funciones ejecutivas orientadas a conseguir el objetivo.

Probablemente, en la mente del lector esté presente el dicho castizo, ¿no estamos poniendo diferentes collares al mismo perro? ¿son equivalentes el hot system, el sistema 1 y la inteligencia generadora así como lo es el cool system, al sistema 2 y a la inteligencia ejecutiva? ¿le parece bien al lector si el primer grupo lo sintetizamos como HSIG1 y el segundo grupo como CSIE2? Por su parte, ¿se podría utilizar el acrónimo SDML y SDMC para el sistema dopaminérgico mesolímbico y mesocortical respectivamente? ¿y si sobre el HSIG1 estuviese actuando el sistema dopaminérgico mesolímbico y sobre el CSIJ2 el sistema dopaminérgico mesocortical? ¿cuál es la clave? Indudablemente, la interconexión e interconectividad entre ambos grupos de sistemas ya que el resultado no sería sumatorio sino exponencial.

W. Mischel/D. Kahneman /J.A. Marina/S. Kim=Motivación

Hot system/Sistema 1/Inteligencia generadora/Sist. dop. mesolímbico=HSIG1SDML

Cool system/Sistema 2/Inteligencia ejecutiva/Sist. dop. mesocortical=CSIE2SDMC

**La motivación en la Torre de Babel**

Este apartado lo iniciaremos con un número, por ejemplo *"10.000"*, que servirá a modo de nombre y después le pondremos los apellidos. Si añadimos a la derecha *"metros"*, nos referimos a la prueba de atletismo que se realiza en una pista de 400 metros y consiste en dar 25 vueltas a la misma en el menor tiempo posible; si añadimos *"horas"* será la cantidad de tiempo que una persona tiene que practicar para, a priori, convertirse en experta en su ámbito; también podrían ser *"fracasos"* que son el número de veces que erró y aprendió Thomas Edison de cómo no se hace una bombilla antes de inventarla; también podrían ser *"pasos"* diarios que es la recomendación de actividad física que realiza la Organización Mundial de la Salud para una persona adulta; por último, podrían ser el número de *"conexiones sinápticas"* que pueden establecer cada una de las más de 100.000 millones de neuronas de nuestro cerebro. ¿No son todos ellos ejemplos en los cuales la motivación tiene un papel principal? ¿Adivinas, entonces, cuántas palabras tiene este capítulo?

El escritor y conferenciante Daniel Pink[16] aborda el tema de lo que realmente nos motiva verificando que hemos evolucionado de una motivación 1.0 fundamentada en la supervivencia, pasando por una motivación 2.0 basada en el refuerzo y el castigo, el palo y la zanahoria, a una motivación 3.0 centrada en los tres aspectos fundamentales de la motivación: autonomía, maestría y propósito. La autonomía se basa en la curiosidad, la autodeterminación y la toma de decisiones que deberían tener las personas para elegir qué, cuándo, cómo y con quién hacerlo, respecto a la tarea, el tiempo, la técnica y el equipo, respectivamente. La maestría estaría relacionada con la motivación de logro a través del deseo de mejorar en algo que te gusta y te importa, lo que genera un gran compromiso, un empoderamiento para conseguir las metas con esfuerzo y dedicación. El propósito proporciona el contexto y el equilibrio para que se desarrollen las otras dos, se trata de hacer las cosas que tienen un sentido, que van más allá de uno mismo. En definitiva, la motivación no depende de tener solamente objetivos sino de que éstos sean adecuados.

Uno de los tres tenores, el filósofo José Antonio Marina[17] también propone un modelo motivacional en su libro *"Los secretos de la motivación"* basado en deseos, valores (incentivos y metas), y facilitadores (figura 2). Los deseos se fundamentan en los intereses, necesidades e inquietudes de la persona (hambre, sed, líbido, ser querido o reconocido, sentirse capaz, etc.); el valor/incentivo del objetivo se activa cuando se presenta atractivamente (comida, bebida, sexo, dinero, fama, etc.); los facilitadores de la tarea sirven para que la persona sea capaz de alcanzarla con estrategias adecuadas y dentro de la zona de desarrollo próximo (habilidades, conocimiento, ayuda, etc.). La motivación se correspondería con la inteligencia generadora y la toma de decisión con la inteligencia ejecutiva. El autor concluye afirmando que *"educar es fomentar la motivación adecuada"*, es decir, pasar de las motivaciones espontáneas a otras dirigidas dentro del proyecto de cada persona y, para ello, considera ocho recursos educativos: premios, sanciones, modelos, selección de información y cambio de creencias, cambio de sentimiento, razonamiento, entrenamiento y eliminación de obstáculos. En definitiva, cita Marina literalmente:

> *"Debemos trabajar para adquirir una buena inteligencia generadora, que nos proporcione buenos, amplios y poderosos deseos, brillantes ocurrencias, y que nos permita disfrutar de lo bueno y soportar lo malo, enfrentándonos a la vida con confianza. Y también hay que trabajar para adquirir una eficaz inteligencia ejecutiva, capaz de seleccionar nuestras mejores ocurrencias y metas, de acuerdo a un adecuado criterio de evaluación, y que sepa mantener el esfuerzo mientras sea razonable.*

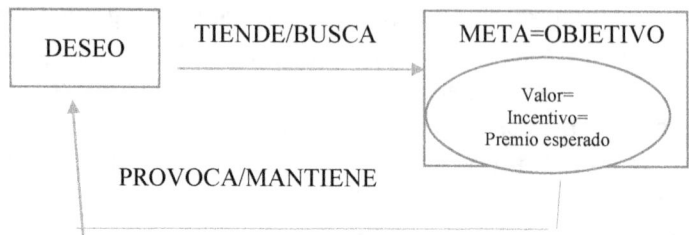

*Figura 2.* Modelo motivacional de José Antonio Marina.

El doctor Valentín Fuster, director general del Centro Cardiovascular del hospital Mount Sinai de Nueva York y Premio Príncipe de Asturias de Investigación, -junto con la colaboración de Emma Reverter-[18], exponen cuál sería el círculo de la motivación estableciendo cuatro etapas o estadios diferenciados. La pasividad es parte y fruto del continuo cambio, puesto que la satisfacción no es para siempre y hay que establecer nuevos retos y desafíos, esforzándose cada día, ya que la ilusión se recupera con esfuerzo y acción. La frustración o la respuesta emocional a las dificultades podría ser el desencadenante para promover un cambio y controlar la vida. La motivación sería el paso de la resignación a la acción a través del coraje, la honestidad y la energía. Las cuatro tareas básicas para estar motivado serían: invertir tiempo en reflexionar, que cada uno descubra su talento, transmitir optimismo y ejercer tutoría. Dichas tareas se proyectan a la sociedad en forma de propósito mediante cuatro A´s: actitud positiva, aceptación, autenticidad y altruismo. La satisfacción surge en todo el proceso y en el resultado de nuestras acciones al conseguir los objetivos propuestos, lo que refuerza la confianza y le confiere energía (figura 3).

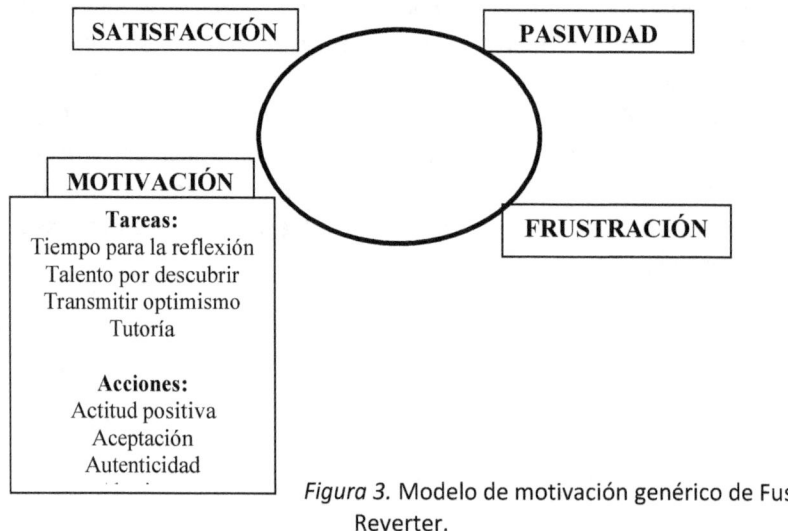

*Figura 3.* Modelo de motivación genérico de Fuster y Reverter.

El propio Sung-il Kim[15], además de proponer los niveles de análisis y explicación de la motivación (figura 4), ha creado un modelo neurocientífico de la motivación basado en la diferenciación de tres subprocesos continuos: generar motivación impulsada por la recompensa (placer), mantener la motivación en base a la toma de decisiones en función de la valoración (valor) y la regulación de la motivación en función del control dirigido a una meta (objetivo).

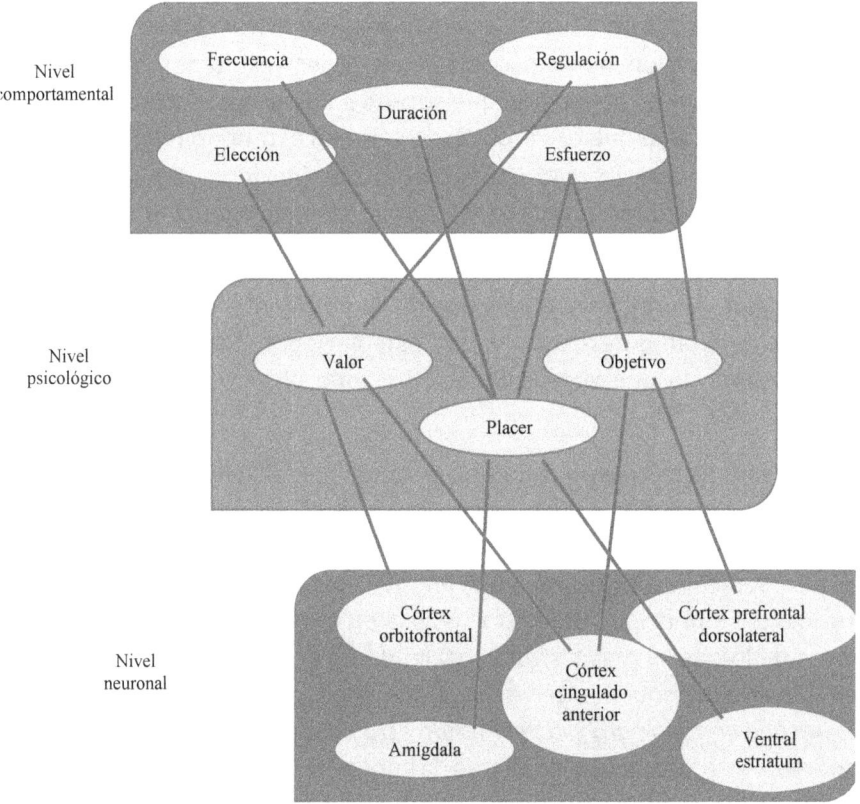

*Figura 4.* Niveles de explicación y unidades de análisis de la motivación según Kim.

El profesor Tory Higgins[19] de Columbia University justifica cómo funciona la motivación en su libro *"Beyond pleasure and pain"* más allá de los sentimientos de conseguir placer y evitar sensaciones indeseables como el dolor. Y para ello expone la siguiente argumentación basada en cinco puntos principales:

- Tanto el placer como el dolor se refieren únicamente a la experiencia hedónica. En efecto, la gente quiere lograr sus objetivos y tener éxito en lo que hacen, incluso si tienen que sufrir para conseguirlo.
- La experiencia hedónica contribuye en la intensidad con que la gente valora las cosas en el mundo pero no es el único mecanismo. La implicación de la gente en la búsqueda de objetivos afecta al valor que confieren a dichos objetivos y a las actividades asociadas con dicha búsqueda para conseguirlos.
- Incluso cuando la motivación depende de placer y dolor, hay más de un enfoque orientado a conseguir placer y evitar el dolor.
- La motivación no solo consiste en tener resultados deseados. La gente quiere gestionar lo que sucede en sus vidas (control) y quieren diferenciar lo que es verdadero y falso en el mundo (verdad).
- Las diferentes formas de ser efectivo no funcionan aisladas unas de otras, sino que se requiere el trabajo efectivo y conjunto, por lo que es el ajuste o las sinergias lo importante.

Para Higgins, la motivación se basa en que la gente quiere ser efectiva teniendo resultados deseados (valor), estableciendo lo que es real (verdad) y gestionando lo que sucede (control) y todo ello de forma integrada y unida.

La profesora de psicología de la Universidad de Pennsylvania y creadora del Character Lab[x] para la ciencia y práctica del desarrollo del carácter, Angela Duckworth[20], en su libro *"Grit: the power of passion and perseverance"* [xi], destaca sus conceptos clave de la motivación: el interés, la práctica y el propósito. En principio, el interés se basa en buscar y perseguir tu pasión a través de lo que tú más disfrutas haciendo en tu vida y dicho interés debe ser activado continuamente ya que, parafraseando a Eurípides, *"nadie está interesado en todo pero todo el mundo está interesado en algo"*. El segundo aspecto sería la práctica mediante la motivación de logro con un deseo constante de progresar, e importa tanto la cantidad como la calidad. En tercer lugar, el propósito consistiría en contribuir al bienestar de los otros, se basa por un lado en que el ser humano busca placer a nivel individual porque incrementa la oportunidad de supervivencia; por otro, el ser humano ha evolucionado y busca relaciones significativas y con propósito, puesto que cooperando tenemos más posibilidades de sobrevivir que solos, en efecto, el propósito basado en el bien ajeno es una gran fuente de dopamina y oxitocina. La secuencia de su teoría comienza con un interés

---

[x] https://characterlab.org
[xi] Grit se podría traducir al castellano como firmeza del carácter. Evidentemente, con esta traducción la venta de libros no trascendería más allá del entorno familiar.

propio y auto-orientado, entonces se aprende la práctica de la autodisciplina y finalmente se integra ese trabajo con un propósito orientado en otros (figura 5).

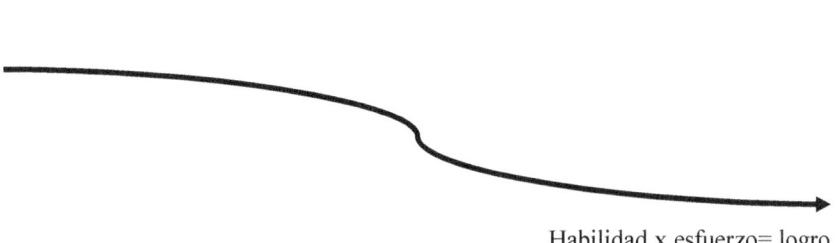

*Figura 5.* Teoría de la motivación de Angela Duckworth.

Ya sea la voluntad de Marina, el grit de Duckworth, el drive de Pink, y otros conceptos de otros autores, con algunos matices, todos se están refiriendo a lo mismo, la motivación (tabla 1). Todas estas teorías sobre la motivación, que en principio podrían contribuir a un caos babilónico, son la esencia y la base de las 5 PW's que expondremos en un capítulo posterior.

Tabla 1. *Síntesis de autores y sus teorías de la motivación.*

| Autor/es | Teorías sobre la motivación | | |
|---|---|---|---|
| Pink | Autonomía | Maestría | Propósito |
| Marina | Deseos | Valores | Facilitadores |
| Fuster y Reverter | Pasividad | Frustración | Satisfacción |
| Kim | Placer | Valor | Objetivo |
| Huggins | Verdad | Valor | Control |
| Duckworth | Interés | Práctica | Propósito |
| Mauro y Juan Ángel[XII] | Play | Pain | Gain |
| Lector | | | |

---

[XII] Para contribuir al caos terminológico, los autores del capítulo han incluido sus propias palabras. El lector tiene su hueco para poner el nombre y escribir su teoría.

## 2. LOS GUARDIANES DE LA MOTIVACIÓN

Paradójicamente, la motivación es un concepto lleno de significados e interpretaciones que a su vez tiene un gran vacío semántico si no fuese por otros términos que ayudan a su comprensión. A continuación se exponen qué conceptos están influyendo en la motivación pre-, per- y post- acción.

**Qué espero de mí, de ti y de vosotros: las expectativas**

En principio, las expectativas que proyectamos hacia nosotros mismos (efecto galatea) y/o hacia los demás (efecto pigmalión o efecto halo) tendrán gran influencia en el proceso de ejecución y en el resultado de las acciones. El efecto galatea está directamente relacionado con la confianza y la percepción de control que cada persona tiene en sus posibilidades o el concepto de autoeficacia que propuso el profesor emérito de la Universidad de Standford, Albert Bandura[21]. Por su parte, hace prácticamente un lustro, Rosenthal y Jacobson[22] realizaron un experimento sobre el efecto pigmalion que consistió en distribuir dos grupos de alumnos aleatoriamente; a los profesores solo les comunicaron que un grupo era muy inteligente y conseguiría muy buenos resultados mientras que el otro grupo era más limitado y conseguiría peores resultados. En este caso, la expectativa se cumplió en forma de profecía autocumplida[XIII], porque los profesores adecuaron su docencia en base a las expectativas iniciales. De hecho, es en la expectativa cuando se activa en el hipotálamo el circuito de búsqueda y de placer[12], de ahí que los retos desafiantes y, a su vez, alcanzables sean una gran estrategia educativa y deportiva, al igual que plantear preguntas en lugar de hacer afirmaciones.

El efecto halo o dominó, quizá menos popular pero que tiene gran importancia en el término conocido como *"etiquetar"*, se entenderá perfectamente con la siguiente conversación:

> -Hola, ¿qué tal estás? ¿cómo te llamas?
> -Hola, soy la doctora García, ¿y tú?
> -Yo soy el doctor Pérez, encantado.
> -Qué maravilla, ¿y en qué planta trabajas? ¿cuál es tu especialidad?
> -Unas veces voy al pabellón, otras al campo de fútbol, otras estoy en el aula.
> -Ah sí, qué interesante, ¿me podrías explicar en qué consiste tu trabajo?

---

[XIII] Véase https://www.youtube.com/watch?v=u49liAHLFLk

*- Por supuesto*

De manera que el efecto halo se basa en generalizar una expectativa a partir de una característica concreta inicial. También admite otro significado y es por ejemplo cuando un profesor o un entrenador en una reunión con sus compañeros habla bien o mal de un alumno o un deportista, probablemente es posible que se generalice dicha opinión en el resto de compañeros.

Normalmente existe un consenso amplio sobre la necesidad de que las expectativas sean realistas, alcanzables y en positivo. No obstante, en entornos de aprendizaje e innovación se deberían introducir y fomentar las expectativas de fracaso que propone Ken Bain[23], presidente del Best Teachers Institute, en su libro *"Lo que hacen los mejores estudiantes universitarios"*[XIV]. ¿Por qué? Para salir de la zona de confort, creando situaciones de disonancia cognitiva que sirvan para romper las asociaciones de los esquemas mentales tradicionales y modelos pre-establecidos tradicionalmente aceptados; se trataría de dar oportunidades de equivocarse, concebir el error como fuente de aprendizaje y el fracaso como un gran maestro, ya que el alumno espera un resultado concreto y el profesor genera preguntas o plantea situaciones novedosas e inesperadas que contribuyen a que el alumno tenga que reconstruir su comprensión mediante un pensamiento crítico y reflexivo, lo que conduce a la innovación y la creatividad[24]. Todo ello se debe a que el conocimiento enseñado y aprendido en casa, en la escuela y en la universidad es, en gran parte, infundado, por lo que aprender a desaprender estas versiones y asociaciones sin sentido es un proceso encomiable e imprescindible, conocido como el aprendizaje invertido, una labor que el cerebro realiza gratuitamente y por cuenta propia, de ahí la relevancia del sueño tanto en cantidad como en calidad[12]. Esta idea también la defiende el profesor Mora Teruel que argumenta la cita quijotesca de *"desfacer entuertos"* para referirse a que el aprendizaje también se basa en cuestionar y destruir lo viejo, los errores y los neuromitos[6].

### ¿Conseguir o evitar? Afrontamiento y objetivos

El miércoles 8 de marzo de 2017 pasará a formar parte de las vitrinas emocionales de todos los barcelonistas como un día memorable en el que se consiguió un hito deportivo histórico. El FC Barcelona perdió contra el PSG en el Parque de los Príncipes en la ida de los octavos de final de la

---

[XIV] Precisamente las dos características principales de los mejores estudiantes universitarios son la pasión que ponían en todo lo que hacían y su interés por la lectura.

Champion League por un abultado resultado de 4-0. En el Camp Nou fue capaz de remontar y conseguir un 6-1 para ganarse el derecho de pasar a la siguiente ronda. Si el objetivo de ambos equipos era pasar la eliminatoria y el resultado de ida era tremendamente favorable para el PSG y muy desfavorable para el Barça, ¿qué sucedió? Básicamente el afrontamiento de la competición fue significativamente diferente entre las plantillas de ambos equipos. Mientras los jugadores del PSG pensaban que podían perder algo que creían que habían ganado (afrontamiento orientado a evitar el fracaso), los jugadores del Barça pensaban en que no tenían nada que perder y podían ganar el pase (orientado a conseguir el éxito). Este afrontamiento orientado a evitar el fracaso de los jugadores del PSG se tradujo en una emoción principal, el miedo, activándose la amígdala y favoreciendo las conductas de escape o evitación. Si un deportista de élite que tiene automatizada la ejecución técnica –incluso con inteligencia intuitiva para las decisiones- se ve obligado a hacer conscientes estos procesos, el resultado puede ser desastroso, como se hizo patente en ese partido. Prácticamente, un año después, se repitió la historia con los papeles invertidos entre el Barça y la Roma.

### ¿Por qué sucedió lo que sucedió? Atribuciones causales

Por otro lado, las personas solemos realizar atribuciones sobre la/s causa/s de los resultados de nuestras acciones, algunas de ellas sirven para conservar intacto el ego como son *"me ha suspendido"* o *"he aprobado"*; *"perdimos por el árbitro"* o *"ganamos porque jugamos muy bien"*; otros ejemplos de atribuciones serían *"qué suerte has tenido con tus hijos"*, *"lo has hecho bien porque eres muy inteligente"*, *"eres muy inteligente pero no te esfuerzas"*. Así, los resultados de la evaluación, cuando éstos son positivos, deberían atribuirse a factores internos, estables-inestables y controlables, relacionados con el esfuerzo, la propia capacidad-habilidad y la perseverancia para conseguir los objetivos propuestos. Si el estudiante-deportista se centra en la realización correcta de sus conductas (objetivos de realización) y no en el resultado (objetivos de resultado), aumentará su percepción de control de la situación, es decir, su percepción de autoeficacia y su autoconfianza, y gracias a ello mejorarán sus posibilidades de éxito al conectar sus expectativas (efecto galatea) con sus logros. Debido a la idiosincrasia de cada estudiante-deportista, es muy importante que cada uno centre su esfuerzo y atención en su propio progreso (percepción de control o autoeficacia) lo que incrementa la probabilidad de éxito y dicho feedback repercute como un círculo virtuoso beneficioso para su confianza;

ya que compararse con los otros y centrarse sólo en el resultado conlleva distrés y déficits motivacionales y de confianza[24].

En definitiva, existen muchos ejemplos de los guardianes de la motivación, desde las expectativas de Martin Luther King *"I have a dream"*, pasando por la autoeficacia y los objetivos de Barack Obama *"Yes, we can"*, hasta la puesta en acción que propone la marca deportiva Nike *"Just do it"*. Como suele parafrasear el proverbio suajili el periodista viajero Javier Reverte[25] *"panapo nia, pana njia"*, es decir, *"donde hay un deseo, hay un camino"*.

## 3. EL DESAFÍO DE LA MOTIVACIÓN: LAS 5 PW´s

Para ser profesor o maestro de las 5 P´s (patio, pito, pelota, pelotón, periódico) -que tanto daño han hecho a los docentes y entrenadores, más bien a sus alumnos y jugadores- no es necesario pasar por el contexto universitario tantos años. Seguramente, en el otro lado de la balanza haya otras 5 P´s (junto con 5 W's) que deberíamos dominar y aplicar en el contexto educativo, deportivo, profesional y personal, en este caso referidas a la pasión (what), la práctica (how), la personalidad (who), la perseverancia (why) y el propósito (why for)[XV]. En este sentido, el objetivo es convertir una emoción inicial en un proyecto transformacional más allá de nuestros intereses personales, ya que *"en el inicio y el final de un trayecto siempre hay una emoción, porque de lo contrario no sería un proyecto"*[12].

### El what: la pasión

El significado etimológico de la palabra pasión (pasividad, sufrimiento) es, en principio, completamente la antítesis de su uso social (placer, divertimiento, interés). Seguramente, los primeros vínculos de la red asociativa basados en el sistema dopaminérgico son los que guían nuestra pasión o nuestra motivación intrínseca (placer, divertimiento). El buen humor, la intuición, la creatividad, la credulidad y la confianza en el sistema 1 forman un grupo, por lo que la facilidad cognitiva puede ser tanto causa como consecuencia de una sensación placentera[13]. La búsqueda de lo que nos gusta hacer junto con lo que somos buenos haciendo, *"el elemento"* en palabras de Ken Robinson[26], constituyen la base de la pasión. Así, la pregunta sería ¿el huevo o la gallina, es decir, nos gusta hacer algo y por ello llegamos a ser buenos en ello o como somos buenos en algo nos gusta

---

[XV] No hay que olvidar el when (cuándo) y where (dónde).

hacerlo? Normalmente *"a los sujetos les gusta hacer cosas en las que ellos son buenos y ellos llegan a ser buenos en cosas que les gusta hacer"*[27]. Y, ¿la pasión es innata o adquirida? Es momento de coger una manzana y una naranja para zanjar esta cuestión. En la manzana el lector puede hacer directamente un corte transversal y se sorprenderá al ver una estrella con cinco puntas o una flor con cinco pétalos; en la naranja el lector puede quitar la pequeña protección verde; si cuenta los puntitos blancos constatará, si abre después la naranja, que corresponden al número de gajos. En el primer caso, la función del profesor-entrenador sería generar intereses en los alumnos que todavía desconocen; en el segundo, se trata de destapar y potenciar los que ya tienen. El primer caso es instruir (*"educare"*); el segundo, enseñar (*"educere"*). Por tanto se trata de inducir y educir la pasión, el talante y talento de los alumnos y deportistas, respetando y atendiendo su heterogeneidad, así como sus intereses y necesidades personales y grupales, ¿motivando su epigénesis?.

### El how: la práctica

El legendario jugador de golf Gary Player le contestó a un señor que argüía que tenía mucha suerte: *"Sí, sí, tiene usted razón y cuanto más entreno más suerte tengo"*[28] posiblemente haciendo referencia al concepto de *"práctica deliberada"* de Ericsson, Krampe y Clemens quienes en 1993 publicaron un artículo titulado *"The role of deliberate practice in the acquisition of expert performance"*[29] y significa, de forma resumida, que para llegar a ser experto en cualquier ámbito (los autores estudiaron la música, las matemáticas, el ajedrez, la natación o el tenis) se necesita una práctica de al menos 10 años (aproximadamente unas 10.000 horas) en dicho dominio concreto antes que pueda considerarse a una persona como experta (el propio Ericsson ha tenido que explicar en multitud de ocasiones el reduccionismo y la mala interpretación de su teoría). Conclusión fácil y sencilla para muchos entrenadores y padres: empezar con una especialización precoz y una práctica deliberada con mi hijo o mi prebenjamín de 5 o 6 años y con un poco de suerte a los 15 o 16 años tendré en casa a Rafa Nadal, Sergio Llull o Andrés Iniesta (¿no está sucediendo lo mismo con el aprendizaje de la lectura, la escritura y la elaboración de fichas en la etapa de Infantil?). En este sentido, dada la importancia de la diversión y gratificación intrínseca de jugar, el profesor de la Queen´s University en Canadá, Jean Côté, acuñó el término de *"deliberate play"*[30] (juego deliberado) en referencia a una forma de actividad deportiva que interviene sobre el desarrollo de la actividad física temprana, que es intrínsecamente motivante, que proporciona una gratificación inmediata y que está diseñada concretamente para maximizar el entretenimiento y la diversión de la misma. La lógica interna de esta propuesta se fundamenta en que el juego[XVI] es una actividad autotélica, espontánea, filogenética, adaptativa y placentera, que contribuye significativamente al desarrollo integral del niño, por lo que supone para éste una necesidad vital que le permite aprender, interaccionar con los otros y el entorno, desarrollarse física, psíquica, afectiva y socialmente...

**El who: la personalidad**

En el libro titulado *"Urbrands"*, el polifacético Risto Mejide afirma *"lo que haces, lo eliges tú; lo que eres, te elige a ti"*[31]. En el mundo del deporte existen personalidades tan opuestas y que han tenido tanto éxito deportivo como Nadal y Federer, Maradona y Pelé o Magic y Bird, pero ¿qué rasgos o aspectos son compartidos? ¿se puede mejorar y cambiar la personalidad? ¿cómo encaja el optimismo con la confianza? La autoconfianza y seguridad en uno mismo, conociendo los defectos y las virtudes, las limitaciones y las potencialidades, es muy importante para seguir progresando. Tanto la baja confianza basada en esforzarse poco y la baja creencia en sus posibilidades como la excesiva confianza que se manifiesta en una baja concentración en la que se tienden a evitar retos difíciles y no se reconocen los errores propios, conlleva un mal proceso con pobres resultados. En contextos abiertos, impredecibles, cambiantes e interactivos, como suelen ser los educativos y deportivos, en los que el error y el fracaso forman parte del aprendizaje, el optimismo y la confianza juegan un papel clave. Las personas con éxito suelen tener una elevada autoestima y confían en ellas y en sus recursos, se respetan y están satisfechas consigo mismas. Para ello, es importante que tengan experiencias exitosas y de competencia, a edades más tempranas, porque repetidas experiencias de fracaso pueden mermar la eficacia y la competencia percibida. De forma que es muy importante enfocar las expectativas basadas en objetivos centrados en la tarea y no tanto en el resultado. En definitiva, el alumno debe percibir que es competente y, para ello, el refuerzo positivo, centrado en el proceso y en el esfuerzo, favorece la confianza.

Por su parte, el optimismo es una creencia relativamente estable, positiva y persistente para que el futuro depare resultados favorables y, que en ocasiones, no tiene relación con lo que las circunstancias objetivas parecen determinar[32]. En efecto, los alumnos y deportistas optimistas suelen percibir las causas de los fracasos como algo transitorio y temporal,

---

[XVI] Véase la importancia del juego: http://www.viu.es/el-juego-neuroeducativo/

específico y externo de una circunstancia mientras se invierten las atribuciones expuestas los éxitos son permanentes y personales debido a su capacidad y esfuerzo, globales y generalizables para otras situaciones y que elevan la autoestima; para las personas pesimistas de los optimistas[33]. Al igual que la baja y la excesiva confianza, el pesimismo defensivo y el optimismo ingenuo pueden acentuar las consecuencias de las dificultades que pueden tener un impacto emocional negativo. Unir una visión halagüeña y optimista junto con la percepción de tener las competencias necesarias para afrontar con éxito un desafío, es una garantía junto con el trabajo, el esfuerzo y la perseverancia.

La psicóloga de la Universidad de Stanford Carol Dweck[34], experta en psicología de la motivación y la personalidad, se ha preguntado el motivo por el cual unas personas son optimistas y otras pesimistas. En sus estudios llega a la conclusión de que no solo influyen las experiencias de fracaso y éxito, sino que influyen sobremanera las ideas, creencias que sobre el éxito y el aprendizaje tienen las personas. En su modelo establece dos tipos de actitudes mentales o mentalidades. La primera la denomina mentalidad fija, caracterizada por pensamientos centrados en que las habilidades están fuertemente condicionadas por la genética y que son prácticamente inamovibles. La segunda la denomina de crecimiento y está relacionada con creencias de que con esfuerzo y dedicación se pueden mejorar las habilidades. Una mentalidad fija sobre las capacidades lleva a formular explicaciones pesimistas cuando surgen adversidades y por lo tanto a evitar retos o renunciar a ellos. Por el contrario, una mentalidad de crecimiento enfoca la adversidad de manera optimista, buscando otra forma de afrontarla para resolverla, por lo que se fomenta la perseverancia. Cuando se le pregunta de dónde vienen las distintas mentalidades, afirma que se desarrolla a lo largo de la vida y que están estrechamente unidas a las historias personales de éxito y fracaso y al modo en que las personas más influyentes reaccionaron a los resultados. Por ejemplo, se contribuye a generar una mentalidad fija cuando los entrenadores, al conseguir un objetivo, te felicitan por tus aptitudes, por otro lado, se genera una actitud de crecimiento cuando relacionan tus éxitos con el esfuerzo que se ha realizado. Para Dweck los deportistas que han alcanzado altas cotas de rendimiento se han caracterizado por tener una mentalidad de crecimiento, de mejora, lo que les ha llevado a afrontar numerosos retos.

## El why: la perseverancia

¿Por qué muchos deportistas se preparan durante cuatro años para competir en unas Olimpiadas? ¿O por qué un opositor está durante varios años preparando un examen de dos horas que condicionará su futuro? ¿El sacrificio es placentero?[XVII] La psicóloga Angela Duckworth[20] afirma que las personas con *"grit"* hacen más práctica deliberada y experimentan más flujo, entendiendo que la práctica deliberada se relaciona con lo que los deportistas hacen y el flujo con lo que los deportistas sienten. La propia autora afirma que la motivación inicial de la práctica deliberada es mejorar tu nivel de habilidad mientras que el flow es intrínsecamente placentero, por lo que concluye que la práctica deliberada es para prepararse y el flow para rendir. En el deporte, a diferencia de la teoría de Ericsson en la que la práctica deliberada no es intrínsecamente motivante, sí existe una correlación positiva entre el esfuerzo y la diversión. En la tesis doctoral de Juan Ángel Collado dirigida por el Dr. Mauro Sánchez[35], analizando fuentes documentales biográficas de Nadal, Gasol, Estiarte y Ballesteros[XVIII], se encontró que los deportistas analizados disfrutaban a pesar de la dureza de los entrenamientos. De hecho, el psicólogo de la felicidad y del flujo, Mihalyi Csikszentmihalyi afirma que:

> *"Contrariamente a lo que creemos normalmente, los momentos como estos, los mejores momentos de nuestra vida, no son momentos pasivos, receptivos o relajados (aunque tales experiencias también pueden ser placenteras si hemos trabajado duramente para conseguirlas). Los mejores momentos suelen suceder cuando el cuerpo o la mente de una persona han llegado hasta su límite en un esfuerzo voluntario para conseguir algo difícil y que valiera la pena. Una experiencia óptima es algo que hacemos que suceda."*[36]

Tal como sugiere Daniel Goleman en su libro *"Focus"*, los circuitos cerebrales de recompensa, ricos en dopamina, movilizan los sentimientos positivos para esforzarnos en el logro de nuestros objetivos y deseos. Esto se combina con los opiáceos endógenos cerebrales entre los que destacan las endorfinas. Si la dopamina aumenta la motivación y alienta la perseverancia, los opiáceos le agregan una sensación placentera[37]. Una

---

[XVII] Véase en la figura 1 cómo están interactuando la elección y el esfuerzo con el valor, el placer y los objetivos en las distintas áreas cerebrales.
[XVIII] Nadal considera que el entrenamiento era duro pero siempre le ha gustado entrenar. Gasol no concibe el baloncesto como un trabajo. Estiarte afirma que se lo pasa muy bien a pesar de las tensiones y los momentos difíciles. Ballesteros dice que no le costaba ningún esfuerzo, que se divertía porque hacía lo que le gustaba y quería ser campeón.

posible explicación es que inicialmente se active el núcleo accumbens ante una práctica intrínsecamente placentera y después conecte con áreas del córtex prefrontal en referencia al valor y objetivo de la meta. Incluso cuando los entrenamientos son tan exigentes y sacrificados que el deportista tiene que aguantar el dolor, el valor de la meta como es mantener un nivel excelente provoca que el deportista aprenda a aguantar y a vivir con dolor. El divulgador científico Eduard Punset[XIX] y Fred Vergnoux[XX], entrenador de la nadadora Mireia Belmonte, apoyan esta afirmación en referencia a la importancia de entrenar y competir con y a pesar del dolor. De hecho, existen muchos más circuitos celulares que van desde la amígdala, gestora de las emociones, hacia el córtex prefrontal – responsable de las funciones ejecutivas- que al contrario, por lo que una vez que se activa la emoción es muy difícil controlarla con un pensamiento lógico y racional; las primeras van por una autopista corta, directa y bien señalizada; el segundo debe recorrer un camino largo, tortuoso y curvo[12]. En este sentido, el cometido principal de las funciones ejecutivas será dotar de valor y significado este camino -que se activa en la autopista y después debe seguir un trayecto duro y tortuoso- a través del legado y del propósito, un enfoque transformacional y transgeneracional.

## El why for: el propósito[XXI]

Grandes personalidades como Nelson Mandela y la madre Teresa, pioneros tecnológicos como Steve Jobs y Elon Musk, equipos deportivos como los All Blacks y un largo etcétera, tienen, además de muchas otras cosas, una piedra angular común: su propósito. El periodista John Carlin describe en *"El factor humano"*[38] cómo el principal propósito de Nelson Mandela fue romper las barreras raciales de Sudáfrica y unir el país a través del equipo de rugby nacional, los Springbooks. Sin cambiar de deporte pero sí de continente, James Kerr[39] nos introduce en el *"Legacy"* del equipo de rugby más laureado de la historia, los All Blacks. El *"whakapapa"* es el principio básico que impregna y engloba a toda la cultura maorí, significa la interdependencia de todo: antecesores, espiritualidad, historia, mitología y mana (todo lo que es, todo lo que ha sido y todo lo que será). Por tanto, los jugadores saben que su huella social es el impacto que sus vidas tienen o

---

[XIX] Véase el artículo en: http://www.eduardpunset.es/wp-content/uploads/2011/11/20111127_marca.pdf
[XX] Véase el artículo en: http://deportes.elpais.com/deportes/2013/08/05/actualidad/1375725823_517684.html
[XXI] El lector se habrá cerciorado que este modelo genera sinergias entre el sistema dompaminérgico mesolímbico (pasión) y mesocortical (práctica y perseverancia), junto con la serotonina y endorfinas (personalidad) así como con la oxitocina (propósito). Lo importante es la conexión del todo.

pueden tener en otras vidas, de ahí la importancia tan significativa de la conexión de los valores humanos, la interacción social y la autenticidad. El valor simbólico de la camiseta de los All Blacks –Premio Princesa de Asturias 2017 de los Deportes- tiene un propósito incalculable porque son los guardianes del futuro y eso significa vivir con respeto, humildad y excelencia sirviendo a los otros, su legado sería *"Manaaki Whenua, Manaaki Tangata, Haere whakamua"*[XXII]. Por su parte, Ashlee Vance[40] destaca en el libro biográfico de Elon Musk, que el creador de Tesla Motors, SpaceX y SolarCity tiene un punto de vista global muy significativo y orientado al propósito con afirmaciones como *"lo único que tiene sentido es desarrollar una inteligencia colectiva"* o *"me gustaría morir pensando que la humanidad tiene un futuro brillante"*. En efecto, Musk está siendo comparado con Steve Jobs, el fundador de Apple y Pixar, que en la biografía post mortem escrita por Walter Isaacson[41] se recogen las siguientes palabras respecto a su legado: *"todo lo que hago depende de otros miembros de nuestra especie y de los hombros a los que nos subimos. Y muchos de nosotros queremos contribuir con algo para devolverle el favor a nuestra especie y para añadir algo nuevo al flujo de la humanidad"*.

Una vez conocidas las 5 P´s junto con las 5 W´s, lo que serían 5 PW's, se trata de dilucidar cómo las han aplicado las escuelas más motivantes del mundo.

## 4. LAS TRES ESCUELAS MÁS MOTIVANTES DEL MUNDO

Imagina que mañana te nombran director o directora para que construyas un colegio y sea el más motivante del mundo para los alumnos, las familias, los profesores, el personal de administración y servicios, el equipo directivo, la comunidad educativa... ¿cuáles serían los ingredientes básicos que combinados adecuadamente obtendrían el manjar más motivante del planeta? ¿cómo se podría crear una escuela emocionalmente divertida y educativamente significativa? A continuación se presentan tres experiencias que te podrían ayudar a configurar tu propia escuela.

Los alumnos, en la primera escuela, están continuamente en un ambiente lúdico, libre y creativo, basado en un aprendizaje con oportunidades de experimentar y equivocarse -no tanto en refuerzos o castigos-, confiando en el trabajo en equipo y colaborativo que facilitará tanto los procesos como los resultados, y en definitiva siendo alumnos más felices. En efecto,

---

[XXII] Su traducción es *"Cuidar la tierra, cuidar la gente, seguir adelante"*.

el profesor orienta la inspiración y el talento de todos los alumnos para que elijan y desarrollen proyectos que les interesen y tengan transferencia al mundo real, por lo que cada alumno puede desarrollar con libertad su pasión y creatividad. En este sentido, todos los alumnos son líderes y el objetivo de esta escuela es que todos los alumnos pueden pensar, sentir y actuar en función de sus intereses y necesidades. Todos los alumnos son autónomos y se sienten capaces de desarrollar proyectos, con gran motivación intrínseca y de logro, lo que conlleva una gran autorrealización. Así, los alumnos no son simples números en el examen sino que el crecimiento y desarrollo personal se enfoca al proceso, más allá de los datos y las recompensas. La clave de esta escuela es que el profesor ha fomentado un ambiente y cultura de aprendizaje basado en las curiosidades de sus alumnos. En suma, es completamente diferente estar en una escuela donde sólo se buscan resultados en pruebas estandarizadas que en otras donde se hace énfasis en el aprendizaje, la emoción y el propósito de todos y cada uno de sus miembros para cambiar a las personas que cambiarán el mundo.

La segunda escuela se ha caracterizado a lo largo de su historia por ser la que tenía el mayor porcentaje de ingenieros y científicos, la que más invertía en I+D y la que tenía la tasa por habitante más alta del mundo en creación de start-ups por parte de sus alumnos egresados. La cultura de la escuela tenía una serie de conceptos, a modo de pautas tácitas, muy difíciles de pronunciar, y con génesis pragmática. Los profesores las citan hasta la saciedad, las aplican con gran interés y se respiran en cada rincón. Son las siguientes:

- Chutzpah: los profesores fomentan el atrevimiento y el descaro, poniendo énfasis en la importancia de la seguridad en uno mismo y en los compañeros. El fracaso sería el maestro del aprendizaje, por lo que dichos fracasos se deben considerar como fracasos constructivos, fracasos inteligentes. El fracaso es el camino, la forma de cuestionar y poner en duda lo existente, formulándose preguntas, con pensamiento crítico e inteligente. Todo ello provocará en principio malestar, por lo que la perseverancia y la tolerancia al fracaso serán muy importantes. Por último, para los profesores es más importante enseñar a sus alumnos a ser buenos haciendo muchas cosas antes que ser excelentes haciendo solo una.
- Rosh Gadol: destaca que en la escuela todos deben ser sinceros, flexibles y autocríticos para aprender de los errores. Que todo es posible, siendo la autocrítica y la sinceridad muy relevantes para que todos puedan aprender de los errores. No se siguen las órdenes y

- pautas del profesor al pie de la letra, sino que existe una actitud compartida de aprendizaje y cooperación.
- Mofet: los alumnos están orientados al éxito y no a evitar el fracaso; cada uno debe ser su mejor versión para conseguir la excelencia. Los alumnos son conscientes no de lo que pueden perder sino de lo que se puede conseguir en situaciones de continuo cambio y adaptación para ser los mejores en su futura profesión.
- Davka: en todo proceso de experimentación y exploración existen dificultades y amenazas que, lejos de debilitarles, les hacen más fuertes para poder triunfar y conseguir su propósito.
- Yozma: se refiere a la chispa, la iniciativa, la curiosidad, la pasión, el interés, la emoción, el desencadenante que lo enciende todo.
- Clúster: todos los alumnos trabajan juntos en clase y en casa (presencial o virtualmente) compartiendo la información sobre sus proyectos y viendo las evoluciones conjuntas, existe un alto grado de transparencia y todos se conocen, ya que existe una gran comunidad educativa de aprendizaje. Es la forma de crear, cooperar, compartir y comunicar todos juntos. Es la forma de ser, saber y hacer.

Un estudiante dice que recuerda esta escuela por su espíritu antijerárquico, en la que todos son líderes y no te valoran por quién es tu familia o de dónde vienes sino por lo que sabes hacer. En definitiva, el aprendizaje está orientado a la consecución de logros académicos y personales más allá de la obediencia a la autoridad del profesor. Todo ello desde un enfoque inter y multidisciplinar con una gran disposición a probar cosas nuevas desafiando las normas establecidas, con iniciativa, inquietud y curiosidad constante para afrontar la adversidad. ¿Nuestro propósito? Garantizar un mundo mejor y más seguro.

La tercera escuela la recuerdo con edificios no muy lujosos pero que facilitaban la capacidad de colaborar y comunicarse, un lugar en el que se imponía la cultura y el ambiente de creatividad, lo que se traducía en diversión y calidad en los trabajos. Aquí no existía la palabra imposible, sino que, por un lado, se creaban cosas nuevas (0-1) y, por otro, se intentaban enriquecer e incrementar la complejidad de las ya existentes (1-n)[XXIII]. El profesor no nos daba clases magistrales con respuestas sino que nos hacía constantemente preguntas, cuestionando todo, aceptando riesgos, con incerteza e inestabilidad, con mucha humildad para conseguir los proyectos que nos planteábamos. Estábamos muy motivados porque teníamos

---

[XXIII] Les recomendamos el libro de Thiel y Masters titulado *"Zero to one. Notes on startups, or how to build the future"*[42]. Por ejemplo, el primer Iphone es una creación, el resto de modelos es una mejora de la versión inicial.

continuamente retos apasionantes y desafiantes, no exentos de fracasos y dificultades que, indudablemente, enriquecían el proceso, y nos hacían más fuertes, más sabios y más amables. El profesor decía que era esencial generar equipos buenos generando buenas sinergias con la química adecuada, la forma en que interactuábamos unos con otros, la diversidad como fuente de enriquecimiento y complementariedad. Vivíamos en una cultura creativa que construíamos a diario. Cuando surgían los errores y los fracasos, teníamos la total libertad, responsabilidad y confianza interpersonal para reconocer los propios y los ajenos, centrándonos en el problema y no en la persona, ya que era la única forma de promover y garantizar la excelencia. Dichos errores los concebíamos como la inevitable consecuencia de experimentar y hacer cosas nuevas; reconocer esa frustración favorecía el beneficio del crecimiento continuo. El profesor siempre intentaba crear un ambiente positivo y amigable, siempre nos decía *"equivocaros mucho"* alentándonos a explorar cosas nuevas por caminos divergentes en vez de evitar las posibles consecuencias del error siguiendo la rutina. En definitiva, el error era una parte saludable y deseable de todo el proceso de emoción-aprendizaje, un camino valioso que se recorría con paciencia, autenticidad y consistencia. Todas estas lecciones, basadas no en su contenido teórico sino en su aplicación práctica, potenciaron en nosotros una gran automotivación y autoconocimiento, considerábamos esta escuela como un trayecto hacia un mundo mejor en la que destacaba nuestra pasión por la excelencia.

Las escuelas son Google[43], Start-up Nation[44] (Israel) y Creativity[45] (Pixar & Disney) respectivamente. Seguramente han sido visionarios en la aplicación de la motivación con las personas y en entornos de aprendizaje creativos. Indudablemente, la cultura colectiva emocionalmente competente supera cualquier atisbo de genialidad individual, puesto que el aprendizaje, cambio en la estructura funcional del cerebro, se produce gracias a las sinergias-sinapsis entre neuronas. ¿Qué sucede con la dopamina en estas escuelas? Según la médica sevillana Marta Ligioiz[46], la dopamina es el neurotransmisor del sistema dopaminérgico que regula la motivación en dos versiones: una rápida basada en focalizar la atención y detectando la información importante en una situación; otra que es más lenta y duradera, que regula el comportamiento, para alcanzar objetivos y superar obstáculos.

## 5. DEL GENOMA AL AMBIOMA: MOTIVAR LA EPIGÉNESIS

¿Genetistas o ambientalistas? ¿Nature or nurture? ¿23.000 genes o 10.000 horas de práctica? Inexorablemente es el eterno debate en la ciencia, la educación y el deporte, incluso hay autores que se atreven a cuantificar porcentualmente la influencia de los genes y del entorno. La virtud se fundamenta en el equilibrio y, por tanto, en la epigénesis. Dichos cambios trascienden el lento proceso de la filogénesis a través de dos propuestas. La primera se fundamenta en el concepto de epigenética transgeneracional del profesor Mora Teruel referido a la *"posibilidad de herencia (vía germinativa) de marcas epigenéticas (genes metilados) y sus consecuentes efectos sobre la expresión funcional de neuronas de redes que codifican para funciones específicas, por ejemplo, miedos."* [6] Esta idea también la comparte David Shenk[47] al indicar que los cambios epigenéticos pueden heredarse y por tanto tenemos responsabilidad sobre nuestro genoma, por lo que el estilo de vida de una persona antes de tener hijos podría afectar a la herencia biológica de los mismos, de modo que pequeñas cosas en la vida pueden tener un efecto de gran magnitud. Respecto a la segunda idea, José Antonio Marina[XXIV] considera que esta activación y transformación del también se puede realizar durante el ciclo vital de la persona y para ello pone el ejemplo de una partida de cartas. Imagine el lector que está jugando al póker, a la brisca, al tute o al mus. Si las cartas (genética) que recibe no son del todo buenas pero es capaz de jugarlas (entorno y experiencia) muy bien y ganar partidas, con tiempo y esfuerzo, conseguirá mejores cartas. De ahí que el profesor Mora Teruel se refiera al concepto de ambioma definido como el *"conjunto de elementos no genéticos, cambiantes, que rodean al individuo y que, junto con el genoma, conforman el desarrollo y construcción del ser humano o pueden determinar la aparición de una enfermedad."*[6] Por ello, la manifestación genética dependerá de la estimulación ambiental, la experiencia, la educación, el entrenamiento... por lo que se erradica la idea del determinismo biológico que en ningún caso se debe a un gen, sino a una actividad de muchos genes interactuando en unas circunstancias ambientales. De manera que los genes tienen una gran influencia sobre la formación de los rasgos pero no los determinan de forma precisa. La propuesta de Shenk es pasar de un modelo estático basado en la adicción G+E (genes más entorno) a un modelo más dinámico centrado en la interacción GxE en el que el proceso y el producto final no puede reducirse a la suma de sus ingredientes. Todo

---

[XXIV] Este ejemplo lo escuchamos los autores de este capítulo en el I Congreso Nacional de Neurociencia aplicada a la Educación organizado por el Ministerio de Educación, Cultura y Deporte junto con el Centro Nacional de Investigación e Innovación Educativa en 2017.

ello se debe a que los genes son flexibles y participan de manera activa, por lo que el talento no solo se concibe como la causa sino que también es el resultado de las acciones[47].

Por último, ¿cómo se podría estimular la epigénesis? ¿qué rol juegan los *"epigenetistas"*? ¿cómo pueden ayudar los padres al desarrollo deportivo, educativo y personal de sus hijos?[35] Mediante apoyo afectivo, aconsejando y ofreciendo posibilidades educativas y deportivas; con una implicación moderada, sin presionar y respetando sus opiniones; exigiendo y transmitiendo el valor del esfuerzo y el sacrificio; apoyo económico y logístico, sacrificando su propio tiempo en pro de los hijos; como modelos con una influencia positiva, etc. Respecto a los entrenadores[35], en las etapas de formación el perfil va más orientado a facilitar una práctica más variada y divertida, transmitiendo entusiasmo y enseñando los principios básicos del deporte; en la élite se caracterizan por ser más disciplinados y exigentes. En cualquier caso, deben crear un ambiente agradable de confianza y respeto, planteando actividades que supongan un reto, normas sencillas y consensuadas con los jugadores, etc. ¿Y los profesores? La primera idea es evidente: un sistema educativo depende de la calidad de sus docentes. De hecho, Ken Bain[48] lo concreta en su libro, extrapolable a todas las etapas educativas, sobre *"Lo que hacen los mejores profesores universitarios"* a través de las siguientes ideas[XXV]: conocen muy bien su materia y tienen una capacidad metacognitiva de pensar; gran exigencia cognitiva para preparar sus clases; con expectativas altas basadas en el proceso de enseñanza-aprendizaje; fomentan un entorno para el aprendizaje crítico natural a través de desafíos atractivos y con tareas auténticas que favorecen la curiosidad; tratan con cariño, respeto, confianza y amabilidad a sus estudiantes; evalúan los objetivos esenciales de aprendizaje y utilizan un programa sistemático para introducir cambios si fueran necesarios. Por último, se destacan tres aspectos a considerar: estos profesores deben superar situaciones de frustración, debilidades y errores; trabajan con estudiantes con un bagaje diverso; y tienen un compromiso con la comunidad educativa que trasciende las paredes del aula. Concluye el propio autor en referencia a los profesores *"fundamentalmente eran estudiosos, intentaban mejorar de continuo sus resultados para promover el desarrollo de los estudiantes, y nunca quedaban plenamente satisfechos de lo que ya habían conseguido."*

---

[XXV] El profesor Mora Teruel en su libro *"Neuroeducación"*[49] realiza también una síntesis muy interesante de las ideas que propone Ken Bain.

En definitiva, la necesidad de una educación y un entrenamiento personalizado se manifiesta cuando se tienen en cuenta las diferencias innatas, por lo que los planes de entrenamiento y educación más eficaces son los elaborados y diseñados para cada individuo. En este sentido, David Epstein, autor de *"El gen deportivo"*, cita literalmente las palabras del doctor Tanner *"Todos tenemos un genotipo diferente. Por consiguiente, para conseguir un desarrollo óptimo, todos deberíamos tener un entorno diferente"*[50].

## 6. CONSIDERACIONES FINALES

El estudio científico de la motivación por partes conlleva un enfoque simplista que no facilita su comprensión, ya que en palabras de la psicología de la Gestalt *"el todo es más que la suma de sus partes"*. Para Walter Mischel, aprender a vivir es una asignatura que dura toda nuestra vida y, por tanto, hay que convertir la felicidad en un hábito[3]. Concretamente, el padre de la psicología positiva, Martín Seligman se refiere a tres tipos de vidas dentro de la felicidad: la vida agradable y placentera; la eudemonía o la buena vida en relación a la búsqueda de la felicidad; y la búsqueda de significado y de valor, utilizando nuestras grandes virtudes para servir a algo que trasciende nuestra propia existencia. Como concluye el propio autor *"No hay atajo para ello. Es la vida misma. Es posible que haya una farmacología del placer, y quizá incluso de las emociones positivas en general, pero no es probable que se llegue a una farmacología interesante del flujo. Y es imposible que nunca haya una farmacología del significado"*[51]. Esta idea no es nueva sino que hace más de 2000 años Aristóteles se refería al placer hedónico de la felicidad y al ejercicio de las virtudes en base a la eudemonía. Para Marina[14], la felicidad verdadera se basa en la satisfacción armónica y equilibrada de nuestras tres grandes necesidades: placer, vínculos afectivos y autonomía creadora.

Indudablemente, los errores y los fracasos son los grandes maestros en todos los ámbitos. Si se establece un ambiente sustentando en el miedo a las equivocaciones, primando los resultados y el éxito en comparación con los demás (niveles crónicos de adrenalina y cortisol), se facilitará la inhibición para experimentar, el abandono tras los primeros errores, la falta de perseverancia, se destruirá la pasión y la curiosidad y, en definitiva se dificultará la atención, el aprendizaje y la memoria. En cambio, si se proponen actividades lúdicas y divertidas, en un entorno alegre que facilite la cooperación y los vínculos afectivos, la flexibilidad y los diferentes ritmos de aprendizaje, los retos estimulantes y las expectativas de alcanzarlo, dicho proceso estimulará una producción de dopamina más allá de la propia consecución, porque la acción de superación provoca la liberación de más dopamina. ¿Cómo conseguir niveles altos de dopamina que influyen en la atención, el aprendizaje y la memoria? Con actividades novedosas que favorezcan la cooperación, el sentido de pertenencia y la superación de obstáculos, mostrando apoyo, afecto, respeto y confianza[46].

Además, el área prefrontal cortical estará madurando hacia su autogestión, modulará el sistema de motivación y potenciará la autonomía y la pasión, mientras que el hipocampo a su vez muy activo enviará información hacia las áreas productoras de dopamina que retroalimentan la actividad y mejorarán a su vez la percepción, la memoria y el aprendizaje[46]. Seguramente, el alumno, el deportista o el trabajador estén en estado de flow lo que facilite los procesos creativos e innovadores, la concentración y la perseverancia, la pasión y la confianza, en suma, el sentido vital, el *"para qué"* de su misión, visión y virtudes. Concluye el profesor Bueno i Torrens que la capacidad de automotivarnos y de motivar a los demás depende de la cerebroflexia de cada persona[2].

Estimado lector, seguramente ya has entendido e interpretado con gran emoción la historia inicial. Enhorabuena, tu sistema dopaminérgico funciona a la perfección y estará en flow para los siguientes capítulos. En conclusión, como diría el genial divulgador científico Eduard Punset, *"la felicidad está escondida en la sala de espera de la felicidad"*[12]. ¿Conoces la fórmula de la motivación? Ahora solo queda aplicarla...

$$\text{MOTIVACIÓN} = \text{Epigénesis}(\text{HSIG1SDML} + \text{CSIE2SDMC})^{5PW's}$$

## 7. REFERENCIAS BIBLIOGRÁFICAS

1. Carnegie, D. (2010). *How to make friends and influence people.* New York, NY: Pocket Books.

2. Bueno i Torrens, D. (2016). *Cerebroflexia. El arte de construir el cerebro.* Barcelona: Plataforma Actual.

3. Mischel, W. (2014). *The marshmallow test: mastering self-control.* New York, NY: Little, Brown and Company.

4. Goleman, D. (1996). *Inteligencia emocional.* Barcelona: Kairós.

5. Salovey, P. y Mayer, J.D. (1990). Emotional intelligence. *Imagination, Cognition, and Personality, 9*, 185-211.

6. Mora, F. (2016). *Cuando el cerebro juega con las ideas.* Madrid: Alianza Editorial.

7. Solano, F. (2015). La química que nos enamora, nos entristece, nos motiva. En J.M. Farré, R. Gómez y L. Salvador-Carulla (eds), *La aventura del cerebro. Viajando por la mente* (pp. 65-84). Barcelona: Singlantana.

8. Sherman, L.E., Payton, A.A., Hernández, L.M., Greenfield, P.M. y Dapretto, M. (2016). The power of the Like in adolescence: Effects of peer influence on neural and behavioral responses to social media. Psychological Science, 27(7), 1023-35.

9. Thaler, R.H. y Sunstein, C.R. (2009). *Nudge. Improving decisions about health, wealth, and happiness.* London: Penguin Books.

10. Turkle, S. (2017). *En defensa de la conversación. El poder de la conversación en la era digital.* Barcelona: Ático de los Libros.

11. Sapolsky, R. (2012). Toxoplasmosis: el parásito que está manipulando la conducta humana. En J. Brockman (Ed.), *Mente* (pp. 201- 211). Barcelona: Crítica.

12. Punset, E. (2005). *El viaje a la felicidad. Las nuevas claves científicas.* Barcelona: Destino.

13. Kahneman, D. (2013). *Pensar rápido, pensar lento.* Barcelona: Debolsillo.

14. Marina, J.A. (2012). *La inteligencia ejecutiva.* Barcelona: Ariel.

15. Kim, S. (2013). Neuroscientific model of motivational process. *Frontiers in Psychology, 4, 98*, 1-12.

16. Pink, H. (2011). *Drive. The surprising truth about what motivates us.* Edinburgh: Canongate.

17. Marina, J.A. (2011). *Los secretos de la motivación.* Barcelona: Ariel.

18. Fuster, V. y Reverter, E. (2013). *El círculo de la motivación.* Barcelona: Planeta.

19. Higgins, E.T. (2014). *Beyond pleasure and pain. How motivation works.* New York, NY: Oxford University Press.

20. Duckworth, A. (2016). *Grit: the power of passion and perseverance.* London: Penguin Random House.

21. Bandura, A. (1977). Self-efficacy: Toward a unifying theory of behavioral change. *Psychological Review, 84*(2), 191-215.

22. Rosenthal, R. y Jacobson, L. (1968). Pygmalion in the classroom. *The Urban Review, 3*(1), 16-20.

23. Bain, K. (2014). *Lo que hacen los mejores estudiantes de universidad*. Valencia: Universitat de València.

24. Collado, J.Á. (2015). Innovación educativa en línea: aprender a emocionar para emocionarse aprendiendo. *Harvard Deusto, Learning & Pedagogics*, 48-54.

25. Reverte, J. (2003). *El sueño de África*. Barcelona: Plaza & Janes.

26. Robinson, K. y Aronica, L. (2009). *El elemento. Descubrir tu pasión lo cambia todo*. México: Grijalbo.

27. Lens, W. y Rand, P. (2000). Motivation and cognition: Their role in the development of giftedness. En K.A. Heller, F.J. Monks, R.J. Sternberg y R.F. Subotnik (Eds.), *International handbook of giftedness and talent* (2ª Ed., pp. 193-202). Amsterdam: Elsevier.

28. Ballesteros, S. (2008). *Severiano Ballesteros. Autobiografía*. Madrid: Tutor.

29. Ericsson, K.A., Krampe, R.T. y Tesch-Römer, C. (1993). The role of deliberate practice in the acquisition of expert performance. *Psychological Review, 1000*(3), 363-406.

30. Côté, J. (1999). The influence of the family in the development of talent in sports. *Sports Psychologist, 13,* 395-417.

31. Mejide, R. (2014). *Urbrands. Construye tu marca personal como quien construye una ciudad.* Barcelona: Espasa.

32. Avia, M.D. y Vázquez, C. (2011). *Optimismo inteligente*. Madrid: Alianza Editorial.

33. Seligman, M.E.P., Reivich, K., Jaycox, L. y Gillham, J. (2015). *Niños optimistas* (4ª Ed.). Barcelona: Debolsillo.

34. Dweck, C. (2007). *La actitud del éxito*. Barcelona: Vergara.

35. Collado, J.Á. (2014). *Análisis del proceso de llegar a ser un deportista excelente desde una perspectiva biográfica: los casos de Nadal, Gasol, Estiarte y Ballesteros*. Tesis doctoral dirigida por el Dr. Mauro Sánchez. Toledo: Universidad de Castilla-La Mancha.

36. Csikszentmihalyi, M. (2014). *Fluir: una psicología de la felicidad* (4º Ed.). Barcelona: Debolsillo.

37. Goleman, D. (2013). *Focus: desarrollar la atención para alcanzar la excelencia*. Barcelona: Kairós.

38. Carlin, J. (2009). *El factor humano. Nelson Mandela y el partido que salvó a una nación.* Barcelona: Seix Barral.

39. Kerr, J. (2013). *Legacy: 15 lessons in leadership, what the All Blacks can teach us about the business of life.* London: Constable.

40. Vance, A. (2015). *Elon Musk. How the billionaire CEO of Spacex and Tesla is shaping our future.* London: Virgin books.

41. Isaacson, W. (2013). *Steve Jobs.* Barcelona: Debolsillo.

42. Thiel, P. y Masters, B. (2014). *Zero to one. Notes on startups, or how to build the future.* London: Penguin Random House.

43. Bock, L. (2015*). Work rules! Insights from inside google that will transform how you live and lead.* London: John Murray.

44. Senor, D. y Singer, S. (2013). *Start-up nation. La historia del milagro económico de Israel.* Madrid: Nagrela.

45. Catmull, E. y Wallace, A. (2014). *Creativity, INC. Overcoming the unseen forces that stand in the way of true inspiration.* London: Bantam Press.

46. Ligioiz, M. (2015). La educación, una cuestión muy seria. Una mirada hacia la dopamina. En A. Forés, J.R. Gamo, J.C. Guillén, T. Hernández, M. Ligioiz, F. Pardo y C. Trinidad (eds), *Neuromitos en educación. El aprendizaje desde la neurociencia* (pp. 109-128). Barcelona: Plataforma actual.

47. Shenk, D. (2011). *El genio que todos llevamos dentro. Por qué todo lo que nos han contado sobre genética, talento y CI no es cierto.* Barcelona: Ariel.

48. Bain, K. (2007). *Lo que hacen los mejores profesores universitarios* (2ª Ed.). Valencia: Universitat de València.

49. Mora, F. (2013). *Neuroeducación. Sólo se puede aprender aquello que se ama.* Madrid: Alianza Editorial.

50. Epstein, D. (2014). *El gen deportivo. Un atleta excelente ¿nace o se hace?* Barcelona: Indicios.

51. Seligman, M. (2012). Eudemonía: la buena vida. En J. Brockman (ed), *Mente* (pp. 165-180). Barcelona: Crítica.

# BENEFICIOS COGNITIVOS DE LA ACTIVIDAD FÍSICA: BUENO PARA EL CORAZÓN, BUENO PARA EL CEREBRO

**D. Jesús C. Guillén** profesor de la Universidad de Barcelona y de la Universidad Rey Juan Carlos de Madrid.

*Si hace deporte, su cerebro rendirá más y mejor*
*Arthur Kramer*

El cerebro es un órgano complejo con una enorme capacidad de reorganización que resulta imprescindible para los seres humanos. Esta necesidad, moldeada a través de la evolución, permite movernos en un entorno variable y obtener así la información necesaria del mismo que garantice y mejore nuestra supervivencia. Analizando el comportamiento de determinados animales invertebrados cuyo sistema nervioso desaparece cuando ya no tienen necesidad de moverse[1], parece claro que nuestro cerebro, en particular, y el sistema nervioso, en general, surgieron debido al movimiento. Junto a esto, hace mucho tiempo que sabemos que existe una relación entre la salud física y la mental. Nuestro sistema cardiovascular o el sistema inmunológico mejoran como consecuencia de la actividad física y ello repercute directamente en nuestro estado de ánimo. Y existen evidencias empíricas sólidas que sugieren que ello se debe a que el ejercicio regular es capaz de modificar el entorno químico y neuronal mejorando el funcionamiento cerebral y favoreciendo el aprendizaje. Estos beneficios que pretendemos analizar en el presente capítulo pueden darse a cualquier edad y tienen enormes implicaciones educativas.

## 1. UNA NECESIDAD EVOLUTIVA

Nuestro cerebro es extraordinariamente plástico, una capacidad inherente al mismo que le permite adaptarse continuamente a las experiencias vitales y cambiar su estructura de forma significativa a lo largo de la vida. En el nivel neuronal, estos cambios continuos fortalecen o debilitan las conexiones neuronales o sinapsis y constituyen el aprendizaje.

En el proceso evolutivo adaptativo de la especie humana durante miles de años que ha posibilitado el desarrollo del cerebro moderno, la actividad física ha desempeñado un papel protagonista. Explorar y conocer el entorno que garantizara la supervivencia del ser humano necesitó una integración directa entre las operaciones motoras y las capacidades cognitivas. Esa es la razón por la que el hipocampo, imprescindible para la memoria explícita y el aprendizaje, sea una de las regiones del cerebro más influenciadas por el ejercicio físico, tal como veremos posteriormente. Además, el desarrollo de otras regiones que garantizan una eficiencia energética, como el hipotálamo, seguramente facilitó la aparición de mayores capacidades, tanto cognitivas como motoras[2].

Podríamos decir que, desde una perspectiva evolutiva, el movimiento constituye una necesidad grabada en nuestros genes[3]. Sin embargo, el estilo de vida sedentario que caracteriza a la sociedad actual ha provocado la aparición de enfermedades metabólicas como la obesidad o la diabetes. Es por ello que la actividad física, la cual está asociada a movimientos corporales producidos por los músculos esqueléticos que producen un aumento del gasto energético, es tan importante para el organismo. Pero todavía más beneficioso es el ejercicio físico que nos permite, a través de movimientos repetitivos y planificados, mejorar nuestro estado físico y, como analizaremos posteriormente, también el mental.

### ¿Qué ocurre a nivel molecular y celular?

En los últimos años, se han producido grandes avances en la comprensión de los mecanismos moleculares y celulares responsables de la incidencia positiva del ejercicio físico sobre el cerebro (ver diferentes niveles de actuación en figura 1). En concreto, las moléculas BDNF (factor neurotrófico derivado del cerebro) e IGF-1 (factor de crecimiento insulínico tipo 1), cuyos niveles aumentan con la actividad física, son muy importantes porque incrementan la plasticidad sináptica, la neurogénesis y la vascularización cerebral en zonas relacionadas con la memoria y la regulación del estrés, como el hipocampo.

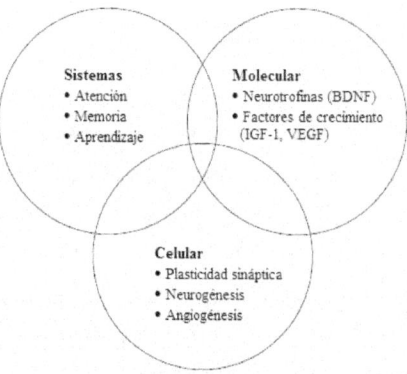

*Figura 1.* Niveles de actuación del ejercicio sobre el cerebro

## Plasticidad sináptica

La mejora de la plasticidad sináptica fortalece las conexiones neuronales, que es lo que ocurre cuando aprendemos. Utilizando el laberinto acuático de Morris en experimentos con ratones, se ha demostrado que una corta sesión de ejercicio en una rueda giratoria es suficiente para incrementar los niveles de BDNF de los roedores ejercitados y mejorar así el aprendizaje de la tarea y la potenciación a largo plazo que les permite recordar la ubicación de la plataforma, a diferencia de los ratones sedentarios. No obstante, cuando se bloquea esta molécula en los ratones -algo que evidentemente no podemos hacer con humanos- se eliminan los beneficios cognitivos de la actividad física impidiéndoles el aprendizaje de la tarea espacial[4].

## Neurogénesis

Ya hace unos años que se demostró que se podían generar nuevas neuronas en determinadas regiones cerebrales de mamíferos adultos, como el giro dentado del hipocampo. En el caso de los humanos, el aumento de flujo sanguíneo observado en estas regiones durante la realización de ejercicio físico sirvió para que se extrapolaran los anteriores resultados. Sin embargo, mediante una técnica de medida de la concentración del isótopo de carbono 14 en el ADN, se ha podido evaluar de forma cuantitativa que la neurogénesis en el hipocampo se da en cualquier etapa de la vida[5] y que, además, también aparece en la zona subventricular del cerebro[6]. El aumento del número de neuronas en el hipocampo puede mejorar las funciones cerebrales de forma parecida a como lo haría un aumento de memoria en el funcionamiento de un ordenador.

## Vascularidad cerebral

Al hacer ejercicio físico se crean nuevos vasos sanguíneos (angiogénesis). En este importante proceso que está directamente relacionado con la neurogénesis[7] intervienen factores de crecimiento como el IGF-1 o el VEGF (factor de crecimiento vascular endotelial). El aumento de sangre generado en las neuronas facilita la llegada de toda una serie de nutrientes que mejoran su funcionamiento[8].

Junto a estas moléculas tan importantes para mantener una buena infraestructura neuronal, también sabemos que una pequeña dosis de ejercicio físico es suficiente para incrementar los niveles de neurotransmisores básicos para una buena salud mental y que inciden, por ejemplo, en la atención (noradrenalina), el estado de ánimo (serotonina) o en la motivación (dopamina), todos ellos factores imprescindibles para que pueda darse un aprendizaje eficiente. Como comenta John Ratey, en la práctica, salir a correr unos minutos puede producir los mismos efectos que una pequeña dosis de los fármacos Concerta o Prozac, pero provocando un mayor equilibrio entre neurotransmisores[9] y, por supuesto, de forma más natural y saludable. Existen ya muchas evidencias empíricas que confirman estos beneficios. A continuación, analizamos algunas de ellas.

## 2. PENSANDO EN EL FUTURO: EJERCICIO EN LA TERCERA EDAD

Las primeras investigaciones con un diseño experimental adecuado sobre los beneficios de la actividad física en el cerebro se realizaron con personas de la tercera edad. En estas pruebas en las que los participantes son asignados de forma aleatoria a un grupo experimental (en el que se evalúa la intervención) o a un grupo de control, se comprobaron los efectos positivos de adquirir el hábito de caminar en personas de edad avanzada. Estas personas muestran una mayor oxigenación cerebral y mejoran su desempeño en pruebas que miden las llamadas funciones ejecutivas del cerebro[10] que están relacionadas, principalmente, con la capacidad de inhibición, la memoria de trabajo o la flexibilidad cognitiva y que, en definitiva, nos permiten planificar y tomar decisiones adecuadas. Estas funciones ejecutivas tienen una gran importancia educativa porque nos permiten controlar los impulsos, almacenar temporalmente información útil o analizar tareas desde diferentes perspectivas.

En una revisión del 2015 sobre las publicaciones existentes y realizada por tres de los investigadores que han participado en algunos de los estudios más relevantes (Kramer, Hillman y Erickson), se ha constatado que estos beneficios no se restringen al mayor desempeño en las pruebas de rendimiento cognitivo sino que se han identificado mejoras en la estructura y en la conectividad cerebral[11] que pueden paliar, en cierta proporción, el declive cognitivo asociado a la edad. Por ejemplo, en un reciente estudio, 120 personas de más de 65 años de edad en promedio fueron asignadas de forma aleatoria a dos grupos de 60: los participantes del primero intervinieron en un programa de entrenamiento anual en el que fueron aumentando progresivamente el tiempo de caminar hasta llegar a los 40 minutos diarios, mientras que los componentes del segundo grupo, que era el de control, participaron en un programa de estiramientos musculares. Los resultados revelaron que las personas que intervinieron en el programa de ejercicio aeróbico moderado aumentaron el volumen de la región anterior del hipocampo en un 2% en promedio, invirtiendo la tendencia natural a reducirse en esa edad, tal como se comprobó en los participantes del grupo de control (ver figura 2). Este incremento fue acompañado de un aumento de BDNF en el hipocampo y una mejora en la memoria espacial de los participantes[12].

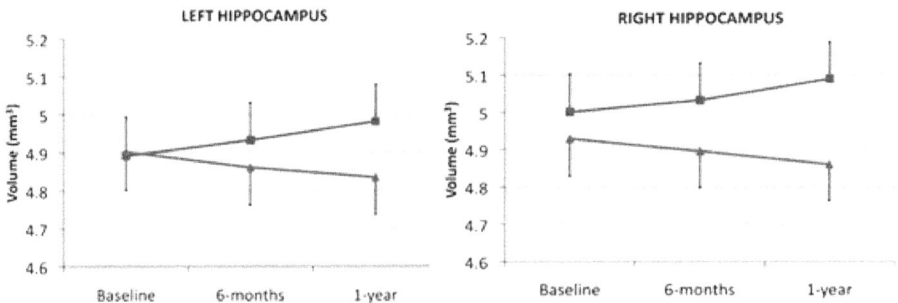

*Figura 2.* Efectos del ejercicio aeróbico sobre el hipocampo

La mayor investigación realizada que ha demostrado los efectos positivos de la actividad física a largo plazo y la importancia del estilo de vida -por encima de la genética- para mantener una buena forma, tanto física como mental, es un estudio longitudinal en el que intervinieron más de un millón de suecos (1.221.727) nacidos entre los años 1950 y 1976[13]. Una muestra tan grande posibilitó la existencia de gran cantidad de hermanos y gemelos (en concreto 1432 pares de gemelos monocigóticos) y ello permitió, aunque el estudio era sobre los efectos de la actividad física en las habilidades cognitivas, analizar la influencia de factores ambientales y genéticos sobre la inteligencia.

El estudio consistía en comparar datos correspondientes a los 15, 18 y entre los 28 y 54 años de edad. En concreto, se recogió información sobre el estado físico y la inteligencia de los participantes a los 18 años de edad durante las pruebas de reclutamiento del servicio militar. Las pruebas físicas aeróbicas o cardiovasculares se llevaron a cabo en un cicloergómetro, una bicicleta estática en la que se realizan las pruebas de esfuerzo, mientras que las anaeróbicas o de fuerza muscular consistían en mediciones al realizar extensiones de cuádriceps o flexiones de bíceps. Los tests de inteligencia medían las capacidades lógicas, verbales o visuoespaciales. Todos estos datos se compararon con los logros académicos, la situación socioeconómica o la ocupación laboral años después.

Los análisis de los resultados a los 18 años de edad revelaron una correlación positiva entre la resistencia cardiovascular de los participantes con la capacidad intelectual, tanto en pruebas verbales, de lógica o de inteligencia general. En cambio, esta correlación no se encontró para los valores de fuerza (ver figura 3).

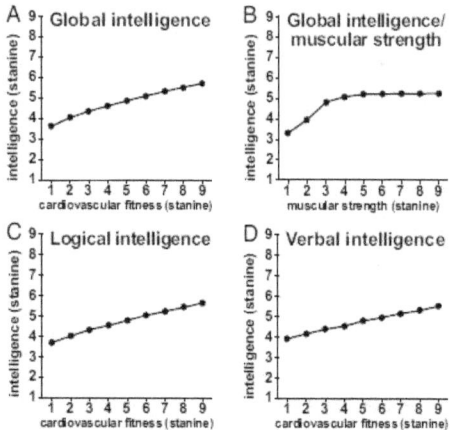

*Figura 3.* Correlación entre la resistencia cardiovascular y la inteligencia general

En las representaciones anteriores observamos el crecimiento en las pruebas de inteligencia general (A), inteligencia lógica (C) o verbal (D) en relación al aumento de la resistencia cardiovascular (eje horizontal). Las mejoras documentadas del hipocampo y del lóbulo frontal, como consecuencia de la realización de la actividad física, explicaría los mejores resultados en las pruebas de razonamiento lógico y comprensión verbal pues se considera que intervienen en estos procesos. Sin embargo, no ocurre lo mismo con la fuerza muscular (B); en esa gráfica observamos que el aumento de fuerza va acompañado de una estabilización de la inteligencia. Podríamos decir que el ejercicio aeróbico hace que el cerebro reciba más oxígeno y funcione mejor, junto a unos pulmones y corazón fuertes y sanos. Unido a eso, el análisis de los gemelos también mostró una relación directa entre la resistencia aeróbica y la inteligencia, es decir, una evidencia clara de la influencia de los factores ambientales -en este caso el ejercicio físico- sobre la inteligencia de las personas.

Pero quizás lo más interesante de este estudio, y esa es la razón por la que lo incluimos en este apartado, es la incidencia directa de la actividad física sobre lo que se ha llamado "reserva cognitiva". El análisis de los datos obtenidos en esta importante investigación no solo sugieren que las mejoras físicas entre los 15 y los 18 años de edad predicen la capacidad intelectual a los 18 años sino que el nivel de resistencia aeróbica o cardiovascular durante la adolescencia guarda una relación directa y positiva con el nivel socioeconómico y los logros académicos en la edad adulta (mejores empleos y mayor probabilidad de obtener títulos universitarios). Independientemente de que siguieran realizando ejercicio o no, aquellos que en su juventud sí que se ejercitaron mostraron años después mejores capacidades cognitivas. Estos beneficios acumulativos de la actividad física pueden permitir alargar el efecto protector ante ciertas enfermedades neurodegenerativas. En el caso concreto del Alzheimer se ha comprobado que, además de reducir el riesgo de padecerlo, el ejercicio parece estar asociado a una reducción de la atrofia cerebral característica de las fases iniciales de la enfermedad, especialmente en el hipocampo y en áreas parietotemporales de la corteza cerebral[14], junto a la mejora cognitiva, física o emocional asociada. Y se ha demostrado que estos beneficios son especialmente relevantes en personas de la tercera edad portadoras del alelo APOE-ε4, un factor genético importante de riesgo de padecer la enfermedad de Alzheimer[15].

## 3. NUNCA ES TARDE PARA MEJORAR: EJERCICIO EN LOS ADULTOS

Las mayores evidencias empíricas que confirman los beneficios del ejercicio físico, tanto a nivel cognitivo como emocional, provienen del ejercicio aeróbico o cardiovascular, como por ejemplo caminar, correr, nadar o ir en bicicleta y, en menor medida, del ejercicio de fuerza o resistencia muscular, como el que se realiza en las zonas de pesas de los gimnasios. En general, el ejercicio físico de intensidad moderada tiene una incidencia mayor en las funciones ejecutivas del cerebro, tal como hemos analizado con anterioridad. Mientras que el ejercicio físico de alta intensidad, el cual produce una elevación del ritmo cardíaco mucho mayor, también podría ser importante al mejorar la velocidad de procesamiento de la información, aunque estos resultados pueden depender del tipo de actividad mental evaluada tras el ejercicio[16]. En un estudio en el que participaron estudiantes deportistas mayores de 20 años se comprobó que los que realizaban unas pruebas de vocabulario tras 3 minutos de sprints aprendían palabras un 20% más rápido que aquellos que realizaban una prueba aeróbica de baja intensidad o que aquellos que no se ejercitaban (ver figura 4). Y no solo eso, sino que sus análisis de sangre revelaron mayores concentraciones de BDNF, dopamina, y noradrenalina tras la actividad física y cuyos niveles están asociados a un aprendizaje a corto, medio y largo plazo, respectivamente, del nuevo vocabulario[17].

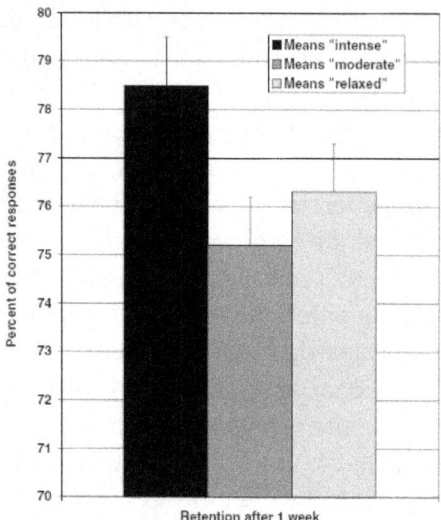

*Figura 4.* Ejercicio físico de alta intensidad y velocidad de procesamiento de la información

La anterior es una de las muchas demostraciones existentes sobre los beneficios inmediatos de la práctica deportiva sobre el aprendizaje. Pero, en general, los adultos que tienen una actividad física semanal más intensa suelen obtener mejores resultados en tareas mentales. Por ejemplo, en un estudio en el que participaron 1927 adultos con edades entre 45 y 70 años reveló que aquellos que llevaban una vida más activa practicando algún deporte, caminando, montando en bicicleta o realizando trabajos domésticos cotidianos obtuvieron mejores resultados en las pruebas de velocidad de procesamiento de la información, memoria y flexibilidad mental[18]. Y cuando personas adultas con una media de edad por encima de los 30 años han participado en programas de entrenamiento aeróbico durante 12 semanas, se observan los mismos progresos que en los experimentos realizados con ratones años atrás: mayor capacidad cardiorrespiratoria y mejor rendimiento en pruebas de aprendizaje. Y estas mejoras vienen acompañadas de un incremento del flujo sanguíneo en el giro dentado del hipocampo que está asociado a la neurogénesis en el mismo[7].

Aunque puede que el lector ya se haya convencido de las numerosas virtudes del ejercicio físico sobre la estructura y funcionamiento cerebral, la pregunta que seguramente se planteará es la de cuánto tiempo semanal hay que dedicar al ejercicio, y de qué tipo, para mantener una buena salud física y mental. Aunque no existe una respuesta única debido a las particularidades individuales, una buena recomendación para adultos entre

18 y 65 años de edad sería la del American College of Sports Medicine: dedicar un mínimo de 150 minutos por semana (por ejemplo, sesiones de 30 minutos en 5 días) a una actividad física aeróbica de intensidad moderada, junto al menos un par de días de actividades más anaeróbicas de fuerza que trabajen la mayor parte de grupos musculares[19]. Aunque existen menos estudios que demuestran los beneficios cerebrales del ejercicio anaeróbico, todo indica a que también es importante.

## 4. UNA PUERTA ABIERTA A LA ESPERANZA: EJERCICIO EN NIÑOS Y ADOLESCENTES

Las investigaciones sobre los beneficios cognitivos de la actividad física en niños y jóvenes en edad escolar son muy recientes, pero muestran su incidencia positiva en las funciones ejecutivas del cerebro que son imprescindibles para un aprendizaje eficiente y, en definitiva, para el desarrollo adecuado del alumno, tanto académico como personal. Como los niños pasan gran parte de su tiempo en las escuelas, los centros educativos tienen una gran oportunidad para ayudarles a llevar un estilo de vida más activo y saludable.

**Competencias académicas**

En un metaanálisis de 44 estudios en el que participaron alumnos con edades entre 4 y 18 años se encontró una correlación positiva entre la actividad física y el aprendizaje. Se evaluaron ocho categorías cognitivas que incluían habilidades perceptivas, cociente de inteligencia, rendimiento, pruebas verbales, pruebas matemáticas, memoria, nivel académico, y una última en la que se incluían áreas diversas relacionadas con la creatividad o la concentración. Los resultados revelaron que el ejercicio físico fue beneficioso para todas las categorías salvo para la memoria. Aunque este efecto positivo se encontró en todos los grupos asignados por edades, fue mayor en los niños de los grupos entre 4-7 y 11-13 años que en los de 8-10 y 14-18 años[20].

En una revisión posterior de 50 estudios en la que se analizó la incidencia de la actividad física -en donde se incluían también las clases de Educación Física- en el rendimiento académico de los alumnos en edad escolar, se comprobó que el 50,5% de las asociaciones encontradas fueron positivas, el 48% no produjeron efectos significantes y solo el 1,5% fueron negativas[21]. Los autores ponían en duda las medidas tomadas en una enorme cantidad de escuelas americanas de eliminar o reducir drásticamente las clases de educación física, o los mismos recreos, para poder dedicar más tiempo a otras materias, supuestamente más importantes, para mejorar los resultados de los alumnos en las pruebas de evaluación externas.

En un estudio en el que participaron 20 niños de 9 años de edad se les realizó una serie de tests para evaluar la comprensión lectora, la ortografía y las operaciones aritméticas en dos condiciones experimentales diferentes: después de 20 minutos caminando en una cinta de correr a un ritmo moderadamente alto o tras un periodo de descanso también de 20 minutos. Los resultados no ofrecieron ninguna duda. Al igual que en los experimentos con adultos, los niños mejoraron su concentración durante la tarea tras la sesión de ejercicio físico y obtuvieron mejores resultados en todos los tests, especialmente en el de lectura (ver figura 5)[22].

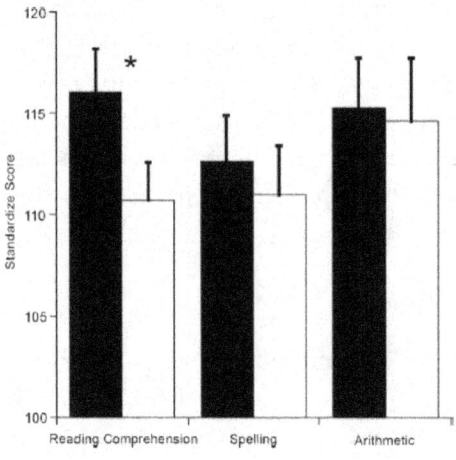

*Figura 5.* Ejercicio físico y resultados en diferentes tests

**¿Qué ocurre en el cerebro de los niños?**

La explicación a estos resultados hay que encontrarla en los estudios que utilizan técnicas de visualización cerebral y que ya se están aplicando con los más jóvenes. La misma relación directa entre el ejercicio físico, el volumen del hipocampo (ver figura 6) y la memoria que se había identificado en animales y en personas adultas también se ha encontrado en niños de 9 y 10 años. Los que a esa edad tienen una mayor capacidad cardiovascular también presentan un volumen del hipocampo mayor y, como consecuencia de ello, se desenvuelven mejor en tareas que requieren la memoria explícita[23], el tipo de memoria que predomina en el aula. Y estos niños también tienen mayores ganglios basales, que son conjuntos subcorticales implicados en el aprendizaje motor y en la memoria implícita, la cual la utilizamos para los hábitos de comportamiento, ya sean mentales o asociados a movimientos.

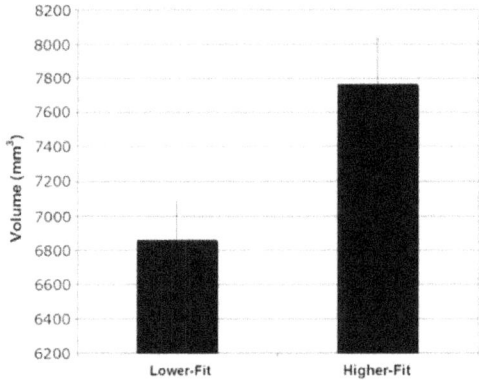

*Figura 6.* Ejercicio físico y volumen del hipocampo

Junto a esto, el mismo grupo de investigación ha encontrado recientemente ciertas particularidades que diferencian los cerebros de estos niños más activos. En concreto, una mayor cantidad de materia blanca en regiones cerebrales como el cuerpo calloso, que conecta ambos hemisferios cerebrales, o el fascículo longitudinal superior, constituido por fibras nerviosas que conectan el importante lóbulo frontal con el resto de lóbulos cerebrales. Esto facilitaría una transmisión de información más eficiente entre las distintas regiones y redes cerebrales imprescindibles para la mejora de las funciones cognitivas[24].

**Funciones ejecutivas**

El análisis de programas de educación física aplicados durante el curso escolar también ha suministrado información relevante sobre los beneficios del ejercicio físico en el rendimiento académico de los alumnos al incidir positivamente sobre factores críticos del aprendizaje como el autocontrol, la memoria de trabajo o la atención.

En una investigación que utilizó la técnica de la resonancia magnética funcional, se estudiaron los efectos producidos por un programa de actividad física extraescolar que duró 9 meses sobre el cerebro en niños de 8 y 9 años, en el que se ejercitaban 60 minutos en cada una de las cinco sesiones semanales. Las neuroimágenes revelaron que aquellos que participaron en el programa mostraron patrones específicos de activación de la corteza prefrontal y de la corteza cingulada anterior que iban acompañados de una mejora en tareas específicas que requerían un gran autocontrol, junto a otras funciones ejecutivas asociadas[25]. Y esto es especialmente importante, dada la influencia enorme del autocontrol en los procesos emocionales y cognitivos que afectan directamente al rendimiento académico del alumno.

En un programa de similares características en el que participaron 43 niños con edades comprendidas entre los 7 y los 9 años, se analizaron los efectos del ejercicio físico sobre la memoria de trabajo en la infancia. Aunque el programa se centraba en la actividad cardiovascular, también se diseñaron actividades específicas para mejorar la fuerza en las que se utilizaban bandas elásticas o balones medicinales. Los análisis demostraron que los niños que formaron parte del grupo experimental mejoraron su estado de forma físico y, junto a ello, la realización de tareas de discriminación de estímulos, lo cual es un indicador claro de la mejora de la memoria de trabajo que es tan importante en la resolución de problemas y que está asociada a la inteligencia[26].

En estos procesos de autorregulación emocional tan importantes para el aprendizaje interviene una atención específica, la llamada atención ejecutiva, que activa redes neurales que conectan la región prefrontal del cerebro con el llamado sistema límbico o emocional. Y esta es una de las razones por la que los procesos emocionales y los cognitivos forman un binomio inseparable. Pues bien, una de las formas básicas para mejorar esta importante atención ejecutiva que nos permite concentrarnos en las tareas es mediante el ejercicio físico, algo que se ha comprobado en distintas franjas de edades.

En una investigación en la que se aplicó en horario escolar un programa de ejercicio físico de 30 minutos, predominantemente aeróbico, a alumnos de 13 y 14 años de edad, se comprobó que mejoraron su rendimiento en tareas de discriminación visual que requerían una gran atención ejecutiva, en comparación a aquellos que realizaron un descanso activo de 5 minutos[27]. Algo parecido se encontró en el programa de actividad física FITKids que se aplicó en horario extraescolar durante 9 meses a alumnos con edades entre 7 y 9 años y que complementaba la investigación citada anteriormente sobre el autocontrol. El análisis de los encefalogramas reveló una mayor actividad cerebral en los niños que participaron en el programa al resolver tareas en las que intervenían los recursos atencionales, a diferencia de los del grupo de control[28].

La mejora de la función ejecutiva es importante para el aprendizaje de cualquier alumno, pero muy especialmente para aquellos con trastorno de déficit de atención e hiperactividad (TDAH). En este caso concreto, se ha comprobado la utilidad de combinar el ejercicio físico con una mayor actividad mental como se da, por ejemplo, en el caso de las artes marciales. En una investigación con 207 niños de edades entre 5 y 11 años se probó un programa de taekwondo de 3 meses de duración. Los niños que intervinieron en el programa, a diferencia de los que participaron en la clase tradicional de educación física, obtuvieron progresos asociados a los procesos de autorregulación que posibilitaron mejoras tanto conductuales como académicas[29]. Y los síntomas que caracterizan a estos niños con TDAH parecen reducirse cuando pueden moverse y jugar en entornos naturales. Un simple paseo en plena naturaleza es suficiente para recargar de energía determinados circuitos cerebrales que permiten recuperar la atención y la memoria y que mejoran los procesos cognitivos[30]. Esta cuestión es de vital importancia porque los alumnos suelen pasar una enorme cantidad de horas sentados en sus sillas en una actitud pasiva que perjudica claramente su aprendizaje. Y en la práctica, no es imprescindible (aunque sí recomendable) encontrarse en la cercanía de un entorno natural. Simples parones de 4 minutos en la actividad académica diaria de niños con edades entre 9 y 11 años para realizar ocho ciclos de movimientos rápidos (saltos, sentadillas o similares) durante 20 segundos, seguidos de descansos de 10 segundos, son suficientes para optimizar la atención necesaria que requiere la tarea posterior y mejorar el desempeño en la misma[31]. Integrar el componente lúdico en la educación junto a una mayor actividad física es un camino directo hacia un mayor bienestar y un mejor aprendizaje.

## 5. IMPLICACIONES EDUCATIVAS

Los estudios analizados sugieren que no es una buena idea erradicar del currículo (o dedicar el mínimo tiempo posible) las clases de educación física porque mejoran la salud física, emocional y mental, procesos que acaban siendo indisolubles. Por ejemplo, como comentábamos con anterioridad, en muchos centros educativos están reduciendo drásticamente el tiempo dedicado a la actividad física en el horario escolar para invertirlo en las materias tradicionalmente mejor consideradas, y poder mejorar los resultados en las pruebas de evaluación externas. Sin embargo, desde la perspectiva neuroeducativa, resulta contraproducente para el buen desarrollo y funcionamiento cerebral, algo que es imprescindible si se quiere optimizar el rendimiento académico del alumno. Esto supone que deberíamos replantearnos el actual sistema de asignaturas, tremendamente jerarquizado, en favor de un enfoque transdisciplinar asociado a la adquisición de competencias en el que el juego y la educación física deberían ser pilares imprescindibles del currículo escolar.

En el caso concreto de España, existe la tendencia a relegar la asignatura de educación física al final de la jornada escolar. No obstante, si el ejercicio físico mejora la concentración durante la tarea facilitando la memoria y el aprendizaje durante la misma, lo ideal sería colocarla en el inicio del horario escolar. De hecho, existe ya una investigación que sugiere los beneficios cognitivos de la educación física en las primeras horas del día. Tras una sesión intensa de ejercicio aeróbico, los alumnos adolescentes obtenían los mejores resultados en una prueba matemática en las clases de la primera o tercera hora del día y los peores en la última[32]. Este planteamiento global ya hace un tiempo que se viene aplicando en algún centro innovador, como el caso del programa Zero Hour de las escuelas Naperville 203 en Illinois donde, además de comenzar la jornada con una sesión aeróbica en la cinta de correr o en una bicicleta, se ofrece un método personalizado que ayuda a los alumnos a mantenerse activos físicamente a través del juego y de diversas actividades deportivas que pueden elegir según sus preferencias. Dedicar más tiempo a la actividad física ha permitido que haya mejorado el bienestar de los alumnos y que, como consecuencia de la mejora de sus funciones cerebrales, haya aumentado el rendimiento académico general[8]. Y esa mayor cantidad de tiempo dedicada a la educación física está en consonancia con las últimas recomendaciones sobre el tiempo adecuado para optimizar la salud y el rendimiento académico de los alumnos: 150 minutos en primaria y 225, como mínimo, en secundaria[33].

Otra tendencia que está muy generalizada, lamentablemente, es la reducción del tiempo dedicado a los patios escolares. Y no solo eso sino que su uso, los espacios en los que se dan y las actividades que puedan realizarse durante los mismos tienen una gran importancia educativa. Las investigaciones al respecto sugieren que cuando los niños disponen de varias oportunidades de recreo mejoran su comportamiento y rendimiento académico en el aula[34]. Y cuando pueden mantenerse activos, incluso jugando a ciertos videojuegos como *Dance, Dance, Revolution* durante el patio, mejora su estado físico y cognitivo[35] porque el baile constituye una actividad física que activa muchas funciones cerebrales, como el control motriz, la percepción o la emoción.

Durante el patio los más pequeños tienen la oportunidad de estimular la imaginación, el descubrimiento o la creatividad a través del juego libre y los más mayores de realizar múltiples actividades deportivas, por ejemplo. Y en ambos casos se fomenta la participación colectiva, una necesidad cerebral básica debido a la naturaleza social del ser humano que aprende y se desarrolla, desde el nacimiento, con otros similares. Junto a esto, sería recomendable fomentar zonas de recreo al aire libre que faciliten la actividad física voluntaria y realizar descansos regulares durante las clases que permitan a los alumnos moverse. De esta forma se liberarán neurotransmisores básicos para el estado de ánimo y el buen funcionamiento cerebral como la serotonina, la dopamina o la noradrenalina. Y no olvidemos tampoco la responsabilidad familiar a la hora de fomentar hábitos saludables y conductas activas entre los niños y los adolescentes, fuera de la escuela, que les aleje de la perniciosa vida sedentaria.

Movernos significa sentirnos vivos y nada mejor para la vida que sentir la sinergia entre el corazón y el cerebro. Personas más activas, mejores personas y más felices.

## 6. REFERENCIAS BIBLIOGRÁFICAS

1. Sasakura Y., Mita K., Ogura, Y. y Horie, T. (2012). Ascidians as excellent chordate models for studying the development of the nervous system during embryogenesis and metamorphosis. *Development, Growth & Differentiation, 54*, 420–437.

2. Gómez-Pinilla, F. y Hillman, C. (2013). The influence of exercise on cognitive abilities. *Comprehensive Physiology, 3*, 403-428.

3. Ratey J. J. y Loehr J.E. (2011). The positive impact of physical activity on cognition during adulthood: a review of underlying mechanisms, evidence and recommendations. *Reviews in the Neurosciences, 22*(2), 171-185.

4. Gomez-Pinilla, F., Vaynman, S. y Ying, Z. (2008). Brain-derived neurotrophic factor functions as a metabotrophin to mediate the effects of exercise on cognition. *European Journal of Neuroscience, 28*(11), 2278–2287.

5. Spalding, K.L., Bergmann, O., Alkass, K., Bernard, S., Salehpour, M, Huttner, H.B., Boström, E., Westerlund, I., Vial, C., Buchholz, B.A., Possnert, G., Mash, D.C., Druid, H. y Frisén, J. (2013). Dynamics of hippocampal neurogenesis in adult humans. *Cell, 153,* 1219–1227.

6. Ernst, A. y Frisén, J. (2015). Adult neurogenesis in humans- common and unique traits in mammals. *PLoS Biology, 13*(1).

7. Pereira, A.C., Huddleston, D.E., Brickman, A.M., Sosunov, A.A., Hen, R., McKhann, G.M., Sloan, R., Gage, F.H., Brown, T.R. y Small, S.A. (2007). An in vivo correlate

of exercise-induced neurogenesis in the adult dentate gyrus. *PNAS, 104,* 5638-5643.

8. Van Praag, H., Fleshner, M., Schwartz, M.W. y Mattson, M.P. (2014). Exercise, energy intake, glucose homeostasis, and the brain. *The Journal of Neuroscience, 34*(46), 15139 –15149.

9. Ratey, J.J. y Hagerman, E. (2010). *Spark! How exercise will improve the performance of your brain.* London: Quercus.

10. Kramer, A.F., Hahn, S., Cohen, N.J., Banich, M.T., McAuley, E., Harrison, C.R., Chason, J., Vakil, E., Bardell, L., Boileau, R.A. y Colcombe, A. (1999). Ageing, fitness and neurocognitive function. *Nature, 400,* 418-419.

11. Erickson, K.I., Hillman, C.H. y Kramer, A.F. (2015). Physical activity, brain, and cognition". *Current Opinion in Behavioral Sciences, 4,* 27–32.

12. Erickson, K., Voss, M.W., Prakash, R.S., Basak, C., Szabo, A., Chaddock, L., Kim, S.J., Heo, S., Alves, H., White, S.M., Wojcicki, T.R., Mailey, E., Vieira, V.J., Martin, S.A., Pence, B.D., Woods, J.A., McAuley, E. y Kramer, A.F. (2011). Exercise training increases size of hippocampus and improves memory. *PNAS, 108,* 3017-3022.

13. Aberg M., Pedersen, N.L, Torén, K., Svartengren, M., Bäckstrand, B., Johnsson, T., Cooper-Kuhn, C., Aberg, N, Nilsson, M. y Kuhn, H.G. (2009). Cardiovascular fitness is associated with cognition in young adulthood. *PNAS, 106*(49), 20906-20911.

14. Honea, R.A., Thomas, G.P., Anderson, H.S., Donnelly, J.E., Brooks, W.M, Burns, J.M. (2009). Cardiorespiratory fitness and preserved medial temporal lobe volume in Alzheimer's Disease. *Alzheimer Disease and Associated Disorders, 23*, 188-197.

15. Smith, J.C., Nielson, K.A., Woodard, J.L, Seidenberg, M., Durgerian, S., Hazlett, K.E., Figuerroa, C.M., Kandah, C.C., Kay, C.C., Matthews, M.A. y Rao, S.M. (2014). Physical activity reduces hippocampal atrophy in elders at genetic risk for Alzheimer's disease. *Frontiers in Aging Neuroscience, 6*(61).

16. Chang, Y.K., Chi, L., Etnier, J.L., Wang, C.C., Chu, C.H. y Zhou, C. (2014). Effect of acute aerobic exercise on cognitive performance: role of cardiovascular fitness. *Psychology of Sport and Exercise, 15*(5), 464-470.

17. Winter B. et al. (2007). High impact running improves learning. *Neurobiology of Learning and Memory* 87, 597-609.

18. Angevaren, M., Vanhees, L., Wendel-Vos, W., Verhaar, H.J., Aufdemkampe, G., Aleman, A. y Verschuren, W.M. (2007). Intensity, but not duration, of physical activities is related to cognitive function. *European Journal of Cardiovascular Prevention and Rehabilitation, 14*(6), 825-830.

19. Garber, C.E., Blissmer, B., Deschenes, M.R., Franklin, B.A., Lamonte, M.J., Lee, I.M., Nieman, D.C. y Swain, D.P. (2011). American College of Sports Medicine position stand. Quantity and quality of exercise for developing and maintaining cardiorespiratory, musculoskeletal, and neuromotor fitness in apparently healthy adults: guidance for prescribing exercise. *Medicine & Science in Sports & Exercise, 43*(7), 1334-59.

20. Sibley, B. y Etnier, J. (2003). The relationship between physical activity and cognition in children: a meta-analysis. *Pediatric Exercise Science, 15*, 243-256.

21. Rasberry, C.N., Lee, S.M., Robin, L., Laris, B.A., Russell, L.A., Coyle, K.K. y Nihiser, A.J. (2011). The association between school-based physical activity, including physical education, and academic performance: a systematic review of the literature. *Preventive Medicine, 52*, S10-S20.

22. Hillman, C.H., Pontifex, M.B., Raine, L.B., Castelli, D.M., Hall, E.E. y Kramer, A.F. (2009). The effect of acute treadmill walking on cognitive control and academic achievement in preadolescent children. *Neuroscience, 159*, 1044-1054.

23. Chaddock-Heyman, L., Erickson, K.I., Prakash, R.S., Kim, J.S., Voss, M.W., VanPatter, M., Pontifex, M.B., Raine, L.B., Konkel, A., Hillman, C.H., Cohen, N.J. y Kramer, A.F. (2010). A neuroimaging investigation of the association between aerobic fitness, hippocampal volume, and memory performance in preadolescent children. *Brain Research, 1358*, 172-183.

24. Chaddock-Heyman, L., Erickson, K.I., Holtrop, J.L., Voss, M.V, Pontifex, M.B., Raine, L.B., Hillman, C.H. y Kramer, A.F. (2014). Aerobic fitness is associated with greater white matter integrity in children. *Frontiers in Human Neuroscience, 8*(584).

25. Chaddock-Heyman, L., Erickson, K.I., Voss, M.W., Knecht, A.M., Pontifex, M.B., Castelli, D.M., Hillman, C.H. y Kramer, A.F. (2013). The effects of physical activity on functional MRI activation associated with cognitive control in children: a randomized controlled intervention. *Frontiers in Human Neuroscience, 7*(72).

26. Kamijo K., Pontifex, M.B., O'Leary, K.C., Scudder, M.R., Wu, C.T., Castelli, D.M. y Hillman, C.H. (2011). The effects of an afterschool physical activity program on

working memory in preadolescent children. *Developmental Science, 14,* 1046-1058.

27. Kubesch, S., Walk, L., Spitzer, M., Kammer, T., Lainburg, A., Heim, R. y Hille, K. (2009). A 30-minute physical education program improves students' executive attention. *Mind, Brain, and Education, 3*(4), 235-242.

28. Hillman, C.H., Pontifex, M.B., Castelli, D.M., Khan, N.A., Raine, L.B., Scudder, M.R., Drollette, E.S., Moore, R.D., Wu, C.T. y Kamijo, K. (2014). Effects of the FITKids randomized controlled trial on executive control and brain function. *Pediatrics, 134*(4), 1063-1071.

29. Lakes, K.D. y Hoyt, W.T. (2004). Promoting self-regulation through school-based martial arts training. *Applied Developmental Psychology, 25,* 283–302.

30. Berman M.G., Jonides J. y Kaplan S. (2008). The cognitive benefits of interacting with nature. *Psychological Science, 19,* 1207–1212.

31. Ma, J.K., Le Mare, L. y Gurd, B.J. (2015). Four minutes of in-class high-intensity interval activity improves selective attention in 9- to 11-year olds. *Applied Physiology Nutrition and Metabolism, 40,* 238-244.

32. Travlos, A.K. (2010). High intensity physical education classes and cognitive performance in eighth grade students: an applied study. *International Journal of Sport and Exercise Psychology, 8*(3), 302-311.

33. Castelli, D.M., Glowacki, E.M., Barcelona, J.M., Calvert, H.G. y Hwang, J. (2015). Active Education: Growing Evidence on Physical Activity and Academic Performance. *Active Living Research*.

34. Barros, R.M., Silver, E.J. y Stein, R.E. (2009). School recess and group classroom behavior. *Pediatrics, 123,* 431–436.

35. Gao, Z., Hannan, P., Xiang, P., Stodden, D.F. y Valdez, V.E. (2013). Video game-based exercise, Latino children's physical health, and academic achievement. *American Journal of Preventive Medicine, 44*(3 Suppl 3): S240-S246.

# NEUROCIENCIA DE LA ALIMENTACIÓN Y EL SEGUNDO CEREBRO

**Dr. Daniel Navarro Ardoy** profesor de Educación Física y docente del Máster de Neuroeducación y Educación Física, Universidad CEU Cardenal Herrera. Grupo de investigación PROFITH (*PROmoting FITness and Health through Physical Activity*), Universidad de Granada.

**Dr. Juan Ángel Collado Martínez,** profesor de la Universidad Internacional de Valencia y de la Universidad Internacional de la Rioja.

*"Lo que es bueno para nuestro intestino es bueno para nuestro cerebro"*

El partido de baloncesto acababa de finalizar y hubo un consenso unánime entre jugadores (categoría alevín), entrenadores y familiares para ir a comer a uno de esos restaurantes de comida rápida. Mi autorreflexión como padre fue, ¿cómo ese tipo de comidas que maceran con gran cantidad de salsas camuflando el pésimo sabor, junto con patatas fritas con no sé qué aceite y bebida de ½ litro con abundante cantidad de azúcar[XXVI], puede gustar tanto a toda la gente en general y especialmente a los niños? Después de la comida, que yo también engullí, intenté analizar cuáles eran los *"ingredientes"* del éxito y en una servilleta apunté qué enigmas debía resolver para conseguir, al menos, mi paz interior. Al día siguiente telefoneé a un gran amigo neurocientífico, Santiago, para debatir estas y otras cuestiones tomando un relajado café con vistas al mar. Sin más preámbulo le planteé todas mis dudas...

(Eduardo) ¿Por qué el logo de estos restaurantes y su marca corporativa suele tener colores tan llamativos?

(Santiago) Por ejemplo, el amarillo es un color muy luminoso que rápidamente llama la atención y se asocia con la felicidad; el rojo siempre se ha relacionado con la pasión, el deseo. Su objetivo consiste en activar inmediatamente el área tegmental ventral del consumidor y que su decisión sea instantánea: *"lo quiero aquí y ahora"*. También se utilizan naranjas, rosas y/o azules. Actualmente habrás podido observar que algunos restaurantes utilizan un fondo verde cuyo mensaje significa que sus productos son ecológicos y naturales.

---

[XXVI] http://www.who.int/mediacentre/news/releases/2016/curtail-sugary-drinks/es/

(E) ¿Por qué piensas que sus lemas, *slogans* publicitarios y anuncios de televisión tienen que ver con las emociones?

(S) En efecto, esto tiene sentido y está más que estudiado para vender más. Muchos de los lemas más conocidos de estos restaurantes podrían tener un doble significado: por un lado, la muestra de afecto y cariño que los padres tienen sobre sus hijos al llevarlos a estos restaurantes, es decir, se genera el neurotransmisor de la oxitocina relacionado con el amor y la filiación; por otro, podría ser el propio deseo que el consumidor genera hacia el producto activándose de forma inmediata el sistema dopaminérgico mesolímbico. Se intenta asociar la comida con un estado placentero y de felicidad, es decir, se anticipa la expectativa de recompensa y satisfacción al comer estos menús a través, en este caso, de la serotonina. La mayoría de los *spots* publicitarios de este tipo de restaurantes, alimentos procesados o bebidas azucaradas (todos ellos no saludables), tienen que ver con las emociones. En suma, su objetivo principal es generar dopamina, oxitocina y serotonina de manera muy intensa y en poco tiempo, para que no nos podamos resistir. ¿Recuerdas el test de la golosina de Walter Mischel?

(E) Y qué piensas sobre la variedad de sus menús...

(S) La variedad es una ilusión, ya que debajo de la ética, los aromas y coloridos químicos, está la mezcla industrial mortal[1].

(E) Imagino que la elección de su imagen comercial tampoco es casualidad, todas relacionadas con el humor, la risa, la diversión y además son muy populares ¿verdad?

(S) Efectivamente amigo, ya vamos interconectando nuestras neuronas espejo. En este caso, el logo, la marca, el lema y las mascotas o personajes de dibujos animados de estos restaurantes, facilitan nuestros heurísticos de pensamiento de representatividad, disponibilidad y accesibilidad[2]. De modo que los restaurantes de este tipo de comidas o la mayoría de productos comestibles no saludables, suelen tener convenios multimillonarios con deportistas, modelos o personajes famosos y con productoras de cine para niños, donde sus protagonistas (ídolos, actores y héroes) comen habitualmente estos productos y en esos restaurantes. *"Si mi personaje de dibujos animados, héroe o deportista favorito come esta comida yo también deseo comerla"*.

(E) Otra cosa que me llama mucho la atención es que la decoración y el mobiliario es inicialmente muy llamativo y atractivo, pero una vez dentro, y previo paso por caja, parece que la incomodidad de las sillas y los colores chillones de las paredes te invitan a abandonar el lugar rápidamente.

(S) *Fast food*... El lema podría ser: entra, engulle y deja tu lugar a otro. De ahí que el servicio sea prácticamente instantáneo con un trabajo en cadena y tiempo muy bien definido. Además su ubicación ocupa todos los puntos cardinales de nuestro planeta, de norte a sur y de este a oeste, incluso en muchos lugares emblemáticos, lo que permite su rápida visibilidad y acceso. La modernidad se *"está comiendo"* a la tradición, valga el símil.

(E) Y ¿qué opinas sobre el precio? Me parecen lugares carísimos aunque la gente dice que comer ahí es muy barato.

(S) Aquí tienes razón... Te refieres amigo a lo que se conoce como *"good value"*, lo que en castellano sería buena calidad-precio. Desde mi punto de vista, considerando la calidad-precio de la comida que suelen servir en este tipo de restaurantes, es caro, porque hay mucha diferencia entre el valor y el coste. No obstante, cada vez hay más cadenas de comida rápida, o supermercados con comida ultraprocesada, por lo que la gente debe pensar lo contrario.

(E) Muchas gracias amigo, como diría el poeta y escritor chino Qiu Xiaolong, *"una charla con usted vale más que 10 años de estudios"* [XXVII]

(S) Un placer... Como estás muy interesado en la neurociencia de la alimentación, te invito a leer el siguiente capítulo para que conozcas cómo afecta la comida a tu cerebro (y al de tus alumnos, tus hijos, tus deportistas...).

# 1. UN PASEO POR EL UNIVERSO DEL CEREBRO

La alimentación ha tenido y sigue teniendo gran relevancia en el desarrollo de la civilización humana, incluso ha favorecido grandes cambios adaptativos, además de influir en la cultura, la religión y la sociedad[3]. Así, cocinar es una de las pocas actividades que son exclusivas de las capacidades humanas. Por ello, predigerir la comida calentándola nos permite gastar menos energía en la digestión, ya que cocinar los alimentos facilita la ingesta del mismo número de calorías pero con menos esfuerzo. Una explicación clásica para este fenómeno es que los seres humanos ahorraron energía reduciendo sus órganos gastrointestinales, y por tanto el cerebro tenía más energía disponible[4]. La necesidad de masticar menos derivó en dientes más pequeños, así como en una reducción del tamaño de la caja torácica y de las costillas. En definitiva, este ahorro de energía

---

[XXVII] Proverbio chino que aparece en su libro *"Muerte de una heroína roja"*.

basado en una dieta con más carne de mayor calidad, la cocción de los alimentos más suaves y ricos en energía, y la bipedestación, derivaron en una mayor disponibilidad de energía para el funcionamiento cerebral[5].

Inicialmente hay que considerar algunos datos importantes sobre nuestro cerebro:

- Su peso promedio es de 1,4 kilogramos. Su tamaño es solamente el 1,5-2% del tamaño de nuestro cuerpo[4,6-10].
- A pesar de dicho tamaño, el consumo energético del cerebro representa aproximadamente el 20% del total de oxígeno y 25% de glucosa[4,6-10]. Trabaja las 24 horas del día, incluso mientras dormimos.
- La composición del cerebro se constituye por un 60% de grasa. De ese porcentaje, el 70% es mielina, que es una vaina protectora lipoproteica (formada por sustancias grasas y proteínas) que cubre la comunicación nerviosa y las células cerebrales[10].
- Aproximadamente existen 80.000 - 100.000 millones de neuronas o células cerebrales, que se comunican entre ellas a través de un axón que transmite la información en forma de impulsos nerviosos, la cual es recibida por las dendritas[11].
- Cada una de nuestras neuronas puede establecer de media unas 1.000 conexiones con otras neuronas (*sinapsis*) e incluso algunas neuronas pueden llegar a tener 10.000 conexiones[11]. El número de conexiones neuronales que pueden darse es descomunal, ($10^{15}$), y son todas estas sinapsis las que constituyen una serie de densas redes neuronales que procesan la información de forma rápida y que conforman las diferentes estructuras cerebrales que, aun trabajando de forma conjunta, tienen funciones específicas[12].
- Estas complejas comunicaciones entre neuronas se producen gracias a los *potenciales de acción* (señales eléctricas dentro de la neurona) y *neurotransmisores* (sustancias químicas liberadas entre las neuronas). Algunos de ellos muy conocidos y con enormes repercusiones para favorecer el aprendizaje y habilidades relacionadas como la memoria, la atención o la motivación[12].
- En el cerebro se generan una media de 12.000 a 50.000 pensamientos al día, aunque de la mayoría no somos conscientes[9].

Por tanto, el cerebro es un gran procesador y a su vez ineficiente, ya que muchas neuronas se están conectando y desconectando en el mismo instante, consumen mucho oxígeno y glucosa, por ello necesita una cantidad de energía muy alta en comparación con su peso y tamaño[9].

## 2. ¿DE QUÉ SE ALIMENTA NUESTRO CEREBRO?

Si el cerebro necesita una gran cantidad de glucosa para su funcionamiento, ¿son las bebidas y los alimentos procesados azucarados una solución ideal? No, porque en este caso elevan rápidamente el nivel de azúcar en sangre y envían un veloz estímulo al cerebro pero ineficiente y de corta duración, que se agota rápidamente, puesto que las neuronas no pueden almacenar glucosa, a diferencia de la que proviene de alimentos naturales como las frutas, que mantienen una fuente constante y estable de combustible de glucosa. Además, cuanto más compleja y desafiante es la tarea, más consumo de glucosa se realiza. En efecto, los bajos niveles de glucosa y oxígeno en la sangre provocan letargo, sensación de desmayo y sueño disminuyendo, por tanto, el rendimiento mental[9]. No obstante, independientemente de la fuente, la glucosa puede mejorar la atención y la memoria a corto plazo[7], por ello se recomienda llevar caramelos a los exámenes, aunque mucho mejor y más sano sería tomar una pieza de fruta (fructosa) antes del examen. En otros capítulos se ha destacado cómo el ejercicio físico afecta de manera significativa al factor neurotrófico derivado del cerebro (conocido como BDNF por sus siglas en inglés) implicado en la neurogénesis, la neurotrofina y la plasticidad cerebral. Así, la alimentación también influye en el BDNF, de forma que una dieta elevada en azúcar (sobre todo en alimentos procesados) va a disminuir el BDNF mientras que las comidas con ácido fólico, vitaminas B12 y grasas omega-3 incrementan el BDNF tal como lo hace el ejercicio físico[1,13].

Por su parte, los ácidos grasos esenciales (reciben este nombre porque el ser humano no puede fabricarlos sino que deben ser ingeridos en la dieta) son muy importantes tanto en la composición cerebral como en la comunicación entre neuronas. Entre los ácidos grasos poliinsaturados y esenciales encontramos el ácido linoleico (LA) como precursor del ácido graso omega-6, y el ácido alfa-linoleico (ALA) como el precursor del ácido graso omega-3. Los seres humanos convierten el LA en ácido araquidónico (AA) y el ALA en ácido eicosapentaenoico (EPA) y ácido docosahexaenoico (DHA). La conversión de ALA en AA es típicamente eficiente, mientras que la conversión de ALA en DHA y EPA es mucho menor[14]. Por lo tanto, es importante consumir fuentes alimenticias omega-6[XXVIII] y, sobre todo, de omega-3. Solemos consumir demasiados ácidos grasos Omega-6 de la carne, los productos lácteos y los aceites vegetales, como el aceite de girasol, maíz, sésamo y cacahuete; y pocos alimentos con Omega-3

---

[XXVIII] Esto es la teoría pero en países desarrollados, ya sea por la forma de preparación y la cantidad ingerida, el consumo de omega-6 suele ser demasiado alto.

(principalmente en el pescado azul). El consumo de menos Omega-6 y más Omega-3 nos permitirá alcanzar el equilibrio óptimo de 5:1 a 2:1. Nuestros ancestros consumían aproximadamente una o dos grasas omega-6 por cada una grasa omega-3, es decir, proporciones de 1:1 o 2:1 respectivamente. La dieta estándar actual, en promedio, tiende a una proporción omega-6/omega-3 de 15:1 o incluso peor: 30:1, bastante común en Estados Unidos y cada vez más en los países occidentales. Las recomendaciones oficiales apuntan a que la relación correcta entre omega-6/omega-3 debería ser de 5:1 o inferior. Debido a que nuestras dietas ya están inclinadas hacia un mayor consumo de omega-6, debemos no solamente aumentar el omega-3 sino disminuir progresivamente la ingesta de omega-6, eliminando por completo los alimentos procesados de nuestra dieta y reduciendo el consumo de aceites vegetales como el de soja, maíz y girasol. Así podremos restaurar el equilibrio omega-6/omega-3, esencial en la prevención y el tratamiento de enfermedades crónicas[15].

La dieta mediterránea rica en verduras, frutas, cereales (no azucarados) y grasas no saturadas (aceite de oliva), con bajo consumo de productos lácteos, carnes y grasas saturadas, incluyendo pescado y un consumo moderado de cerveza, vino o sidra (sin alcohol o con poca graduación) puede mejorar el perfil lipídico, el azúcar en sangre y la salud de los vasos sanguíneos así como reducir la inflamación (gracias al consumo de antioxidantes), lo que influye sobre el menor riesgo de demencia y deterioro cognitivo. En efecto, la diabetes es un factor de alto riesgo para la enfermedad de Alzheimer, que se conoce también como diabetes tipo 3[7].

## 3. ALIMENTACIÓN, RENDIMIENTO COGNITIVO Y DEMENCIAS

La alimentación saludable favorece el rendimiento cognitivo. Se sabe que los niños que son más activos, descansan mejor y poseen una adecuada alimentación, si las condiciones socioeconómicas familiares lo permiten, también tienen beneficios a nivel cerebral, debido a que *"comer menos de un modo alternativo, evita la oxidación celular y el envejecimiento del organismo, por tanto, del cerebro"*[16].

Se puede afirmar que lo que es bueno para el intestino es bueno para el cerebro gracias a estudios realizados por neurocientíficos como el doctor Gómez-Pinilla. Llevar un estilo de vida sano con una alimentación saludable es positivo para nuestro cerebro y, por tanto, para el rendimiento cognitivo, debido a que los procesos moleculares y celulares asociados al metabolismo energético y a la plasticidad sináptica son fundamentales para la transmisión y el procesamiento de la información en el cerebro[17].

Sabemos que el cerebro es un órgano graso y que algunos alimentos son vitales para que funcione correctamente. Por ejemplo, los ácidos grasos omega-3 que contienen el pescado y determinados alimentos como los vegetales, son fundamentales para su óptimo funcionamiento. Se ha comprobado que el omega-3 es el mayor componente estructural del cerebro. Se sabe que los ácidos grasos omega-3, en especial el DHA (ácido docosahexaenoico), presente en el pescado azul como el salmón, son esenciales en el cerebro porque forman parte de sus membranas, favorecen la conectividad sináptica y la neuroplasticidad cerebral[7]. Si no tenemos omega-3 o el aporte del mismo a nuestro organismo es insuficiente, nuestro cerebro podría no funcionar de forma eficiente. Se ha comprobado cómo estos omega-3 pueden incrementar los niveles de BDNF (al igual que ocurre con el ejercicio físico) al favorecer la transmisión de información entre neuronas.

Si los ácidos grasos omega-3 son importantes para el cerebro, también lo son los polifenoles (sustancias químicas encontradas en plantas caracterizadas por la presencia de más de un grupo fenol por molécula). Estas sustancias mejoran la conectividad de las funciones sinápticas debido a su efecto antioxidante[18], presentes en legumbres como las lentejas, las judías, los guisantes y los garbanzos; bebidas como el té y el vino tinto, en frutas y verduras de color rojo y morado como la remolacha, las berenjenas, las uvas, las fresas, las frambuesas, la granada y los arándanos, entre otros.

En la actualidad, la obesidad constituye un problema creciente en la salud pública de países occidentales y está afectando cada vez más a los jóvenes. Datos procedentes de la Federación Mundial de la Obesidad sitúan a España en una no muy honrosa primera posición en sobrepeso, con más del 70% de la población adulta (figura 1 y 2).

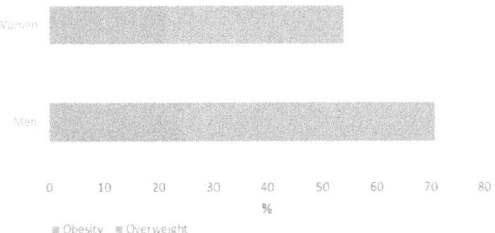

*Figura 1.* Porcentaje de sobrepeso y obesidad en adultos españoles diferenciado por sexos (datos extraídos de la Federación Mundial de la Obesidad, https://www.worldobesity.org).

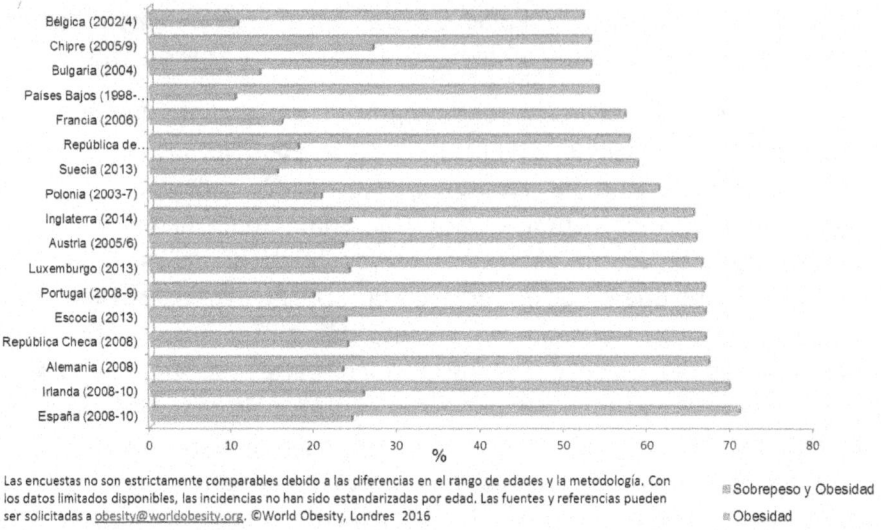

*Figura 2.* Porcentaje de sobrepeso y obesidad en hombres europeas por países (datos extraídos de la Federación Mundial de la Obesidad, https://www.worldobesity.org).

España tiene unos niveles de obesidad muy elevados pero a la vez tiene también niveles muy altos en esperanza de vida. Una mala y una buena noticia, que nos hace concluir que la población española pasa enferma de manera crónica muchos años de su vida, con el coste sanitario que ello conlleva. ¿Cuánto dinero se podría ahorrar e invertir en otras acciones como por ejemplo educativas o en investigación si se redujeran estos niveles de sobrepeso-obesidad? Esta pregunta tiene hoy día respuesta. En España, el coste sanitario en tratar enfermos crónicos con diabetes tipo 2 (relacionada con la inactividad física y malos hábitos de alimentación) es de 12.900,8 millones de euros por año[19].

Junto al riesgo cardiovascular que posee esta patología, considerada por muchos expertos como la pandemia del siglo XXI, existen evidencias recientes que vinculan la obesidad a cambios perjudiciales en la estructura y función cerebral, así como a déficits en el rendimiento cognitivo[20]. De hecho, el consumo excesivo de grasas puede disminuir la plasticidad neuronal, influyendo negativamente en el aprendizaje y la memoria.

Las investigaciones sugieren que las combinaciones de compuestos polifenólicos antioxidantes y anti-inflamatorios, que se encuentran en las frutas y verduras, pueden reducir significativamente el riesgo de desarrollar disfunción neuronal y deterioro cognitivo[10]. Sin embargo, las dietas altas en grasas saturadas reducen los sustratos moleculares que apoyan el procesamiento cognitivo e incrementan el riesgo de disfunción neurológica³. También se ha comprobado cómo el exceso calórico derivado de un predominio de grasas en la dieta, reduce la sensibilidad de los receptores NMDA (N-metil-D-aspartato). Estos receptores están presentes en las sinapsis neuronales, con un rol muy importante en la plasticidad cerebral, el aprendizaje y la memoria. Dicho exceso calórico también está involucrado en la patogenia de enfermedades neuronales como la epilepsia, el accidente cerebrovascular, enfermedades neurodegenerativas como el Parkinson o Alzheimer y psiquiátricas como la esquizofrenia.

Un estudio epidemiológico con sujetos de 35-70 años de 18 países (n=135.335) analizó la relación entre el consumo de carbohidratos, grasa total y cada tipo de grasa, con el riesgo de enfermedad cardiovascular y mortalidad total²¹. Los resultados de este estudio concluyeron que una alta ingesta de carbohidratos[XXIX] se asoció con un mayor riesgo de mortalidad total, mientras que la grasa total y los tipos de grasa individuales se relacionaron con una menor mortalidad total. La grasa total y los tipos de grasa no se asociaron con enfermedad cardiovascular, infarto de miocardio o mortalidad por enfermedad cardiovascular, mientras que la grasa saturada tuvo una asociación inversa con el accidente cerebrovascular.

En pacientes psiquiátricos se han encontrado deficiencias en vitaminas como la B1, B2, B6 y B12, niacina (B3), ácido fólico (B9) y vitamina C, junto con minerales como el zinc, el magnesio y el hierro. Todas estas carencias contribuyen al ciclo de la depresión, con una falta de interés por la comida y una progresiva malnutrición, incrementando los desórdenes mentales y emocionales. Asimismo, las deficiencias vitamínicas rara vez ocurren de forma aislada sino que suelen ir acompañadas por la inadecuada ingesta de otras vitaminas, proteínas, hierro y minerales. Una dieta equilibrada y saludable es la mejor medicina cerebral, siendo el hierro muy importante en el aprendizaje y la memoria⁸. Cuando escasean la vitamina B y D existe un riesgo mayor de desarrollar enfermedades como la esquizofrenia y la depresión por la mala conectividad entre las áreas del cerebro. Por su parte, el zinc contribuye a la generación de nuevas neuronas, sobre todo en el hipocampo y su falta puede desencadenar estados depresivos⁶.

---

[XXIX] Los carbohidratos complejos naturales son por ejemplo los plátanos, cebada, frijoles, arroz integral, garbanzos, lentejas, nueces, avena, patatas, tubérculos, maíz, cereales y harinas integrales. Los carbohidratos complejos refinados son las galletas y pastelería, pizzas, cereales azucarados, pan blanco, harina blanca, pasta y arroz. Las bebidas refrescantes azucaradas (carbohidratadas) también estarían dentro de este grupo.

## 4. DIME LO QUE COMES Y TE DIRÉ CÓMO TE SIENTES

Lo que comemos es fundamental en nuestras emociones y pensamientos, en cómo nos sentimos y reflexionamos. La alimentación tiene gran importancia para ser más inteligente, estar más joven y sentirse mejor. El cerebro quema glucosa como su único combustible y además no tiene un lugar para almacenarla, por lo que la glucosa disponible en el cerebro se puede agotar en 5-10 minutos si no se repone. El cerebro también necesita de otros nutrientes para su funcionamiento. Toda esta adecuada alimentación cerebral va a influir en los neurotransmisores (serotonina, norepinefrina, dopamina y acetilcolina), que son fabricados directamente en el cerebro, son sensibles a la ingesta de comida y pueden provocar cambios en el comportamiento, el sueño y el nivel de energía. Nuevamente surge la importancia de los ácidos grasos omega-3 que modulan el efecto de la dopamina, la noradrenalina y la serotonina e igualmente también aumentan la capacidad de crear nuevas neuronas y conexiones a través del BDNF. Asimismo, la vitamina B12, B6 y ácido fólico participan en el proceso de metilación referido a la producción de muchos neurotransmisores[13], que estudiaremos a continuación.

En este sentido, hay que tener en cuenta la influencia de la estimulación del nervio vagal (VNS) y las hormonas intestinales en la cognición y la emoción. De hecho, el VNS incrementa los niveles del ácido ribonucleico (RNAs) para la formación de BDNF y el crecimiento de fibroblastos (FGF2) en el hipocampo y el córtex cerebral así como los niveles de noradrenalina en el córtex prefrontal. En este caso, el BDNF y la noradrenalina están asociados con tratamientos antidepresivos y, por ello, los intestinos pueden afectar al humor[3].

**Si piensas: ¡No estoy para bromas! ¿Qué neurotransmisor necesitas?**

La sensación de hambre y saciedad son reguladas por las hormonas Ghrelina y Leptina, respectivamente. La Leptina nos indica, cuando estamos comiendo, que ya debemos parar porque estamos saciados, mientras que la Ghrelina indica que debemos comer cuando no lo hemos hecho aún (sensación de hambre). Estas hormonas envían una señal que va dirigida al hipotálamo del cerebro. Con ello se consigue regular la ingesta de alimentos y el gasto energético.

Cuando "no estamos para bromas" puede ser que estemos enfadados por algo. Pero por regla general y como se suele decir comúnmente, los problemas se afrontan mejor con el estómago lleno. ¿Qué neurotransmisor necesitamos para revertir nuestro estado anímico cuando no estamos para bromas? Necesitamos serotonina. Por tanto, si ingerimos alimentos que nos ayuden a aumentar los niveles de serotonina, esto nos ayudará a sentirnos mejor.

La serotonina es fabricada por el aminoácido de triptófano y se encuentra en carnes, productos lácteos, huevos y legumbres, junto con la vitamina B6, B12 y el ácido fólico. Los altos niveles de serotonina aumentan los sentimientos de calma, mejoran el estado de ánimo y los patrones de sueño, aumentan la tolerancia al dolor y reducen los antojos de comida[22]. Además, en la regulación del humor influye el colesterol, que es fundamental en la mielina que rodea y protege las células nerviosas. De hecho, bajos niveles de colesterol se asocian a la depresión, la ansiedad, el pánico, la violencia y el suicidio, por lo que las dietas bajas o carentes en grasas rompen el equilibrio vital que necesitamos[8]. Por su parte, el café estimula el sistema nervioso central y también puede afectar al humor. Una o dos tazas de café al día combaten la fatiga, incrementan el nivel de activación y mejoran el rendimiento en el trabajo, pero en exceso produce agitación, nerviosismo, dolor de cabeza y disminuye la capacidad de concentración[8].

Paradójicamente, ingerir una comida rica en proteínas reduce los niveles de triptófano y serotonina en el cerebro, mientras que comer una comida rica en carbohidratos tiene el efecto opuesto. El triptófano "*compite*" con otros aminoácidos por entrar en el cerebro después de la comida rica en proteínas (accede poco triptófano a través de la barrera hematoencefálica) por lo que los niveles de serotonina no aumentan apreciablemente. Por el contrario, una comida rica en carbohidratos desencadena la liberación de insulina. Esto hace que la mayoría de los aminoácidos sean absorbidos por la sangre dentro de las células del cuerpo (no del cerebro) -todos excepto el triptófano -, lo que permite la entrada libre al cerebro, con un aumento resultante en los niveles de serotonina[10].

Cuando existe un bajón emocional y de energía, las personas comen o deberían comer pasta, postres y otras comidas ricas en carbohidratos como arroz, trigo o cereales, porque incrementa las concentraciones de triptófano que es el bloque constructor para la serotonina, promoviendo sentimientos de calma y serenidad frente a la depresión, el insomnio y la irritabilidad. No obstante, es importante recordar aquí, para no volvernos *"hidratos de carbono dependientes"*, que el cerebro, en efecto, solo puede usar glucosa, pero esta no solo proviene de los hidratos de carbono. De aquí subyace el término "flexibilidad metabólica" que es la capacidad del organismo para optimizar el consumo de cada sustrato energético en función de su actividad (ya sea física o cognitiva). La escasez de triptófano puede provocar en personas normales cambios de humor y de personalidad, insomnio, agresividad y daño en el razonamiento[8].

Tanto el hierro como la vitamina B6 son importantes para la secreción de serotonina[13] que influirá en el estado de ánimo, la digestión y el sueño. Niveles bajos de hierro repercuten en el humor de las personas, de ahí que con la llegada de la menopausia las mujeres pueden experimentar ciertos cambios de humor (la menopausia suele ir asociada a una disminución en los nieles de hierro).

### ¿Cómo puedo motivarme?

La dopamina, junto con la adrenalina y noradrenalina[xxx], son por excelencia los neurotransmisores encargados de la motivación que afectan al humor, a la atención y al nivel de activación, sintetizados a partir del aminoácido tirosina, ayudado por el ácido fólico, el magnesio y la vitamina B12. Por consiguiente, si queremos contribuir a mejorar nuestra motivación, debemos comer alimentos ricos en tirosina. Este aminoácido es abundante en la comida rica en proteínas y sus niveles se incrementan después de este tipo de comidas. Algunos alimentos ricos en tirosina que nos pueden ayudar a segregar más dopamina son por ejemplo las almendras, el aguacate, el plátano, los lácteos bajos en grasa, las carnes y aves de corral, las habas, las semillas de sésamo y de calabaza. También se puede encontrar en productos de soja, como el tofu, y en el pescado, evitando siempre los excesos calóricos en grasa. La tirosina incrementa el nivel de alerta y la energía mental.

Por su parte, el magnesio que también ayuda a la fabricación de tirosina, se encuentra en alimentos de hoja verde, en nueces, semillas y legumbres. La síntesis de la L-tirosina, que se produce a partir del aminoácido L-fenilalanina, está implicada en la formación de dopamina y norepinefrina. Además, la ingesta de antioxidantes podría ayudar a segregar más dopamina, la cual se oxida con facilidad. Muchas frutas y verduras son ricas en antioxidantes, incluyendo los beta-carotenos y los carotenoides, presentes por ejemplo en las hortalizas, las verduras y las frutas. Otros alimentos antioxidantes y además ricos en vitamina C son los pimientos, las naranjas, las fresas, la coliflor y coles de Bruselas. Como antioxidantes ricos en vitamina E destacamos por ejemplo los frutos secos, las semillas de

---

[xxx] La noradrenalina (o norepinefrina) y la adrenalina (o epinefrina) actúan como hormonas y como neurotransmisores, ambas son químicamente muy similares, son catecolaminas y se producen en las glándulas suprarrenales.

girasol, las hortalizas, el brócoli y las zanahorias. La vitamina B12 que también ayuda a sintetizar tirosina, la podemos encontrar en las vísceras como los riñones, el hígado y carnes en general, además de huevos y productos lácteos. Entre los pescados que contienen una mayor cantidad de esta vitamina destacan las sardinas, el atún y las almejas.

### ¿Cómo puedo facilitar las conexiones cerebrales?

La acetilcolina es buena para la memoria, la atención y para la función cerebral a nivel general[10]. Sintetizada a partir de la sustancia grasa colina y, a diferencia de los aminoácidos, no tiene *"competidores"* para entrar al cerebro. Podemos tomar acetilcolina a través de la yema de huevo, la carne, el hígado y las grasas lácteas. Por su parte, la fosfatidilserina es el principal ácido fosfolípido del cerebro, muy importante en la comunicación entre las células cerebrales y ayuda a mejorar la memoria[13]. La fosfatidilserina la podemos encontrar en productos bovinos (procedentes de las vacas, toros o bueyes) y en la soja.

## 5. LA MICROBIOTA INTESTINAL

En nuestros intestinos se halla un mundo microscópico viviente, que recibe el nombre de microbiota intestinal (flora intestinal). Los cien billones de bacterias que componen esta comunidad viva forman juntas lo que hoy en día es considerado por los expertos como nuestro *"segundo cerebro"*, cuyas funciones específicas son claves en el mantenimiento de nuestra salud y homeostasis. De hecho, la microbiota intestinal interactúa con ciertas regiones del cerebro asociadas a las emociones y al comportamiento, lo cual supone la primera vez que se han identificado diferencias conductuales y neurobiológicas asociadas con la composición microbiana en humanos sanos. Investigaciones anteriores realizadas en roedores han demostrado los efectos de la microbiota intestinal sobre los comportamientos emocionales y sociales, como la ansiedad y la depresión. Por tanto, la flora intestinal sirve para digerir alimentos y conectar los nervios del cerebro con el intestino, incluso influye en el estado de ánimo, la conducta y el pensamiento. Algunas bacterias de la flora intestinal inducen la fabricación de neurotransmisores en el cerebro que disminuyen los efectos de la ansiedad, la depresión e incluso la sensación del dolor, contribuyendo también a la plasticidad cerebral. Por último, hay que indicar que el distrés o estrés negativo altera la flora intestinal y los trastornos de comportamiento pueden afectar la amígdala[6].

## Alimentos que favorecen la microbiota intestinal

Algunos alimentos contienen prebióticos o probióticos, dos aliados del equilibrio de la flora intestinal. Los prebióticos son sustancias presentes en los alimentos capaces de estimular el crecimiento y/o actividad de las bacterias intestinales beneficiosas para el intestino (como los lactobacilos y las bifidobacterias). En general, suele tratarse de hidratos de carbono no digeribles como la lactulosa (compuesto por fructosa y galactosa), la fibra alimenticia, los fructooligosacáridos y la inulina[xxxi] (presente en el ajo, la cebolla, la alcachofa y la espinaca). Otros alimentos que contienen prebióticos son el plátano, la soja o el maíz. Por su parte, los probióticos, según los define la Organización Mundial de la salud (OMS), son *"microorganismos vivos que, cuando se suministran en cantidades adecuadas, promueven beneficios en la salud del organismo que los recibe"*. Ingeridos en dosis suficientes, por tanto, podrían tener efectos beneficiosos, como contribuir al equilibrio de la flora bacteriana intestinal y potenciar el sistema inmunitario. Suelen contener probióticos los yogures frescos y otras leches fermentadas como el kéfir. Hay que tener en cuenta, además, que los lácteos probióticos son mejor tolerados por las personas con intolerancia a la lactosa.

Algunos tipos de bacterias probióticas son:

- Bifidobacterias: grupo de bacterias que normalmente viven en los intestinos. Pueden ser cultivadas fuera del cuerpo y posteriormente ser ingeridas. Pertenecen a un grupo de bacterias llamadas bacterias ácido lácticas y se encuentran en alimentos fermentados como el yogur y el queso.
- Lactobacilos: también se encuentran en alimentos como el yogur y en suplementos dietéticos. Existen dudas acerca de la calidad de determinados productos con lactobacilos. Algunos de los que se etiquetan como lactobacilo acidófilo en realidad no lo contienen o poseen una cepa diferente de lactobacilo tal como el lactobacilo bulgaricus.

---

[xxxi] Inulina es el nombre con el que se designa a una familia de glúcidos complejos (polisacáridos), compuestos de cadenas moleculares de fructosa. Es, por lo tanto, un fructosano o fructano, que se encuentran generalmente en las raíces, tubérculos y rizomas de ciertas plantas fanerógamas (bardana, achicoria, diente de león, yacón, etc.) como sustancia de reserva.

## Alimentos perjudiciales para la microbiota intestinal, por tanto, para el cerebro

Por el contrario, como era de suponer, existen ciertos alimentos que no favorecen el equilibrio microbiótico intestinal y por tanto son alimentos que no "*sientan*" bien al cerebro. Las grasas saturadas, por ejemplo, favorecen el aumento de poblaciones microbianas (firmicutes) asociadas a la obesidad. En cambio, los alimentos ricos en fibra insoluble (como las verduras, el pan integral y las semillas) facilitan el crecimiento de bacterias beneficiosas (bacteroidetes) que reducen el sobrepeso, según una investigación publicada en la revista *Gut and Liver*[23].

La diabetes tipo 2, las enfermedades inflamatorias intestinales, algunos tipos de cáncer y trastornos inmunológicos también mantienen una estrecha relación con la microbiota. Últimamente han aumentado las evidencias sobre su relación con el eccema y la dermatitis atópica, según recoge el portal médico Intramed[XXXII].

Otro factor muy relevante en la microbiota intestinal, es la conexión intestino-cerebro, eje central de este capítulo. Según apunta una investigación de la Universidad de Zaragoza[24], estos microorganismos modulan los niveles de serotonina, el neurotransmisor relacionado con los estados de ánimo. Por eso se habla de la microbiota como el *segundo cerebro*.

De igual forma que existen alimentos que favorecen la microbiota intestinal, existen otros tantos que la perjudican. Por ejemplo, las dietas ricas en grasas saturadas que suelen estar presentes en la bollería industrial, comidas precocinadas y en la mayoría de alimentos envasados. También hay que huir de los aceites de palma y coco, si se consumen en exceso, pueden también alterar la microbiota. Recordemos que no todas las grasas actúan de igual forma sobre nuestra salud. Las grasas insaturadas provenientes, por ejemplo, del pescado azul, nueces o del aceite de oliva virgen, sientan mucho mejor a nuestro organismo y cerebro que las saturadas. El 25 - 30 % de las calorías diarias provienen de las grasas, pero siempre deberíamos tener en cuenta que la ingesta de grasas saturadas debería ser inferior al 6-7% de las calorías.

Consumir puntualmente este tipo de comidas no ocasiona daño, pero si esto se convierte en un hábito, estaremos ante numerosos factores de riesgo de enfermedades relacionados con la microbiota. Por el contrario

---

[XXXII] http://www.intramed.net/contenidover.asp?contenidoID=90113

consumir ocasionalmente alimentos que favorecen la microbiota intestinal tampoco la modifica, hay que tomarlos regularmente.

Otra comida que no ayuda a la microbiota son los helados industriales y las mayonesas. Concretamente por los emulsionantes que contienen estos productos, que son los aditivos que se emplean en la fabricación industrial, para dar una textura cremosa a un alimento que contiene grasa.

El edulcorante artificial es otro de los alimentos que debemos evitar para conservar nuestra flora intestinal. Tomar dosis continuas de aspartamo (el edulcorante que más se utiliza en la industria alimentaria), aunque sea en poca cantidad, modifica la composición de la flora y podría alterar la resistencia a la insulina (favoreciendo la aparición de diabetes), según una investigación coordinada por la Universidad de Calgary[25].

Punset[26] asegura que las carnes de animales que han recibido antibióticos pueden aumentar el riesgo de desarrollar enfermedades relacionadas con el intestino. La variedad de alimentos (saludables) es la piedra angular para mantener nuestro *segundo cerebro* saludable[27].

Hoy día, existe un consenso sobre cómo debe ser una alimentación saludable. A pesar de ello, parece que aún hay sectores de la sociedad, incluidos los educativos, que siguen usando las pirámides de la alimentación como herramientas para enseñar a comer de forma saludable.

Estas herramientas deberían ser descartadas, dado que en ellas aparecen alimentos como las galletas o los cereales con cantidades muy elevadas de azúcar, innecesarias y poco saludables. También aparece, incluso en uno de los escalones más bajos (que más "debemos" consumir) el pan blanco o de molde, pudiendo llevar a error al niño o adulto que siga estos consejos, ingiriendo estos alimentos a diario. Las carnes procesadas (embutidos) aparecen casi en el mismo escalón que el pescado (a veces incluso en el mismo), junto al consumo de las carnes frescas, cuando sabemos que la carne procesada debería ser eliminada de nuestra dieta. También aparecen, aunque en la parte más alta de la pirámide, los dulces, las golosinas, la bollería y los pasteles, para consumirlos "ocasionalmente", algo que no debe aparecer nunca en una dieta saludable. Algunas personas, incluso en el ámbito educativo, confunden estas recomendaciones y entienden que el consumo ocasional de estos alimentos no es perjudicial para la salud dado que están presentes en la "pirámide de la alimentación". La pregunta aquí es ¿qué es ocasional? Hoy día los niños tienen algo que celebrar todas las semanas. Y en lugar de jugar, saltar y hacer *gimkanas* divertidas con meriendas saludables, parece estar bien considerado por la sociedad que las golosinas es lo que más les gusta a los niños. Algo que, cuanto menos, habría que ponerlo en duda. ¿Son los niños los que prefieren este tipo de celebraciones o prefieren estar toda la tarde jugando? Seguramente, cuando terminen de jugar, se coman cualquier cosa que le pongan... y si esta "cosa" es saludable, seguro que se lo comerán gustosamente y recordarán el cumpleaños por haber estado toda la tarde jugando, no por lo que comieron.

Cuando no es un cumpleaños de los amigos del cole o de los amigos del barrio, es una fiesta que hay que celebrar o la simple visita de un familiar que regala con "cariño y amor" grandes bolsas de golosinas, pasteles o una caja de bombones. Lo "ocasional" se convierte en diario y si a esto sumamos los cereales azucarados que toman todas las mañanas con vasos de leche oscurecidos con varias cucharadas de cacao, galletas azucaradas o con aceite de palma, zumos azucarados y bollería industrial, las dosis de azúcar que toman hoy día nuestro niños y adolescentes son alarmantes y preocupantes, no solo por su relación con la obesidad y derivados, sino también por su relación con el desarrollo cerebral.

Sin duda, la investigación actual ya ha demostrado, que estos productos comestibles no solo no son saludables, sino que pueden provocar cierta adicción, alterar la microbiota intestinal y lo que es mucho peor, elevar su consumo a diario en nuestros niños, los adultos del mañana. Prueba de ello son los restos de basura que encontramos hoy día en las papeleras de los centros educativos. El consumo "ocasional" se convierte en frecuente y habitual. Cumpleaños de amigos y familiares, onomásticas, celebraciones religiosas y navideñas, eventos deportivos, ir al cine o el simple hecho de ver una película en familia, suelen ser excusas perfectas para su consumo "ocasional". Algo no estamos haciendo bien. Por todo ello, deberían ser eliminados de este tipo de herramientas educativas, a veces incluso usadas en los colegios como actividad de enseñanza-aprendizaje, con presencia en los libros de texto. El lector o usuario de este tipo de herramientas (niño o adulto) entiende que si las golosinas, los dulces, la bollería, los embutidos (carnes procesadas), el pan blanco o de molde y los cereales azucarados están en esta pirámide de la alimentación ¿por qué no consumirlos de vez en cuando? El mensaje que nos llega es erróneo y esto suele ser consecuencia del gran marketing que hay detrás de este tipo de productos comestibles, cuestiones puramente económicas. Las grandes empresas que están al frente de este tipo de alimentos, ya se encargan de hacer que estos productos sean una necesidad en nuestros hogares. Anuncios publicitarios, cuñas de radio, patrocinio de eventos deportivos y culturales (véase el caso de las famosas Cabalgatas de Reyes Magos). Los niños no son felices comiendo estos alimentos, somos los adultos quienes hacemos que los niños sean felices comiéndolos junto a ellos, ensalzando sus sabores, regalándolos o comiéndolos en situaciones especiales y como consecuencia de ello, provocando grandes dosis de dopamina y emoción en torno a ellos, lo que sin duda favorecerá su consumo.

Una alternativa a la pirámide de la alimentación es *El Plato para Comer Saludable* de Harvard, creado por expertos en nutrición de la Escuela de Salud Pública y los editores en Publicaciones de Salud de esta universidad (figura 4). Es una guía para crear comidas saludables y equilibradas, ya sean servidas en un plato o para merendar o almorzar. El Plato se caracteriza por la incorporación de alimentos naturales y frescos, eliminando todo producto procesado, aunque lleve en su etiquetado la palabra "bajo en grasa", "sin azúcar" o *"ligth"*. Algunas de las recomendaciones que se indican en esta herramienta son[XXXIII]:

- Haga que la mayoría de sus comidas sean vegetales y frutas – ½ de su plato. Intente incorporar color y variedad y recuerde que las patatas no cuentan como un vegetal en *El Plato para Comer Saludable* por su efecto negativo en el azúcar en sangre.

- Escoja granos integrales – ¼ de su plato. Granos integrales e intactos (trigo integral, cebada, granos de trigo, quínoa, avena, arroz integral y las comidas preparadas con estos ingredientes como pasta de trigo integral) tienen un efecto más moderado en el azúcar en sangre y la insulina que el pan blanco, arroz blanco y otros granos refinados.

- El valor de la proteína – ¼ de su plato. Pescado, pollo, legumbres (habichuelas/leguminosas/frijoles) y nueces son fuentes de proteínas saludables y versátiles, pueden ser mezcladas en ensaladas y combinan bien con vegetales en un plato. Limite las carnes rojas y evite carnes procesadas como el tocino ("bacon") y embutidos (salchichas).

- Aceites de plantas saludables – en moderación. Escoja aceites vegetales saludables como oliva, canola, soja, maíz, girasol, maní (cacahuate) u otros. Evite los aceites parcialmente hidrogenados, los cuales contienen las grasas trans no saludables. Recuerde que "bajo en grasa" no significa "saludable".

- Tome agua, café o té. Omita las bebidas azucaradas, limite la leche y productos lácteos a una o dos porciones al día y limite el zumo a un

---

[XXXIII] https://www.hsph.harvard.edu/nutritionsource/healthy-eating-plate/translations/spanish/

vaso pequeño al día (siempre mejor comer la fruta en su estado real y natural).

- Manténganse activo: La figura roja corriendo sobre el mantel de *El Plato para Comer Saludable* es un recordatorio de que mantenerse activo también es importante en el control del peso y prevención de enfermedades cardiovasculares.

El mensaje principal de *El Plato para Comer Saludable* es enfocarse en la calidad de la dieta. Así, por ejemplo, otra de las recomendaciones es la importancia del tipo de carbohidratos en la dieta, más que la cantidad, porque algunas fuentes de carbohidratos como los vegetales (sin incluir las patatas), frutas, granos integrales y legumbres (habichuelas/leguminosas/frijoles), son más saludables que otros.

*El Plato para Comer Saludable* también aconseja a los consumidores evitar las bebidas azucaradas, una fuente excesiva de calorías, usualmente con poco valor nutricional. También anima a los consumidores a usar aceites saludables y no establece un máximo en el porciento de calorías de fuentes saludables de grasa que las personas deben obtener cada día.

*Figura 3.* Plato para Comer Saludable de la Universidad de Harvard. Derechos de autor© 2011 Universidad de Harvard. Más información en http://www.thenutritionsource.org y Publicaciones de Salud de Harvard, health.harvard.edu".

El autor del libro *"El amor no es suficiente"*[28], un libro de fácil lectura e ilustrativo, analiza y realiza una comparación muy interesante de estas dos herramientas (Pirámide de la Alimentación y El Plato para Comer Saludable). Su autor es docente de Educación Física y en su canal de YouTube, instruye a sus alumnos con vídeos muy interesantes sobre esta temática que merecen la pena detenerse en este momento y visualizar (figura 4).

| Pirámide vs Plato para Comer Saludable | Comida real vs comida procesada | Nutricionismo. Un enfoque equivocado de la alimentación | ¿Cómo hacer que nuestros hijos coman mejor? |
|---|---|---|---|
| https://youtu.be/6EK1dbN4e6Q | https://youtu.be/k1hBziflkAg | https://youtu.be/PINFHmqm5M | https://youtu.be/tdKPmHAkhe8 |

*Figura 4.* Códigos QR a vídeos ubicados en el canal de YouTube de Miguel Franco Murcia, autor del libro "El amor no es suficiente".

## 6. NOS VAMOS DE COMPRAS...

Casual o causalmente, si vamos al supermercado sin un listado previo de lo que queremos comprar y una saciedad corriente previa al almuerzo o la cena, los ojos y todo el sistema de recompensa relacionado con la alimentación irá dirigido hacia la comida probablemente menos saludable (sustancias comestibles o bebibles, según Julio Basulto, experto nutricionista y divulgador)[30]. De ahí que uno de los consejos más acertados de expertos en nutrición y cerebro sea no ir de compras a los supermercados con nuestros hijos y sí ir con ellos a los mercados. De esta forma, el impulso irrefrenable de nuestros hijos por la compra de los productos con colores llamativos, irán hacia los alimentos reales (frutas, hortalizas, verduras, pescados, carnes, etc.) y no hacia las sustancias comestibles o bebibles, estratégicamente colocadas al alcance de nuestros menores para que las puedan coger con facilidad. Una vez en sus manos, el mejor consejo basado en la neurociencia es el de "no negar". Cuando un adulto niega el consumo de un alimento a un niño, este experimenta mayor deseo por consumirlo, por tanto su cerebro segrega dopamina, que traducido a esta situación se convierte en una rabieta y un mayor deseo por conseguirlo sea cuando sea y al precio que sea (cumpleaños, abuelos, amigos del parque, etc.). Por tanto, uno de los pilares de una buena educación alimentaria para nuestros hijos es la de "*no negar, no ofrecer*"[30].

Para no generar disputas entre el autocontrol y el área tegmental ventral, a continuación ofrecemos unas sencillas pautas sobre alimentos que deberían ocupar un lugar privilegiado en nuestro carro de la compra, desde una perspectiva neurocognitiva. Básicamente se trata de incorporar aquellos alimentos reales y saludables, rechazando todo lo procesado o envasado. Julio Basulto en su libro "Se me hace bola"[30], hace un listado de ochenta y cinco sustancias comestibles que nunca deberían estar en nuestros carros de la compra. Su estudio y análisis se centra en la salud física, pero sin duda, todo lo que es bueno para ella es bueno para nuestro cerebro, tal y como ya decíamos. Por tanto, lo que no es bueno para nuestra salud física, tampoco lo es para nuestro cerebro.

Como alimentos reales buenos para nuestro cerebro, sin duda ponemos en primer lugar el pescado y las verduras, que contienen ácidos grasos poliinsaturados como omega-3 y omega-6 (algo que no tienen otros alimentos y que nuestro cuerpo no puede fabricar). Por tanto, son esenciales para mantener la actividad frenética del cerebro, contribuyendo a la plasticidad cerebral y al proceso incluso de reconstrucción y reparación durante el sueño. Dicho **omega-3** está presente en el pescado de agua fría (salmón y atún), en el kiwi y en algunos frutos secos (nueces). El **omega-6** se encuentra en semillas y frutos secos así como en aceites extraídos de ellos (aceite de girasol, maíz, soja y sésamo). Asimismo, hay que ingerir antioxidantes para evitar el daño oxidativo del cerebro, puesto que los radicales libres dañan el ADN celular. Por ejemplo, hay que consumir espinacas, brócoli y patatas, vitamina E presente en aceites vegetales, frutos secos y verduras de hoja verde; vitamina C en cítricos, vegetales, etc.[9]

De manera que las dietas ricas en frutas y verduras se consideran una extraordinaria fuente de antioxidantes. Además, algunos minerales y vitaminas también tienen una **función antioxidante** como la **vitamina C, la vitamina E y sus isómeros** (tocoferoles y tocotrienoles) y el selenio. Por ello, hay que considerar la capacidad antioxidante de un alimento en base a la puntuación ORAC (traducido al castellano sería la capacidad de absorción de radicales de oxígeno). Los alimentos con más puntuación en dicha escala son la canela, los arándanos, las ciruelas, el brócoli, los espárragos, las nueces y los ajos, entre otros. Especial mención a la especia de la cúrcuma, que contrarresta los efectos de lesión cerebral traumática debido al estrés oxidativo, que favorece la plasticidad sináptica y los procesos cognitivos. Como protección al estrés oxidativo, a los radicales libres e incluso para prevenir la inflamación, se puede ingerir la luteolina que es un compuesto presente en alimentos tan comunes como las zanahorias, el aceite de oliva y la manzanilla; así, recientemente se ha demostrado que reduce y amortigua los posibles déficits de la memoria que se producen con la edad, inhibiendo la liberación de moléculas inflamatorias en el cerebro[31].

En el funcionamiento cerebral en general juega un papel muy significativo la **vitamina B**, de hecho, una ingesta baja se asocia con disfunciones en la memoria y el aprendizaje. Así, la ingesta de alimentos con vitamina B (ácido fólico, B6 y B12) puede reducir a la mitad la tasa de atrofia cerebral en adultos con un deterioro cognitivo leve. ¿En qué productos encontramos esta vitamina? El ácido fólico en verduras de hoja verde, frutas, frijoles y guisantes; la vitamina B6 en espinacas, pimientos, nabos y plátanos; y la B12 en carnes, productos lácteos y huevos[10].

Por su parte, la **vitamina D**, que se sintetiza en el cuerpo durante la exposición al sol y ayuda en la absorción de calcio, también es importante para preservar las funciones cognitivas. Está presente en el salmón, el bacalao, los camarones, las sardinas y la caballa. La siguiente **vitamina es la E** compuesta por ocho componentes naturales: cuatro tocoferoles y cuatro tocotrienoles. Así, tiene un efecto neuroprotector importante y también ayuda a mejorar la actividad cerebral en enfermedades neurodegenerativas como el Alzheimer y el Parkinson. Las fuentes de vitamina E son las acelgas, las espinacas, las almendras y el té verde[10]. Todo ello se sintetiza en la tabla 1.

Tabla 1. *Tabla en la que se muestran algunos alimentos representativos de nutrientes que tienen efectos cognitivos y emocionales (adaptada de Gómez-pinilla, 2008). Fuente: www.escuelaconcerebro.wordpress.com*[XXXIV].

| Nutriente | Efectos cognitivos y emocinales | Alimentos |
|---|---|---|
| Ácidos grasos Omega-3 (ejemplo: DHA). | Mejoran el aprendizaje y la memoria. Combaten la demencia y los trastornos del estado de ánimo. Reducen el estrés oxidativo | Pescado azul (salmón), atún, nueces, kiwi. |
| Cúrcuma | Retrasa el deterioro cognitivo y los déficits de memoria | Curry |
| Flavonoides (polifenoles) | Mejora cognitiva y poder antioxidante | Té verde, cítricos, vino tinto, chocolate negro |
| Vitamina B | Efectos sobre la memoria y la agilidad mental (B6, B9 o ácido fólico, B12) | B6 (arroz integral, pollo), B9 (lentejas, espinacas), B12 (hígado y huevos) |

---

[XXXIV] https://escuelaconcerebro.wordpress.com/2016/03/17/alimentos-para-una-buena-salud-cerebral-implicaciones-educativas/

| | | |
|---|---|---|
| Vitamina E | Mejora de la memoria y longevidad debido al poder antioxidante | Aceites vegetales, pimienta, almendras |
| Combinación de vitaminas (C, E, A) | Debido al poder antioxidante frenan el deterioro cognitivo | C (acerola, pimiento, brócoli, cítricos), A (zanahoria, verduras de color verde) |
| Calcio | Interviene en la transmisión de impulsos nerviosos | Leche y derivados |
| Zinc | Relacionado con la actividad de los neurotransmisores | Ostras, germen de trigo |
| Hierro | Influye en el transporte de oxígeno las células. Niveles bajos perjudican el rendimiento cognitivo | Almejas, carnes, legumbres |

Resumiendo y siguiendo las recomendaciones de Luis Jiménez[xxxv], nuestros carros de la compra, por tanto nuestras despensas, deben estar repletas de alimentos reales tales como las frutas y verduras, los frutos secos, carnes y pescados (frescos o congelados), huevos, lácteos (no azucarados), tubérculos, cereales 100% integrales (no aquellos que ponen integrales). Por el contrario, no deberíamos comprar y por tanto tener a nuestro alcance o lo que es peor, al alcance de nuestros hijos: bebidas azucaradas, zumos envasados, bollería y galletas, cereales de desayuno, carnes procesadas, lácteos azucarados y pan blanco o pan de molde. Por desgracia, estos últimos son los que más existen en nuestros hogares, los más consumidos por la población española, tal y como se recoge en el Estudio ANIBES[xxxvi], un trabajo realizado por la Fundación Española de la Nutrición (FEN) con la participación de un comité científico de expertos.

## 7. MENÚ NEUROSALUDABLE Y CONSEJOS PRÁCTICOS

¿Cómo podemos crear un menú neurosaludable? Las células del cerebro necesitan oxígeno, glucosa, agua y otros nutrientes para funcionar correctamente. Así, lo que comemos y bebemos afecta a nuestra motivación, nuestro estado de ánimo y nuestro rendimiento mental. A continuación, exponemos algunos consejos y ejemplos para alimentar y mantener nuestro cerebro en condiciones de máximo rendimiento[9].

---

[xxxv] Autor de varios libros sobre nutrición y salud, entre ellos "Lo que dice la ciencia para adelgazar de forma fácil y saludable"[32] y "Lo que dice la ciencia sobre dietas, alimentación y salud"[33].
[xxxvi] http://www.fen.org.es/anibes/es/inicio

**Cerebro neurosaludable**. La salud del cerebro se basa en una serie de factores, incluyendo la alimentación, por lo que comer productos ricos en nutrientes puede ayudar a tener un cerebro sano y lleno de energía, con un estado de ánimo optimista. El establecimiento de hábitos alimenticios saludables durante edades tempranas y que continúan durante toda la vida proporciona la mayor protección contra el deterioro cognitivo relacionado con la edad y otras enfermedades. Fundamental es el consumo de frutas y verduras junto con la práctica de la actividad física recomendada (en cantidad y calidad), la cual incrementa los niveles de oxígeno y puede potenciar la memoria de trabajo, la atención y la función motora, entre otras. Esto cobra especial importancia a medida que se envejece porque el reparto de glucosa junto con el metabolismo, disminuyen su eficacia. Aunque se ha comprobado que varios nutrientes de manera individual ejercen efectos positivos sobre el aprendizaje y la memoria, el punto de partida debe ser siempre una dieta saludable (comida real, alimentos frescos y naturales, agua como única bebida refrescante, reducir consumo de carnes y evitar todo lo procesado).

**¿Cómo oxigenar el cerebro?** Cualquier actividad física es útil (subir escaleras en vez de coger el ascensor; andar o ir en bicicleta en lugar de coger el coche...), respiraciones profundas, mindfulness, levantarse cada 30 minutos o dar un paseo para activar el metabolismo, etc., todas ellas son actividades válidas que incrementan la cantidad de oxígeno en sangre, por tanto, también en el cerebro. Las neuronas no pueden almacenar glucosa, por lo que hay que confiar en el reparto constante del torrente sanguíneo para suplir esta energía.

**Tengo hambre aquí y ahora ¿qué tomar?** Para potenciar rápido la glucosa, se puede tomar una pieza de fruta y un vaso de agua, lo que facilita la rápida absorción en el estómago y la disponibilidad para el cerebro. La bollería industrial contiene dextrosa y sacarosa, moléculas largas de azúcar que no se convierten inmediatamente en energía sino que se almacenan, lo que conlleva el incremento del tejido adiposo y la obesidad. Podemos comer plátano y pasas para potenciar el funcionamiento del cerebro, incrementando la atención y la memoria; también manzanas (*"an apple a day keeps the doctor away"*, una manzana al día mantiene alejado al médico) y nueces que son ricas en boro y contienen vitamina E, ácido fólico, melatonina, grasas omega-3 y antioxidantes. Así, una taza de café estimula el cerebro y mejora el foco de atención, la concentración y la memoria de trabajo.

**Agua**. El agua es esencial para la actividad corporal y la salud cerebral, puesto que se requiere para mover las señales a través de las células cerebrales (poca agua, poca eficiencia). El agua mantiene los pulmones suficientemente húmedos, lo que permite una adecuada transferencia de oxígeno al torrente sanguíneo. Por ello, se recomienda beber unos ocho vasos de agua al día (el equivalente a dos litros). Asimismo, hay que indicar que demasiada agua puede agotar el cuerpo de minerales vitales como el sodio, potasio y calcio (esenciales para mantener el corazón, el cerebro y la función muscular). También se sabe, gracias a los estudios de Masento[34], que la deshidratación, incluso cuando esta es muy liviana, puede provocar que ciertas capacidades cognitivas relacionadas con la memoria y la percepción visual se vean dañadas, además del estado de ánimo, especialmente en niños y personas de edad avanzada.

**Omega-3**. El cuerpo utiliza el omega-3 para crear la membrana exterior de las células cerebrales a través de las que pasan las señales nerviosas. Puesto que mediante el aprendizaje y la memoria se crean nuevas células nerviosas y conexiones sinápticas entre las mismas, continuamente se necesitan dichos ácidos grasos para generar membranas que protegen a las neuronas. Asimismo, disminuye el riesgo de demencia y es muy importante en el funcionamiento de la memoria, sobre todo a medida que envejecemos. El omega-3 está presente en el salmón, atún, sardinas, caballa y arenques, entre otros.

**Vitamina B y ácido fólico**. Esenciales para potenciar el humor, la alerta y la memoria, mejorar la resistencia al estrés, mantener saludable la piel y el tono muscular, y como suministro de los neurotransmisores. Promueven la división y el crecimiento celular. Se encuentra en alimentos como pan integral de cereales, arroz, pescado, carne, ave, vegetales de hoja verde oscuro, huevos y leche, entre otros.

**Minerales**. El **calcio**, presente en la leche, el yogurt y el queso, fortalece los huesos, los músculos y los dientes. El **cromo**, presente en la yema de huevo y cebolla cruda, sirve para mantener y regular los niveles de azúcar. El **yodo** que podemos encontrar por ejemplo en los alimentos procedentes del mar, favorece el funcionamiento adecuado de la glándula tiroides y ayuda a metabolizar el exceso de grasas. El **hierro**, presente en el hígado de cerdo y vaca, ternera, pollo, yemas, judías y verduras de hoja verde oscuro, tiene un importante papel en la producción de hemoglobina y ciertos neurotransmisores. El **magnesio** que podemos encontrar en granos, nueces, judías y vegetales verdes, contribuye a la formación de huesos y dientes por un lado, y también está presente en muchas reacciones enzimáticas, por otro. El **potasio**, presente en los plátanos, zanahorias, melón, pomelo, miel, patatas, carne y pescado, regula las señales que se mueven a través y entre las células cerebrales y regula la función y el ritmo cardíaco. Finalmente, el **sodio** que encontrarnos por ejemplo en la sal y en otros aditivos alimenticios, regula la contracción muscular y mantiene el adecuado equilibrio entre el agua y los fluidos corporales.

**Antioxidantes**. Para mantener los radicales libres (tabaco, contaminación...) bajo control y evitar el daño cerebral, necesitamos vitaminas A, C y E, betacaroteno, licopeno y selenio, además de frutas y vegetales, nueces, aves, carne y pescado.

En resumen, uno de los grandes descubrimientos de la neurociencia se ha basado en validar las formas de alimentación de nuestros abuelos, todo ello fundamentado en una dieta saludable, ni por exceso ni por defecto. La dieta mediterránea basada en fruta, verdura y pescado, cereales (preferiblemente integrales), raciones moderadas de carne fresca y frutos secos, productos lácteos, legumbres, es un claro ejemplo de dieta saludable. Sin embargo, el marketing y la industria alimentaria se está encargando de cambiar nuestros hábitos alimenticios. De hecho, si observásemos la cantidad de alimentos reales y naturales que hay en los supermercados, frente a los procesados y envasados, la balanza claramente se decanta a favor de los segundos. Por tanto, hay que controlar la ingesta de calorías, reduciendo o preferiblemente eliminando alimentos procesados con grasas poco saludables, azúcares modificados y aditivos químicos, que curiosamente son los que más excitan el área tegmental ventral y el deseo de comerlos.

¿Cómo afecta el consumo excesivo de grasas de origen animal en el cerebro? Hay que indicar que el glutamato es el neurotransmisor más abundante del cerebro y sus receptores están en las zonas neuronales donde se produce la sinapsis y, en extensión, el aprendizaje y la memoria. El consumo en exceso de este tipo de grasas interfiere con el receptor del glutamato provocando que pierda sensibilidad, lo que afectará al desarrollo del cerebro disminuyendo la plasticidad cerebral[6].

En la práctica, algunas actividades y acciones que podemos hacer con nuestros hijos, en nuestro hogar, o nuestros estudiantes, en el colegio o instituto, los podemos resumir a continuación, basándonos en las lecturas de nutricionistas y nuestra propia experiencia como educadores.

### En el hogar

- Tener siempre visible y al alcance de nuestros hijos (no en mesas altas donde no las puedan ver) fruta variada y del tiempo, con variedad, que la vean y la puedan coger cuando quieran y que nos vean a nosotros (los padres) cogerla y comerla.
- Cortar fuentes de fruta u hortalizas (palitos de zanahoria o pepino) y dejarla dentro del frigorífico. De esta manera, cuando lo abrimos porque tenemos hambre, la veremos cortada y no nos dará "pereza" comerla.
- No endulzar o edulcorar las bebidas. Los niños consumen lo que le demos y su paladar se educa a lo que consuman. El bebé pasará de tomar leche materna a tomar la leche que le demos y como se la demos (de vaca) u otras bebidas hechas con avena o arroz sin preguntar ni pedir azúcar, o cacao. No es necesario endulzarla ni echarle otras sustancias con excesos de azúcares innecesarios. El niño tomará su vaso de leche o bebida de avena sin preguntar y nunca echará de menos estos edulcorantes.
- Hablando de leche, se ha sobreestimado mucho esta bebida, pensando que era una fuente de calcio imprescindible para el niño, cuando existen otros alimentos que también llevan calcio como son todos los productos lácteos derivados (yogur, queso, mantequilla), frutos secos, vegetales como el brócoli, berza, espárragos, espinacas, acelga o repollo, pescados como las sardinas, el salmón o el marisco. También se ha sobreestimado la leche desnatada, incluso suele ser valorada por la sociedad como más saludable que la entera, cuando sabemos que un buen vaso de leche entera es más nutritivo que uno de leche desnatada.
- La única bebida saludable para hidratarnos debe ser el agua, la cual debemos tomarla en pequeñas dosis, continuamente y durante todo el día. Algunos expertos hablan de ocho vasos de agua al día, pero más que contar vasos, debemos considerar que esta debe ser ingerida continuamente durante todo el día. Para ello, nuestra mejor compañera debería ser una botella de agua, que nos permita beber pequeños sorbos a todas horas. Con este hábito, seguramente llegaremos a los ocho vasos diarios sin problemas.
- No insistir en la ingesta de frutas, verduras y pescado (alimentos que no suelen atraer a los menores). La mejor educación y aprendizaje es el ejemplo. Si nuestros hijos nos ven comer estos alimentos con la frecuencia recomendada, ellos también terminarán por comerlos.
- Preferible ofrecer y tomar la fruta natural que en zumos o batidos. Cuando hacemos un zumo de fruta, eliminamos la pulpa y la piel. En muchas frutas cuya pulpa y piel son comestibles, si la eliminamos,

excluimos los nutrientes que se hallan en ellas. Por otro lado, cuando hacemos zumos de frutas, ingerimos toda la fructosa (no deja de ser azúcar) de todas las piezas de fruta que hemos utilizado para el vaso de zumo (por ejemplo, para un zumo de naranja, 3 o 4 piezas). Además, cuando masticamos la fruta, mandamos el mensaje a nuestro cerebro de estar comiendo (nos estamos saciando), mientras que al beber el zumo, como no necesitamos masticar, este mensaje llega difuso al cerebro y la sensación de hambre sigue estando presente (a pesar de haber ingerido mucha más cantidad de azúcar). Es habitual dar a nuestros hijos zumos de fruta pensando que así les facilitamos que la tomen (dados sus contrastados beneficios), pero lejos de hacerles un favor (siempre es mejor tomarla que no tomarla) les estamos malacostumbrando. Seguramente, cuando estos niños sean adultos, seguirán con la misma costumbre y no les atraerá tomar la fruta natural, si no es en zumo "hecho por su madre con todo el amor" que en su elaboración solía poner.

- No negar no prohibir. Cuando un niño tiene al alcance o le ofrecen un alimento de los que hemos llamado procesados o ultraprocesados (golosinas, patatas fritas, frutos secos fritos, refrescos o cereales azucarados, etc.), es mejor no prohibirles su consumo. Tampoco hay que hacerles caso, ni mucho menos enfatizar si están buenos o malos. Debemos comportarnos como si nada, como algo normal, que ha sucedido y punto. El hecho de prohibir algo a nuestros hijos hace que el deseo por consumirlos sea mayor. Si además, ese producto es ingerido por sus propios padres, no servirá de nada todo cuanto estamos haciendo. Si el niño no está acostumbrado a consumir esos productos, los probará y él mismo los irá rechazando al no ser sabores reales, que no está acostumbrado a tomar y tampoco ve a sus padres comerlos (volvemos a lo mismo: el mejor aprendizaje es el ejemplo).
- De igual modo, si nosotros (padres) consumimos alimentos reales y tenemos buenos hábitos, nuestros hijos también los tendrán. Para educar a nuestros hijos a comer de forma saludable, primero nosotros debemos comer de forma saludable. Y no solo nos referimos a "el qué comer", sino al "cuándo y al cómo comer". Desayunar con ellos es una buena práctica por la que empezar. Muchos padres se acogen a la expresión *"por la mañana tengo el estómago cerrado"* para no desayunar nada, mientras insistentemente, casi de forma obstinada, obligan a sus hijos a hacerlo, dándoles incluso alimentos procesados como galletas, cereales azucarados, zumos azucarados, leche con azúcar o bollería industrial, pensando que así les están haciendo un favor, cuando según hemos visto, este hábito podría ocasionarles graves

consecuencias futuras, alterando su microbiota intestinal, elevando sus niveles de colesterol y aumentando el riesgo de sufrir enfermedades cardiovasculares. Este es un claro ejemplo en el que el título del libro "El amor no es suficiente"[28] podría servirnos para ejemplificar lo confuso que es el mensaje que recibimos de la sociedad, incluso el que le damos a nuestros propios hijos: "come algo que no es saludable aunque no tengas hambre".

- No ir al supermercado con nuestros hijos, si al mercado donde la comida real es más abundante que la procesada y ultraprocesada. De igual forma, no es un buen hábito, ir a comprar comida a un supermercado con la sensación de hambre. Todos los productos procesados y ultraprocesados han sido meticulosamente estudiados por expertos en marketing e incluso en neurociencia, para hacer de sus sabores y colores un producto casi adictivo e irrefrenable. A pesar de tener claros todos estos conceptos y consejos ¿quién no ha caído alguna vez en las "garras" de uno de estos productos?

- Durante los primeros años de vida, algunos expertos hablan de "hasta los 6 años", el niño debe autorregular su apetito (sensaciones de hambre-saciedad). El sistema que regula la entrada y la salida de nutrientes y energía está orquestado por diferentes órganos que se comunican entre sí vía neuroendocrina, es decir mediante mensajeros hormonales. De ahí que no es buen consejo hacer con nuestros hijos lo que nuestras abuelas hicieron con nosotros: "dejar el plato limpio antes de levantarse de la mesa", "si no repites, es señal que no te ha gustado", "hay que comer con pan". Expresiones como estas, son hoy día escuchadas en muchos hogares. El niño debe comer cuándo y cuánto desee. Es una necesidad primaria que debe aprender y no debería ser impuesta. Eso sí, ofreciéndole solo alimentos reales y naturales, siempre alternativas saludables.

- Cuando el niño no quiere comer la comida saludable que hay ¿qué podemos hacer? Una opción es ofrecerle otro plato alternativo (como mucho, dos opciones) para que él mismo elija. Sin titubear, con cariño y siempre comida real. Si el niño no come a medio día o por la noche un día concreto, no pasa nada. El niño seguro que tiene reservas suficientes para pasar esas horas sin comer. Seguro que en pocas horas nos pedirá alimento (y ahí es donde debe estar el alimento real y natural esperando ser ingerido por nuestro hijo). Ante estas situaciones, hay padres que prefieren que su hijo coma galletas, patatas fritas u otros alimentos procesados por miedo a que su hijo pase unas horas sin comer. Siempre es mejor que no coma nada a que coma comida procesada o

ultraprocesada. De hacerlo es porque lo hemos comprado y lo tenemos en nuestra despensa (primer error).
- Lo que no va a nuestro carro de la compra, no va a nuestra despensa y por tanto a nuestro plato (o peor, al de nuestros hijos). Los alimentos procesados y ultraprocesados han pasado exhaustivos controles de marketing para que sus colores, olores y sabores atraigan al consumidor. Si abrimos nuestro armario de la despensa con hambre y observamos unas galletas procesadas, cereales con azúcar o bollería industrial y una manzana en el frutero, seguramente nuestros hijos y nosotros mismos que estamos concienciados, iremos hacia los primeros. Si no los compramos, nunca los tendremos en nuestras despensas, por tanto nunca tendremos la tentación de comerlos.

**En el colegio o instituto**

- Usar El Plato para Comer Saludable de la Universidad de Harvard como herramienta referente de dieta saludable.
- No hablar de dieta equilibrada (comer de todo un poco), sino de dieta saludable (alimentos reales). No existen casos de personas que coman comida real que tengan sobrepeso u obesidad.
- Prohibir la venta de golosinas u otros productos ultraprocesados (altamente nocivos para la salud) en las cantinas o cafeterías de los centros.
- Hablar y proponer alternativas de alimentos saludables a los cantineros de las cafeterías escolares. Platos de palitos de zanahorias y pepinos cortados con/sin hummus o guacamole natural, venta de fruta o bolsas de frutos secos sin sal, pistachos, nueces, pasas, etc.
- Promover el consumo diario y durante los recreos (almuerzo) de frutas, verduras o frutos secos sin sal como alimentos saludables y muy energéticos. Fomentar traer de casa para almorzar estos alimentos saludables u otros como tortilla de atún, huevo duro, pan integral con queso, tomates, etc. Estos alimentos, además, deberían estar a la venta y visibles en las cantinas de los centros educativos, en lugar de los productos comestibles que en algunos colegios e institutos de nuestro país aún encontramos en sus estantes, al alcance de nuestros "indefensos" niños y adolescentes, que inconscientes del daño que pueden ocasionarles a nivel fisiológico y cerebral, los consumen a diario atraídos (casi hipnotizados) por sus olores, colores y sabores.
- En la materia de Educación Física los maestros y profesores como material específico de esta asignatura, obligan a sus alumnos a llevar ropa deportiva durante las clases. Para promover el consumo de agua

recomendado (beber agua en pequeñas dosis y durante todo el día) se podría considerar como material de clase obligatorio en Educación Física, traer una botella de agua. Los alumnos podrían traer su botellita de agua llena de casa o vacía para llenarla antes de empezar la clase. En cualquier caso, esta norma no sorprendería a nadie, con ella se contribuiría a aumentar los niveles de consumo de agua en nuestros escolares (desde una perspectiva neurosaludable) y además, se aumentaría el tiempo de compromiso motor en las clases (al no tener que ir a la fuente a beber agua, se podría beber cuando cada uno deseara) y estaríamos contribuyendo a su ahorro (sostenibilidad, dado que se despilfarra mucha cantidad de agua cuando se bebe de una fuente o de un grifo sin vaso o recipiente). El hábito de traer agua y beberla durante otras clases que no fueran Educación Física debería ser también una práctica habitual de los centros que apuesten por la neuroeducación, puesto que el agua, como se ha visto, se relaciona con la atención y la mejora del aprendizaje. Este aspecto que puede resultar tan evidente, se contradice muchas veces con la realidad de algunos centros educativos, en los que se prohíbe beber agua en clase[29].
- Premiar (si hemos escrito bien), premiar con insignias, badges o positivos a aquellos alumnos que traigan almuerzos saludables al colegio. Uno de los objetivos didácticos de la materia de Educación Física y como elemento transversal de todas las asignaturas, es fomentar hábitos de vida saludables. ¿Por qué no reconocer con nota a aquellos alumnos que traen de casa un almuerzo saludable?
- Realizar actividades interdisciplinares en forma de proyectos educativos donde la alimentación saludable sea el centro de interés o unos de los pilares básicos del proyecto. La comunidad educativa debe estar sensibilizada por el cambio y el centro debe ser agente promotor de salud. Concursos, investigaciones, obras de teatro, musicales, todo para que el alumnado aprenda a comer de forma saludable, sin que ello le suponga "un castigo", una imposición (tienes que... no comas de esto porque no es sano... debes comer esto otro..., etc.). Lo que se descubre por sí mismo mediante investigación, vivencia, emoción, etc. siempre será un aprendizaje más significativo y duradero que estudiarlo en libros, verlo en panfletos o carteles publicitarios. Es habitual encontrar los dípticos sobre alimentación saludable entregados a todos los alumnos del centro, en las papeleras de centros educativos (o incluso tirados por el suelo) el mismo día de su entrega.
- Actividades de enseñanza-aprendizaje donde el producto final sea tangible y visible por toda la comunidad educativa. Propuestas como las que se muestran en la figura 5, pueden ser realizadas por los alumnos.

*Figura 5.* Carteles con cantidad de azúcar que lleva cada alimento procesado, realizados por los alumnos del IES Alquerías (Murcia) durante el proyecto *Healthy Friday*. Abajo a la derecha, código QR a este proyecto: http://efaulavirtualalquerias.blogspot.com.es/p/healthy-friday.html.

## 8. CONSIDERACIONES FINALES

Después de la gran conversación con mi amigo Santiago y la lectura de las excelentes recomendaciones del presente capítulo, tomé conciencia de la importancia de una dieta variada, natural y saludable, por lo que en casa cambiamos algunos hábitos para favorecer el funcionamiento del cerebro. La enorme sorpresa (bastante desagradable) me la llevé cuando fui con mi hijo de 7 años y mi hija de 9 a la cafetería del colegio para comprar la merienda. Aquello era la fiesta de las grasas industriales, los azúcares... que estimulan el área tegmental ventral y el núcleo accumbens de nuestros hijos. Igual que cuando estás en la cola de los supermercados y justo cuando vas a pagar tus hijos cogen algo -¿qué será?- que si no se lo compras te dejan en evidencia delante de todos los viandantes del supermercado. Sin embargo, cada vez tengo más claro que al igual que agarramos bien a nuestro hijo de 2 años cuando pretende cruzar la carretera mientras pasan coches y no le permites pasar por el peligro que ello conlleva, no debemos permitir que consuman ciertos productos comestibles que no solo pueden desencadenar una futura enfermedad cardiovascular, sino que también pueden alternar su microbiota intestinal y dañar su desarrollo cerebral.

En conclusión, ¿cuál es la clave de la neurociencia de la alimentación para optimizar el funcionamiento cerebral? Lo que ya sabíamos intuitivamente: desayuna como un rey, almuerza como un príncipe y cena como un mendigo, siempre saludable con alimentos naturales.

## 9. REFERENCIAS BIBLIOGRÁFICAS

1. Ratey, J.J. y Manning, R. (2015). *Go wild. Eat fat, run free, be social, and follow evolution's other rules for total health and well-being.* New York: Little, Brown and Company.

2. Kahneman, D. (2013). *Pensar rápido, pensar lento*. Barcelona: Debolsillo.

3. Gómez-Pinilla, F. (2008). Brain foods: the effects of nutrients on brain function. *Nature Reviews, 8*, 568-578.

4. Harari, Y.N. (2014). *Sapiens: a brief history of humankind.* London: Vintage.

5. Gibbons, A. (2007). Food for thought: Did the first cooked meals help fuel the dramatic evolutionary expansion of the Human brain? *Science, 316*, 1558-1560.

6. Bueno i Torrens, D. (2016). *Cerebroflexia. El arte de construir el cerebro.* Barcelona: Plataforma Actual.

7. Fernández, Á. y Goldberg, E. (2013). *Cómo invertir en su cerebro. Una guía sharpbrains para mejorar su mente y su vida*. Sharpbrains.

8. Ratey, J.J. (2014). *A user's guide to the brain.* New York, NY: Abacus.

9. Sousa, D.A. (2012). *Brainwork. The neuroscience behind how we lead others.* Bloomington, IN: Triple Nickel Press.

10. Turner, J. (2011). Your brain on food: a nutrient-rich diet can protect cognitive health. *Journal of the American Society on Aging, 35*(2), 99-106.

11. Morgado, I. (2015). *La fábrica de las ilusiones.* Barcelona: Ariel.

12. Guillén, J. C. (2017). *Neuroeducación en el aula. De la teoría a la práctica*. Amazon Fulfillment.

13. Hanson, R. y Mendius, R. (2012). *El cerebro de Buda. La neurociencia de la felicidad, el amor y la sabiduría.* Santander: Milrazones.

14. Davis, B.C. y Kris-Etherton, P.M. (2003). Avhieving optimal essential fatty acid status in vegetarians: current knowledge and practical implications. *American Journal of Clinical Nutrition, 78*(3), 640-646.

15. Marc Vergés, M. (2017). *Grasas buenas. Cuida tu salud con la nutrición evolutiva.* Amat Editorial.

16. Mora, F. (2013). *Neuroeducación. Sólo se puede aprender aquello que se ama.* Madrid: Alianza Editorial.

17. Gómez-Pinilla F. y Tyagi E. (2013). Diet and cognition: interplay between cell metabolism and neuronal plasticit. *Current Opinion in Clinical Nutrition and Metabolic Care, 16*(6), 726-733.

18. Meeusen, R. (2014). Excercise, nutrition and the brain. *Sports Medicine, 44*(1), 47-56.

19. Pinilla, J., Barber, P. y González López-Valcárcel, B. (2017). *El coste de la enfermedad potencialmente prevenible en España.* Madrid: Fundación MAFRE.

20. Stillman, C.M., Cohen, J., Lehman, M.E. y Erickson, K.I. (2016). Physical activity and cognitive performance: A review of mediating mechanisms at multiple levels. *Frontiers in Human Neuroscience, 10*, 626.

21. Dehghan, M. et al. and Prospective Urban Rural Epidemiology (PURE) study investigators. (2017). Associations of fats and carbohydrate intake with cardiovascular disease and mortality in 18 countries from five continents (PURE): a prospective cohort study. Lancet, 4;390(10107), 2050-2062.

22. Somer, E. (1995). *Food and mood: The complete guide to eating well and feeling your best.* New York: Henry Holt.

23. Moschen A.R., Wieser, V. y Herbert, T.H. (2012). Dietary Factors: Major Regulators of the Gut's Microbiota. *Gut Liver, 6*(4), 411–416.

24. Latorre E., Layunta, E., Grasa L., Castro M., Pardo J., Gomollón F., Alcalde A.I. y Mesonero, J.E. (2016). Intestinal serotonin transporter tnhibition by toll-like receptor 2 activation. A feedback modulation. *PLoS ONE, 11*(12).

25. Palmnäs, M.S.A., Cowan, T.E. Bomhof, M.R., Su, J. Reimer, R.A. Hans J. Vogel, H.J., Hittel, D.S. y Shearer, J. (2014). Low-Dose Aspartame Consumption Differentially Affects Gut Microbiota-Host Metabolic Interactions in the Diet-Induced Obese Rat. *PLoS One, 9*(10).

26. Punset, E. (2017). *Cartas a mis nietas. Todo lo que he aprendido y me ha conmovido* (2ª Ed.). Barcelona: Booket.

27. Heiman, M.L. y Greenway, F.L. (2016). A healthy gastrointestinal microbiome is dependent on dietary diversity. *Mol Metab, 5*(5), 317–320.

28. Franco-Murcia, M. (2016). *El amor no es suficiente.* Gran Bretaña. Amazon.

29. Pellicer Royo, I., López González, L., Mateu Serra, M., Mestres Pastor, L., Meritxell;, M.H. y Ruiz Omeñaca, J.V. (2015). NeuroEF. La revolución de la Educación Física desde la Neurociencia. Barcelona. Editorial INDE.

30. Basulto, J. (2013). *Se me hace bola. Cuando no comen como queremos que coman.* Barcelona: Debolsillo Clave.

31. Jang, S., Dilger, R.N. y Johnson, R.W. (2010). Luteolin inhibits microglia and alters hippocampal-dependent spatial working memory in aged mice. *Journal of Nutrition, 140*(10), 1892-1898.

32. Jiménez, L. (2015). *Lo que dice la ciencia para adelgazar de forma fácil y saludable.* Barcelona: Plataforma.

33. Jiménez, L. (2014). *Lo que dice la ciencia sobre dietas, alimentación y salud.* Barcelona: Plataforma.

34. Masento, N.A. (2014). Effects of hydration status on cognitive performance and mood. *British Journal of Nutrition, 111*(10), 1841-1852.

# INTELIGENCIA EMOCIONAL Y SUEÑO EN EL DEPORTE

**D. Oriol Mercadé Canals** profesor en la Universidad Ramón Llull.

*"Conoce a tu rival y vencerás, conócete a ti mismo y serás invencible".*
*Sun Tzu, el arte de la guerra. (500aC)*

En la actualidad, a muchos deportistas se les atribuye la etiqueta de ser poco competitivos. En efecto, muestran grandes competencias durante los entrenamientos que después son incapaces de transferir a la competición, lo que es debido principalmente a los aspectos cognitivos y mentales. En este sentido, la literatura científica destaca que la frontera entre aquellos que darán el salto a la elite y los que no lo conseguirán, no dependerá tanto del talento innato, ni los conocimientos tácticos, ni el estado físico, ni tan siquiera de su capacidad de trabajo; será la dimensión cognitiva y emocional la que permitirá al deportista tener un rendimiento óptimo y alcanzar su "Zona de Desarrollo Potencial".

De forma que tener el control de la situación a veces resulta imposible, pero controlar las reacciones emocionales en determinadas circunstancias sí que se puede entrenar. En este capítulo explicaremos qué es la inteligencia emocional (IE), qué técnicas permiten a los deportistas gestionar sus emociones y qué relevancia tiene el sueño para el rendimiento y el equilibrio emocional.

En definitiva, la psicología del rendimiento puede ser aplicada tanto a nivel laboral como deportivo o académico. Las técnicas de autocontrol, el proceso de coaching, el dominio de las creencias, la planificación metódica, la IE y el estilo de vida serán las variables principales a desarrollar para alcanzar los objetivos propuestos.

## 1. LA INTELIGENCIA EMOCIONAL

Recientemente, las neurociencias y la psicología han experimentado un cambio radical en su concepción y es ahora cuando se enfatiza la gran relevancia del cerebro emocional, más allá que un reducto del pasado, esencial para entender nuestro cuerpo y nuestros pensamientos, fuente de identidad y valores, en general se refiere a todo lo que da sentido a la vida. El primer artículo científico sobre IE es el de los psicólogos Salovey y Mayer en 1990[1] que la definieron como *"un subconjunto de la inteligencia social que comprende la capacidad de controlar los sentimientos y emociones propios, así como los de los demás, de discriminar entre ellos y utilizar esta información para guiar nuestro pensamiento y nuestras acciones"*. Dicho artículo pasó prácticamente desapercibido en el momento de su publicación y hubo que esperar cinco años hasta que lo divulgó el periodista científico de *"The New York Times"* Daniel Goleman[2], con un libro que fue *"best seller"* mundial y llevo a la IE a la portada de la revista *"Times"*.

De forma que la IE es una forma de interactuar con el mundo que tiene muy en cuenta los sentimientos, y engloba habilidades tales como el control de los impulsos, la autoconciencia, **la motivación**, el entusiasmo, la perseverancia, la empatía, la agilidad mental, etc., que a su vez configuran rasgos de carácter como la autodisciplina, la compasión o el altruismo y que resultan indispensables para una buena y creativa adaptación social.

Si concretamos las subtareas en que Salovey y Mayer[1] dividieron la IE, encontramos dos áreas: la experiencial y la estratégica. La primera engloba dos cualidades de la IE como la percepción emocional (capacidad de transmitir y detectar emociones en personas, objetos, arte...) y la comprensión emocional (conocer las emociones básicas y las complejas). Mientras que en el área experimental destaca la facilitación emocional (usar las emociones para pensar y actuar convenientemente) y la gestión emocional (saber cambiar las emociones que experimentamos).

En otras palabras, todos conocemos ese amigo que consideramos *"patoso social"* y que puede hacer una broma de mal gusto en el momento menos indicado, o esa amiga que es una montaña rusa emocional sin saber el porqué de sus cambios de estado repentinos, o aquél que intenta promover una idea pero no consigue liderar al resto del equipo o quien se deja llevar por sus emociones más impulsivas y hace o dice cosas que van en su propia contra. Al final del día serán estos aspectos los que influirán en nuestra rutina, más allá de nuestras intenciones o conocimientos adquiridos. Ese *"carisma"* y *"don de gentes"*, esa felicidad personal radica en poder dominar las variables anteriormente mencionadas.

**Inteligencia emocional en el deporte**

La gestión emocional es el siguiente cambio de paradigma en los deportes, la próxima frontera a la que nos enfrentamos, nuestra atención se centra ya no sólo en el córtex prefrontal sino en el sistema límbico y en la interconexión entre ambos. A continuación, ponemos algunos ejemplos de frases que se repiten cada domingo después de los partidos:

*"Si ese jugador hubiera amueblado su cabeza...dónde habría llegado...qué pena"*

*"Es que la rabia me puede, me ciega y me expulsan a la mínima...es superior a mí..."*

*"No tengo la cabeza en el partido, con los problemas que tengo en mi vida normal..."*

**El jugador**

Es demasiado habitual escuchar expresiones como las anteriores. Hay muchos jugadores talentosos técnicamente, pero a la vez analfabetos emocionalmente, que no saben gestionar sus emociones, se frustran con facilidad, son expulsados a la primera provocación o no saben integrarse en un equipo, además se *"endiosan"* con facilidad... (véase como claro ejemplo algunos jóvenes jugadores que tienen una gran proyección, se traspasan por cantidades millonarias, pero no encuentran un equipo que los quieran, no por su nivel y potencial, sino por su actitud).

Muchos padres ven al nuevo Messi o Rafa Nadal proyectados en sus hijos, cuando empieza a destacar en edades tempranas por encima de sus compañeros..., sin embargo, los entrenadores se muestran muy cautos por su experiencia en apostar por un jugador destacado pero que difícilmente llegará a la élite. De hecho, sólo la mitad de los top10 júnior mundial llegará algún día a estar entre los tops 100 absoluto[3]. Es por eso que los conocidos como *"scouts"* del deporte deberían contemplar la IE en el momento de elegir a un jugador. En este sentido, algunas federaciones y representantes de jugadores ya están solicitando a los profesionales realizar informes sobre algún jugador talentoso para intentar predecir su posible evolución con el tiempo. En dicho informe no solamente se ha incluido la capacidad de superación de la presión, la frustración y su automotivación sino sobre todo su entorno familiar inmediato.

Grandes deportistas han sucumbido al error puntual de no poder contener las emociones; por ejemplo, algunos consideran que el arbitraje es injusto y pagan su frustración con los adversarios. Deportistas que deben aprender a detectar el impulso de la ira y saber controlarlo en el momento adecuado. ¿Y el polémico tenista, ex número 1 mundial, John McEnroe? Parece que él es caso aparte, según cuenta en su Biografía: *"Serious"*[4] era capaz de montar el show y luego recuperarse de inmediato para seguir jugando, mientras su rival todavía estaba en un estado emocional consternado... Deportistas a los que el comentario ofensivo y despectivo de sus rivales alteran sus emociones que desencadenan en agresiones y expulsiones; genios del deporte en las canchas, las pistas y los estadios nos recuerdan continuamente la importancia que la IE tiene en la vida profesional y vital.

Las emociones juegan una parte integral del desarrollo y rendimiento deportivo La adquisición por parte del deportista de la denominada IE permitirá minimizar los efectos negativos de los estados de estrés y ansiedad que la competición genere, al mismo tiempo que permitirá potenciar estados óptimos de motivación y concentración[5-7]. Nos podríamos formular la pregunta ¿qué hay vivo dentro de mí? para poder tomar conciencia del estado emocional que se tiene en ese preciso momento (percepción emocional), entender el porqué de ese sentimiento (comprensión emocional), decidir si es el adecuado para desarrollar su deporte (facilitación emocional) y mantener o cambiar ese estado si es preciso (gestión emocional).

De modo que en cualquier situación deportiva, las emociones inevitablemente tendrán un papel destacado, los deportistas por muy fríos que se muestren no son robots y siempre debemos entender como esa acción de juego afortunada o desafortunada impacta en su estado emocional y lo desajusta. Algunos ejemplos serían cuando un deportista está ansioso la noche antes de un partido, o frustrado después cometer un fallo y escucha la voz de su padre que lo recrimina..., mientras que a su vez un compañero suyo lo mira con pena por no poder jugar al estar lesionado; el entrenador que reacciona enfadado por una decisión del árbitro y además se altera por los insultos que recibe desde las gradas del partido..., todos ellos son estados emocionales que pueden afectar significativamente el resultado del juego.

Muchos de nuestros hábitos en el deporte son debidos a repetidas experiencias emocionales que han quedado impresas en nuestros circuitos neuronales, porque la energía emocional negativa refuerza el error en nuestra mente, mientras que las huellas emocionales positivas ayudarán a nuestro rendimiento óptimo. Por ello, a los deportistas se les da mejor jugar en un campo donde han ganado previamente, o vemos jugadores que antes de disputar un partido visualizan sus mejores momentos deportivos para mejorar la confianza..., no obstante, también vemos muchísimos entrenadores que en lugar de reforzar esa confianza la eliminan apelando a la superioridad del rival o advirtiendo de los puntos débiles del equipo y jugadores.

En definitiva, el interés en el deporte por la IE cada vez va siendo mayor[8, 9]. La IE fue analizada en deportistas de cinco deportes colectivos, clasificados en tres niveles de pericia, empleando la versión española del Inventario de IE de Schutte. Los resultados mostraron que la IE juega un papel correlacional y de mayor importancia a medida que se incrementa el nivel de pericia, y que los deportes difieren en las demandas de exigencias emocionales y reclaman un uso variable de los recursos emocionales por parte de los deportistas[10].

**La importancia de la autorregulación**

El psicólogo de Stanford Walter Mischel fue el creador del experimento de la nube[11]. Uno de los experimentos más importantes de la historia de la psicología y que nos direccionan hacia la importancia que el autocontrol y los efectos que demorar la gratificación inmediata tiene en nuestras vidas, a nivel educativo y deportivo, por lo que la dimensión que toma la autorregulación es clave para obtener un buen rendimiento. En 1960, Walter fue a la guardería de su hija de 6 años y el experimento consistía en poner sobre una mesa una golosina o una galleta a los niños y niñas que tenían dos opciones: te la puedes tomar ahora, o te esperas unos minutos y te daré una segunda unidad...

Tras 20 años, Mischel entrevistó a los niños que participaron en el experimento y se habían convertido en adultos, y los resultados mostraban una alta correlación entre quienes fueron capaces de esperar a la segunda golosina y un desarrollo más eficaz de las funciones ejecutivas unido a un éxito futuro tanto a nivel de mejores resultados académicos, mayores ingresos económicos, menos problemas con la justicia, menor obesidad, menor consumo de drogas y de alimentos basura, en general, existía una mayor percepción de salud y felicidad entre quienes pospusieron la gratificación inmediata.

Ahora bien, si hago esta prueba en casa y mi hijo se come la nube, ¿debo preocuparme? Sí, pero en el buen sentido de la palabra, hay niños que tienen más o menos desarrollada esa zona cerebral, sin embargo, a diferencia del concepto clásico de inteligencia que parece bastante estable, la IE y las funciones ejecutivas puede desarrollarse con un buen entorno y unas pautas de autocontrol. Walter era un fumador de 3 paquetes al día e incapaz de dejar de fumar, hasta que un día observó cuáles eran los efectos del cáncer de pulmón en el cuerpo, esa imagen cambió su percepción del estímulo tabaco, que anteriormente le proporcionaba relajación y placer, por lo que de esta forma pudo controlar el impulso de fumar... Walter entendió que si los niños eran capaces de cambiar su propia percepción tendrían más capacidad de autocontrol, así que imaginarse por ejemplo que la nube era una fotografía y que no se podía comer, les ayudaba a controlar el impulso.

Este estudio también nos puede orientar en la importancia de la IE y el autocontrol para favorecer la disciplina, tan venerada por los entrenadores, padres y profesores en sus hijos, atletas o estudiantes... Por ejemplo, esta demora de la gratificación podría aparecer en ese estudiante que debe decidir entre hacer lo que le apetece en aquel preciso instante: mirar la televisión y estar relajado en el sofá viendo una serie que le gusta (gratificación inmediata) o hacer aquello que en ese instante no le producirá placer inmediato sino que sus beneficios llegarán en semanas, meses o años, para conseguir la profesión que le gusta, apagando la televisión y poniéndose a estudiar... o un deportista también decidirá diariamente ir a dormir pronto para descansar y estar al 100% al día siguiente o salir con los amigos a tomar una cerveza...

**Relación entre autocontrol emocional y rendimiento**

La relación entre activación y rendimiento verifica la importancia de regular el estado emocional de activación para actuar con un nivel de rendimiento óptimo en una tarea compleja específica. Si los niveles están por debajo del nivel óptimo de activación, sentiremos las piernas pesadas, estaremos poco atentos, con sensación de pereza y lentitud de reflejos y en la toma de decisiones. Si estamos por encima del umbral, nuestro rendimiento también se verá perjudicado, nos sentiremos ahogados, tomaremos decisiones precipitadas, perderemos el ritmo, aumentará nuestra hostilidad y tendremos pensamientos distorsionados[12]. Podemos entender que el grado de activación para realizar un buen swing de golf (línea azul en el gráfico) será menor al del boxeador o el corredor de 100m (línea roja en el gráfico) y hasta en el mismo deporte encontramos diferencias, fijémonos en la salida a pista de dos jugadores antagónicos, Rafa Nadal haciendo *sprints* y pequeños saltos desde el principio, mientras Roger Federer busca un estado de activación más sereno. Pasión vs Talento (figura 1).

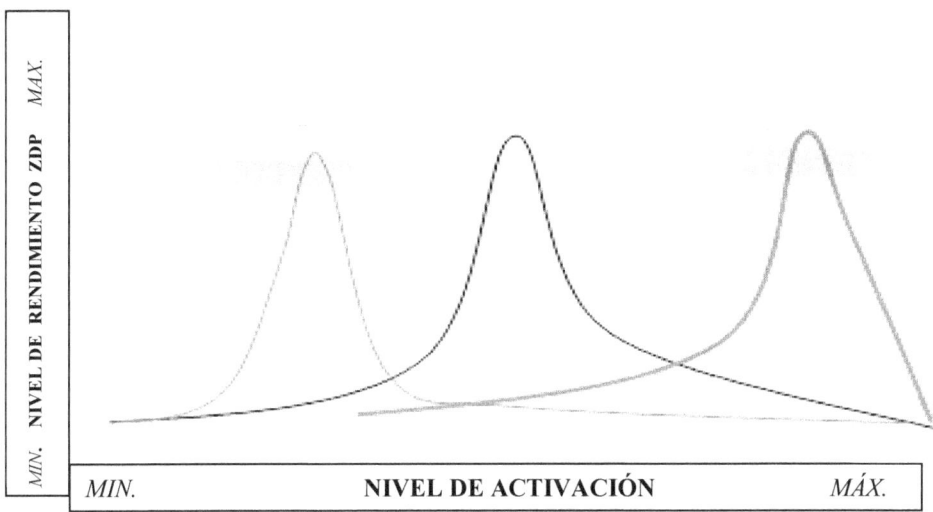

*Figura 1.* Teoría de la U invertida, adaptado de Yerkes y Dodson[13]. En la gráfica se observa en el eje de ordenadas el nivel de rendimiento, que será óptimo dependiendo del nivel de activación (eje de abscisas).

### ¿Qué es ser un deportista emocionalmente inteligente?

El mayor rival de los jugadores suele estar en sus cabezas, por lo que a continuación se exponen una serie de pautas que definen a un deportista emocionalmente inteligente:

- Aprender a convivir con el **estrés,** que es un estado fisiológico que resulta cuando se requiere un rendimiento superior al normal, tanto a nivel de la activación simpática, como a nivel cognitivo y muscular, que cuando es crónico conlleva una serie de trastornos en la salud física y mental.
- Mostrarse valiente ante los **miedos**. El miedo a una lesión, a empezar mal un partido, a la sustitución, a la reacción de la prensa, a no gustar al entrenador, a fallar ante tus padres... son reacciones normales que se reflejan en cualquier categoría del deporte, ya sea competitivo como recreativo. El jugador deberá aprender a controlar las emociones que derivan del miedo y que pueden llegar a crear bloqueo físico y mental.
- Tener **hábitos de vida saludable**, también conocido como entrenamiento invisible; estirar para prevenir lesiones, ser higiénicos, llevar los estudios al día para rebajar el estrés, gestionar bien el tiempo, cuidar la alimentación, hidratarse constantemente, ser disciplinado en los ejercicios para fortalecer y reducir el riesgo de lesión y sobre todo

respectar el descanso que realmente necesitamos, no solo de cantidad durmiendo las horas que necesitamos, sino sobre todo de calidad, haciéndolo cuando toca y en buenas condiciones, como presentaremos al final del capítulo.
- **Resiliencia** ante grandes decepciones para seguir manteniendo la automotivación, para luchar por los objetivos marcados, sin que un gol o una eliminatoria afecte nuestro plan de temporada o nuestra evolución como deportistas.
- Tener **autocontrol** y entender que una autoexpulsión es un acto de egoísmo basado en las propias necesidades e impulsos, golpear al rival sin pensar en la repercusión que eso tendrá en el equipo, jugar en inferioridad, o en un entreno crear un clima de tensión con una mala respuesta.
- Enfadarse por no jugar todo lo que debería sin tener la **empatía** de pensar en qué sienten los demás compañeros que pasan más tiempo en el banquillo.

**¿Qué es ser un entrenador emocionalmente inteligente?**

*"El entrenador debe hacer una obra maestra todos los días"* John Wooden

En el libro *Entrenador Líder. Psicología deportiva para la gestión de equipos deportivos*[14] se explica la transformación que ha tenido el rol del entrenador, ya que más allá de dominar las capacidades técnico-tácticas, también debe educar y ser emocionalmente inteligente. El entrenador es el reflejo del estado de ánimo del equipo y no debe despreciar el clima emocional del grupo[15], en ello le va el rendimiento y por ende su continuidad vía resultados. La emoción es el verdadero motor del comportamiento, las personas se mueven por las emociones más que por la razón, por lo tanto, el entrenador debe entender que para que le sigan no puede exigir *"porque lo digo yo, o porque me sale de los ..."*. Hoy en día el entrenador moderno debe convencer a sus pupilos y ser un modelo a seguir, que además de ser competitivo y querer ganar, para ello, se establecen las siguientes premisas:
- Saber **transmitir y contagiar** euforia, ilusión, optimismo, confianza o tranquilidad a los jugadores. A veces hay entrenadores fuera de sí, gesticulando enérgicamente, con la cara roja a punto de entrar al campo pidiendo... "calma", por supuesto, el jugador escucha "calma" pero percibe "pánico" y eso es lo que le transmitirá su propio entrenador.
- Tomar **conciencia emocional** para saber qué y por qué se siente en cada momento, sobre todo si trabajamos con niños y niñas en edad formativa

y que son más vulnerables a las reacciones emocionales fuera de lugar que pueda tener, muchas veces provocadas por causas externas a la propia práctica deportiva como puede ser una discusión con la pareja, o niveles altos de estrés.

- En el descanso de los partidos, los entrenadores tienen que explicar en un espacio breve de tiempo el objetivo que quieren para el segundo tiempo y para eso no importa tanto el **QUÉ** dicen sino el **CÓMO** lo expresan, por eso deben proyectar anteriormente a la charla una emoción funcional para conseguir transmitir ese objetivo: confianza, miedo, concentración, serenidad... Es habitual que el entrenador esté fuera de control si el equipo no ha seguido sus instrucciones y al entrar al vestuario empieza a vociferar su frustración por la boca... por lo que unos minutos más tarde los jugadores saltan al campo con un estado emocional de vergüenza e impotencia que no ayudará a la remontada.

- Ser un especialista de la **comunicación**, saber interpretar los mensajes encubiertos de los jugadores, con sus silencios, lenguaje no verbal y actitudes, para poder anticiparse a problemas que irán creciendo y convirtiéndose en insalvables si se dejan pasar y no se abordan con eficacia.

- Saber ejercer un **liderazgo democrático**, es decir, saber escuchar a los jugadores para que se sientan partícipes de la evolución del equipo, aunque como líder la última decisión debe ser responsabilidad del mismo entrenador. Hay que evitar actitudes autocráticas, en las que el entrenador decide sin consultar, así como un liderazgo delegativo en que se cede el gran peso de las decisiones a los jugadores.

- **Ser modelos**, educar a los jugadores en conceptos deportivos y sobre todo en valores para la vida. Nunca olvidar que trabajamos con personas únicas y especiales, y que nuestra obligación como entrenadores será cuidar su bienestar además del objetivo principal, por un lado en el deporte competitivo conseguir el máximo rendimiento y, por otro, en el deporte formativo generar hábitos saludables.

- Disponer de estrategias comunicativas para convencer y negociar con el equipo. Se llama **asertividad** y es el arte de poder defender nuestros intereses sin la necesidad de ofender al otro, poder conseguir mediante el don de la palabra convencer a tus jugadores para que hagan tal cosa y que no sientan que se lo estás imponiendo.

- **Crear cohesión** grupal, conseguir que cada jugador acepte el rol que se le ha adjudicado y además se considere único e intransferible en la plantilla, considerando que su función es clave para el porvenir del equipo. El entrenador tampoco permitirá que se creen subgrupos,

facilitará vías de comunicación entre jugadores, resolverá conflictos internos y trabajará para crear un sentimiento de unión entre jugadores.
**¿Qué es un entorno emocionalmente inteligente?**

*"Un país habrá llegado al máximo de su civismo cuando en él se puedan celebrar los partidos de fútbol sin árbitros"* **José Luis Coll** (1931-2007; humorista español).

Fuera en las gradas también está en juego la IE. La incapacidad del *espectador* por tener empatía hacia esa persona y entender que, al igual que un jugador, el *árbitro* también se puede equivocar y que para arbitrar también se está librando una batalla emocional intensa, para poder contener las emociones..., o la capacidad del *padre*... para ser sólo padre, que es lo que necesita su hijo, tener un padre que le apoye, no que le meta más presión ni le dé instrucciones... y finalmente la IE también aparecerá en los despachos, con unos directivos que tendrán que saber moverse entre colegiados, con la prensa y sus publicaciones incendiarias, con otros clubes, representantes, etc.

**Entrenamiento en autocontrol emocional**

*"Cualquiera puede enfadarse, eso es algo muy sencillo. Pero enfadarse con la persona adecuada, en el grado exacto, en el momento oportuno, con el propósito justo y del modo correcto; eso, ciertamente, no resulta tan sencillo"* Aristóteles

Una vez analizada la parte más teórica de la IE y el desarrollo del autocontrol, nos centraremos ahora en explicar algunas de las técnicas más prácticas que podemos usar para entrenar estas variables claves en el rendimiento:

1. Entrenamiento en *"Biofeedback"* (Bio: cuerpo y feedback= información): es una técnica que se acerca a la filosofía oriental, trabajando la unión mente-cuerpo, aprovechando las nuevas tecnologías de Occidente, actuando de amplificador de cambios en nuestro sistema fisiológico (conductancia galvánica de la piel y variabilidad del ritmo cardiaco), que nos resultarían imperceptibles, proporcionándonos información objetiva a tiempo real mediante señales visuales o auditivas, para que la persona adquiera el control voluntario de una respuesta fisiológica[16]. Existen cuatro objetivos a lograr cuando se utiliza *biofeedback* en el entrenamiento del rendimiento óptimo de los atletas[17]: demostrar el efecto de los

pensamientos en el rendimiento del atleta; monitorizar la relajación fisiológica para conseguir mejores resultados; identificar los componentes estresores durante la práctica imaginada; facilitar y aumentar la concentración en el entrenamiento.

2. Entrenamiento en *"Mindfulness"* (atención plena): hoy en día en auge seguramente como necesidad a una sociedad acelerada que genera angustia cuando no se tiene ninguna obligación que cumplir o preocupación que atender. Podríamos definirlo como un estado de observación pasiva, sin hacer ningún tipo de juicio moral, manteniendo una actitud abierta con atención plena en algún elemento externo o un mantra interno, tomando conciencia del momento en que aparecen pensamientos intrusivos, detectarlos y dejarlos pasar simplemente.

3. Entrenamiento en *"Técnicas de Relajación"*: desde principios de siglo XX encontramos psicólogos que nos presentan técnicas para conseguir tener más control mente-cuerpo. Por ejemplo, la relajación muscular de Jacobson, consiste en una serie de tensiones voluntarias, o la sugestiva de Schultz, en la que nos diremos frases sugestivas de relajación a medida que verificamos diferentes estados de nuestro cuerpo. También se pueden citar las técnicas básicas de respiración profunda.

4. Entrenamiento en *"Control Cognitivo"*: su objetivo es llegar al origen de la emoción, el pensamiento que la ha originado, tomar conciencia de ella y sustituirla por un pensamiento alternativo, creíble y formularla en positivo, con una respuesta emocional más funcional que la sentencia anterior.

5. Entrenamiento en *"Recursos Conductuales"*: ciertas conductas nos darán sensación de control ante situaciones que se nos pueden presentar como un caos absoluto, o ante la inseguridad que nos genera la incertidumbre de no saber quién será el ganador, ni si hoy voy a jugar bien o mal, ya que por suerte el deporte no es una ciencia exacta. A este proceso le llamamos el desarrollo de un plan de competición, donde definimos las rutinas que seguiremos, los objetivos que buscamos en cada situación, anticiparemos problemas que se nos puedan presentar, así como recursos para hacer frente a tales problemas.

## 2. LA IMPORTANCIA DEL SUEÑO EN EL RENDIMIENTO

No podemos hablar de IE y autocontrol, dando la espalda a la principal fábrica de la estabilidad emocional que es el sueño. Estudiantes que se duermen en clase, están desmotivados o tienen un cerebro con déficit crónico de sueño; deportistas que se alteran el día antes de la competición, son inestables o la falta de descanso les produce un estado de irritabilidad permanente... Siempre deberemos considerar como está siendo el descanso porque ***dormir bien significa rendir mejor.***

Un equipo de primer nivel, de cualquier deporte, suma cada temporada entre 70 y 90 días de desplazamiento, es decir, de dormir fuera de casa. Eso significa habitaciones, camas, almohadas, sábanas diferentes, viajes nocturnos, en medios de transporte no siempre adecuados, llegadas a horas intempestivas y, por supuesto, un ambiente familiar, social y de confort incomparable con el del hogar. Lo que sin duda repercute en el descanso en mayor o menor medida y por consiguiente en su rendimiento físico, cognitivo y emocional posterior, por lo que sin descanso no hay mejora.

**Sueño y rendimiento deportivo: un círculo vicioso**

A pesar que el ejercicio moderado es una buena recomendación para facilitar el sueño de noche, algunos estudios destacan alteraciones en el sueño cuando hacemos referencia a programas de entrenamiento de alta demanda energética[18], siendo la dificultad para dormir uno de los principales problemas que más citan los atletas cuando se les pregunta por hándicaps de su día a día, debido al desajuste que se produce en el ciclo de temperatura del cuerpo y los altos niveles de adrenalina[19]. Así se corrobora en un estudio que demuestra que la calidad del sueño de 50 atletas olímpicos de diferentes disciplinas durante 4 noches era peor que el de 50 sedentarios. Sin embargo, los resultados obtenidos no entrarían dentro de los parámetros de pacientes con desorden del sueño[18].

Levantarse a las 6 a.m. para poder hacer el entrenamiento a primera hora y una cosa menos; o entrenar hasta tarde e irse a dormir pasadas las doce de la noche; o sacrificar la reparadora siesta para ir al gimnasio... como estilo de vida es aceptable entender que una persona quiere poder hacer cuantas más cosas mejor, pero si hablamos de rendimiento, de conseguir unos objetivos, hemos de entender que no puede ser el sueño la principal víctima a la hora de sacar más de 24 horas al día. Seguro que existen muchos periodos poco productivos, como mirar la tv o las redes sociales de los que conseguir el tiempo necesario en lugar de sacrificar la actividad más importante del día... dormir, ya que *dormimos para poder estar bien despiertos.*

El *"recovery"* está en alza, en las tiendas deportivas, cada vez se ven más espacios dedicados a la recuperación nutricional, batidos de proteína, complementos para alimentación, vitaminas... los deportistas amateurs se van especializando y cada vez más actúan como profesionales, por lo que probablemente el control del sueño será la nueva tendencia entre profesionales y en amateurs. El del sueño es un tema muy complejo (existen hasta 74 trastornos del sueño diferentes) que, sin embargo, es un campo dado al libre albedrío con opiniones y publicaciones poco contrastadas científicamente.

En una de las ediciones de la Maratón de Barcelona, la organización envió un email con una serie de consejos para afrontar la carrera, en concreto, los referidos al referentes al sueño indicaban que *"para dormirte la noche antes, tómate un par o tres de cervezas bien frías...", "duerme poco durante la semana previa, así te aseguras dormir bien el día de la prueba", etc.* que sería tan absurdo como aconsejar no cenar ni desayunar, para asegurarse que no les entraran ganas de orinar o ir al W.C. durante la carrera.

Los recién nacidos están descubriendo el mundo constantemente, por eso están gran parte del día durmiendo, para poder integrar todos los nuevos conocimientos y generar conexiones sinápticas; los adolescentes además se desarrollan hormonalmente y tienen una gran actividad cognitiva... por lo que a grandes esfuerzos, grandes sueños... y ellos necesitan imperiosamente dormir 9-10 horas/día; y siguiendo esta línea es de sentido común y es fácil de entender que un deportista que tiene un gran desgaste físico, necesitará más horas de fábrica para recomponer todo este desgaste muscular. En definitiva, los deportistas necesitan dormir de 8 a 10h dado su desgaste metabólico, necesitan reparar cuerpo y mente por la noche. Los deportistas deben soñar... en cruzar la meta de llegada y, sobre todo, soñar literalmente para poder estar en condiciones de entrenar al 100% y hacer esos sueños realidad.

### Evaluación del sueño

Cada vez más tenemos presente la influencia de los ritmos cronobiológicos, como los ritmos circadianos (alrededor de las 24h como el ciclo sueño-vigilia, el ciclo de la temperatura), estamos diseñados para seguir unos patrones individuales y evaluarlos y adaptarnos a ellos optimizará nuestro rendimiento y descanso. En un futuro hacerse un estudio de los ritmos circadianos mediante crono-sensores (en forma de reloj) estará a la orden del día tal cual nos hacemos estudios de las zonas óptimas de entrenamiento mediante el umbral aeróbico y anaeróbico.

Actualmente existen diferentes instrumentos y técnicas para medir el sueño; podemos ver la somnolencia diurna mediante siestas (polisomnografia diurna o MSLT), con sensores que nos darán variables fisiológicas y respiratorias (EEG: electroencefalograma; EKG: electrocardiograma; EMG: electromiograma), y finalmente evaluar con una polisomnografia nocturna para conocer la arquitectura y calidad del sueño, además de descartar trastornos comunes como el síndrome de apnea obstructiva, o los mioclonus nocturnos.

Para una evaluación más profunda del sueño del deportista, la University of Calgary Sport Medicine Sleep and Human Performance Research Initiative ha elaborado recientemente el *Athlete Sleep Screening Questionnaire* (ASSQ)[20] con el objetivo de identificar las conductas de los deportistas ante el sueño, detectar desórdenes primarios del sueño y la frecuencia en que los deportistas encuentran dificultad del sueño en los viajes y, a partir de los resultados, saber si simplemente hay que educar al deportista en el hábito de dormir o si hay que consultar con un especialista. Recientemente, la unidad de Cronobiología de la Universidad de Murcia[XXXVII] ha diseñado unos sensores que nos permiten hacer una aproximación al ciclo sueño-vigilia las 24h del día, a partir de variables como la temperatura exterior, la temperatura corporal del evaluado, la luz externa y el movimiento. Más adelante presentaremos algunas pruebas piloto realizadas con los sensores.

### ¿Qué sucede cuando corremos en horas de sueño?

En una prueba de ultra resistencia corriendo por los Pirineos, cada 20km me autoevaluaba haciendo un test simple de rapidez mental (el TMT). Si la media de tiempo para realizar el test en condiciones normales era de 24", a las 15h (sin haber realizado la siesta) y con la fatiga de llevar ya 40km en las piernas... el tiempo fue de 33" a las 22h y con 70km el tiempo se incrementó 37". A las 2 a.m. con 85km acumulados y ya 20h sin dormir, el

---

[XXXVII] http://www.um.es/cronobiologia

resultado fue de 49", por lo que la decisión fue parar a dormir 20 minutos. Al despertar, el test se hizo en 31", con una sensación de mente despejada y con las fuerzas recobrada en las piernas. Esta anécdota, con gran sesgo científico pero con gran utilidad práctica, demuestra la importancia de un pequeño descanso real (figura 2).[XXXVIII]

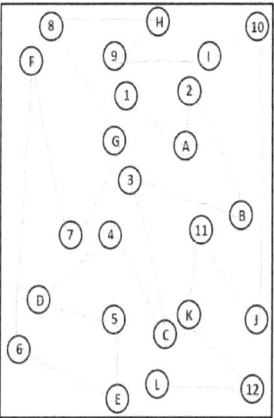

*Figura 2.* Test TMT /Trial Making Test): empezando por el 1 junto con una línea a la A, de la A se une la línea al 2, del 2 a la B...y así progresivamente hasta el final juntando todas las letras y números en una sola línea.

En otro estudio de la Fundación Estivill del Sueño[XXXVIII] con navegantes de regatas transoceánicas se comprobó que sus pautas es hacer turnos entre parejas de 2h de sueño durante 2 o 3 meses; y peor es el de los navegantes solitarios que cumplen ciclos de solamente 20 minutos de sueño. Al hacer un estudio personalizado con una de las parejas que participaron en la *Barcelona World Race*, se pudo comprobar que se complementaban en los ritmos circadianos; es decir, una participante era más matutina y a las 7am ya segregaba cortisol y estaba bien despierta *"preparada para la guerra"*, mientras que su compañero tenía un perfil más vespertino, pudiendo permanecer despierto hasta bien entrada la madrugada esperando la generación de melatonina en su cerebro para dormirse... A partir de estos datos personalizados, creamos una estrategia del descanso.

En este sentido, hay atletas que cambian sus hábitos de entrenamiento para adaptarlos a los horarios que se van a encontrar en la competición, por ejemplo, corredores de trail de montaña que durante semanas entrenan a media noche o hacen privación de sueño, pretendiendo acostumbrar su cuerpo y mente a la actividad nocturna, sin embargo, estamos más bien

---

XXXVIII http://fundacionestivillsueno.org/investigaciones/el-sueno-de-los-navegantes-a-dos-en-regatas-transoceanicas/#.WtLz-y_Iq9Y

diseñados genéticamente para ser alondras o lechuzas. Todos tenemos un reloj circadiano interno, el reloj maestro compuesto por miles de células nerviosas en el núcleo supraquiasmático en el hipotálamo, que controla todo tipo de funciones corporales, desde liberar hormonas hasta regular la temperatura y la ingesta de agua. Este reloj interno se reinicia a diario con la luz y dado que el día en la tierra dura 24 horas, se podría esperar que el reloj de todo el mundo sea igual, pero no es así, en general el ritmo circadiano dura 24,6 horas, por eso tenemos tendencia a retrasar el sueño si no ponemos pautas reguladoras, además que este ritmo varía a nivel intra e interpersonal a lo largo de la vida. Aproximadamente un 30% de la población tiene el reloj funcionando más rápido o lento de lo habitual. Los que tienen un reloj rápido, quieren hacer las cosas temprano, y los que lo tienen más lento prefieren hacer las cosas tarde. Por eso deberíamos ajustar la franja horaria para entrenar, trabajar o estudiar dependiendo del ritmo circadiano sueño-vigilia y de este modo mejorará el rendimiento y el estado de ánimo.

**Sin descanso no hay mejora**

Dormimos 1/3 parte de nuestras vidas para poder vivir satisfactoriamente; el sueño sirve para recuperar el desgaste del día y si no dormimos lo suficiente afectará a la memoria, la atención, el razonamiento lógico, las habilidades motoras o el humor, todos ellos factores críticos en los procesos de aprendizaje educativos y deportivos. Muchos estudios han revelado también que la privación de sueño afecta negativamente al aprendizaje. El proceso gradual de aprendizaje de una determinada tarea puede verse muy mermado si al aprendiz se le impide dormir la noche posterior a la última sesión de entrenamiento, el rendimiento mostrado al día siguiente baja drásticamente (figura 3).

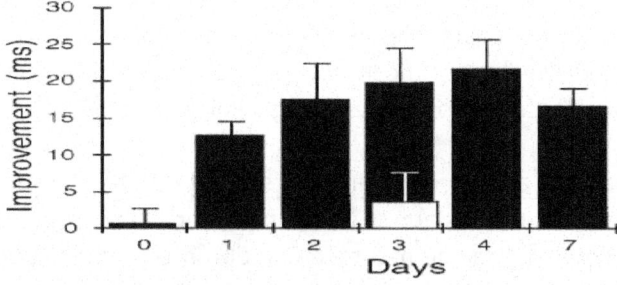

*Figura 3.* El eje vertical muestra la mejora gradual al realizar una tarea, en función de los días con el sueño normal. La segunda noche los participantes no durmieron y el día siguiente (barra en blanco), el nivel de ejecución bajó mucho[20].

## Impacto del sueño en el rendimiento deportivo

Ya desde los años 80 se ha intentado estudiar la repercusión de la deprivación del sueño en el deporte. Para los ejercicios explosivos, no existe un empeoramiento del rendimiento hasta pasadas las 64 horas de deprivación de sueño. Respecto a los deportes aeróbicos, al bajar el estado de alerta y ya con 36 horas sin dormir se detecta una reducción del rendimiento del 11% en corredores de fondo[21]. A nivel de capacidades cognitivas, a más complejidad de tarea más se verá afectada por la falta de sueño, pero será el impacto psicológico como la desmotivación, el mal humor, la tensión y la fatiga mental, los que afectarán a los deportistas en su entrenamiento diario. Todo ello unido a la falta de recuperación muscular que dificultará la recuperación de una carga de entrenamiento y facilitará las temidas lesiones y la debilitación del sistema inmune [22].

## El sueño diurno: la siesta

En muchas culturas, el inicio de la tarde es asociado con un periodo de relajación y realmente está demostrado que durante este momento aparece un estado de somnolencia, pesadez física y reducción de las capacidades de atención y cognitivas. Este *"bajón"* no es producido por los gases de la comida como antaño se consideraba, sino por el propio ritmo cronobiológico sueño-vigilia. De hecho, parece que el nombre de *"la siesta"* viene de *"la sexta"* hora desde que nos despertamos por la mañana, período en el cual notamos el decaimiento[23]. De modo que los deportistas deberán pasar por *"boxes"*, hacer una siesta de no más de 30 minutos para evitar entrar en fase profunda del sueño y poder estar al 100% de sus capacidades por la tarde. O en el caso que vayan con falta de sueño, la siesta se puede alargar entre 90-105 minutos para hacer un ciclo del sueño completo (figura 4).

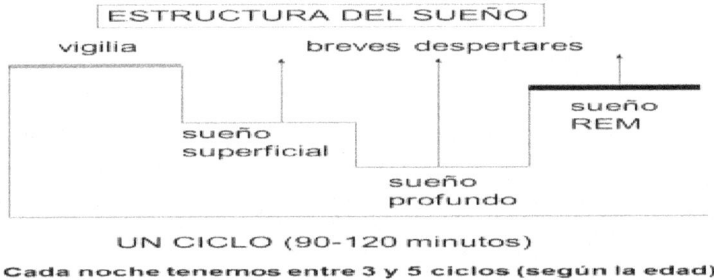

*Figura 4.* Arquitectura del sueño: vigilia-Fase 1; sueño superficial-Fase 2-Fase 3; sueño profundo-Fase 2-REM "Rapid Eye Movement"... soñar (elaboración propia).

La siesta tiene efectos positivos incluso en los sujetos con un sueño nocturno suficiente. En un estudio se evaluó la memoria a corto plazo, la rapidez mental y la capacidad para hacer *"sprints"* después de una noche de unas 4 horas de sueño, sin siesta y se repitió el proceso con el mismo grupo, pero en este caso durmiendo la siesta de 30 minutos. Los resultados mostraron los efectos positivos de la siesta en la alerta percibida, la memoria y la rápida toma de decisiones así como en los *sprints* de los participantes, pero no en el tiempo de reacción[24].

## 3. CAMINO AL SUEÑO

En el tratamiento psicológico del insomnio existen cinco perspectivas que debemos tener en cuenta y vamos a detallar en este apartado como son: el control de estímulos; la higiene del sueño; el autocontrol de la activación; y los pensamientos y creencias relacionados con el sueño; y cómo reducir el jet lag.

**Control de estímulos**

Un enfoque sencillo consistiría en hacer una analogía con un *Reset*; haciendo las paces con la cama, que vuelva a ser ese santuario de descanso de un día ajetreado, ese lugar donde solo se duerme y nada más (y claro está se hace el amor). Estímulo: CAMA—Respuesta: DORMIR (ni trabajar, ni preocuparse, ni dar vueltas a la cama, ni mirar el móvil...). Por eso debemos esperar a notar somnolencia en el sofá, levantarnos, irnos a la cama acostarnos e intentar dormir, en el caso que en un periodo aproximado de 10 minutos no se consiga, volvemos al sofá a esperar de nuevo la somnolencia, haciendo alguna actividad tranquila. Jugamos en contra de la lógica del insomne que pone demasiado esfuerzo en dormirse en su cama (que normalmente es su oficina y zona de socialización o su butaca del cine personal) y que al irse al sofá, se relaja al no relacionarlo con el "debería" dormir... y claro se duerme, pero cuando vuelve a la cama vuelve a exigir dormirse rápido y se despierta por completo... y así empieza el círculo vicioso. Un dormitorio debería ser simplemente eso, un lugar para dormir, sin complementos electrónicos, libros, material de trabajo, recuerdos que nos evocan emociones... todos esos estímulos que nos entran por la retina, por lo que deberían salir de ese manantial del descanso que debe haber en todas las casas, la habitación más oscura y silenciosa de todas con una buena ventilación.

Las rutinas pueden ayudar a crear el hábito del dormir, para eso seremos muy repetitivos una noche tras la otra. Seleccionaremos unas 8 acciones que repitamos cada noche (apagar la tv, preparar la ropa para el día siguiente, ducha con agua tibia, cerrar con doble llave, bajar las persianas, apagar las luces, lavarse los dientes, echarse crema, ponerse el pijama, leer 10 minutos, preparar los cojines como me gusta...) y poco a poco el cerebro, como si se tratara del previo a un saque de Rafael Nadal (botar 4 veces, tocarme el pelo, la nariz, limpiar la línea, los glúteos...), servirá de rutina para el sueño.

**Higiene del sueño y pautas para conseguirlo**

En referencia a cuáles serían las pautas para conseguir un buen hábito de higiene de sueño podemos indicar las siguientes:

- Procurar ir a dormir a la misma hora todos los días.
- Eliminar obstáculos ambientales para dormir (ruidos, luz, frío o calor).
- Evitar comidas copiosas que dificultaran la digestión, así como ir a la cama con hambre.
- Evitar tomar alcohol justo antes del sueño. Popularmente se dice que el alcohol ayuda a dormir ya que es un depresor del sistema nervioso, pero la estructura del sueño será muy irregular.
- Reducir el consumo de líquido. Así, los deportistas se pueden sentir sedientos por el sudor del entrenamiento, pero si toman grandes cantidades de líquido tendrán despertares nocturnos para ir a orinar.
- En casos de gran dificultad y, puntualmente, se podrá tomar un inductor del sueño de vida corta para que no tenga repercusiones al día siguiente (no auto medicarse en ningún caso por el riesgo de caer en los efectos de la dependencia y la tolerancia, o el efecto rebote).
- Un buen complemento alimenticio es la melatonina, ya que regula los ritmos circadianos que se pueden ver alterados por el exceso de ejercicio físico, además de ser un buen inductor del sueño sin efectos secundarios ni necesitar de prescripción médica (el consejo de las abuelas de tomar un vaso de leche con miel sí que ayuda a dormir pues contiene triptófano que ayudará a crear la melatonina).
- Evitar el consumo de cafeína a partir de las 18.00 horas, puesto que dificulta el sueño.

## Técnicas de autocontrol de la activación

Entre las técnicas de autocontrol de la activación, ya se han citado algunas como la respiración profunda, la relajación sugestiva de Schultz en la que recorremos mentalmente el cuerpo diciéndonos frases sugestivas que nos inducen a la somnolencia como el calor, el peso, la paz, o la flacidez, o la relajación muscular de Jacobson, donde tensaremos y relajaremos diferentes partes del cuerpo. Podemos ayudarnos con tecnología *Biofeedback,* que nos entrenará a rebajar la tensión en tiempo real.

## Técnicas de control de pensamientos y creencias sobre el sueño

En relación a algunas técnicas para controlar los pensamientos y poder conciliar el sueño destacamos:

- No darle vueltas al "coco", dejar pasar las preocupaciones de la mente, practicando *mindfulness (atención plena)*.
- Vaciar en un papel todos aquellos pensamientos que nos pasan por la cabeza antes de ir a la cama... y sacarlos de la cabeza.
- No presionarse demasiado antes de ir a dormir, aceptar que el sueño puede tardar en llegar, ni intentar dormirse con demasiado énfasis. El sueño nos viene a buscar él a nosotros si le facilitamos el camino, hay que relajarnos en la cama y ya vendrá.
- No preocupase demasiado por la necesidad de dormir bien para rendir al día siguiente, no nos afectará tanto como creemos, lo que sí es relevante es haber dormido lo suficiente durante toda la fase de preparación.
- No culpar de todos nuestros fallos al sueño y alegar que todo lo malo que nos pasa es por el mal descanso, no le pongamos "más leña al fuego".
- Eliminar creencias como la obligación de dormir 8 horas del tirón, pues con los años la capacidad del sueño se va mermando al igual que las necesidades.
- Pensar que no dormir nos puede hacer volver locos, o hasta morir, o que no rendiremos nada al día siguiente. Son pensamientos infundados.

**Viajando con el equipo deportivo: cómo reducir los efectos del jet-lag**

En primer lugar, se exponen una serie de pautas para afrontar los posibles efectos del jet-lag como:

- Planificar bien llegadas y salidas respetando horas de sueño. Antes de subir al avión para hacer viajes transoceánicos, deberíamos vivir respecto el horario de la ciudad de destino, ir con tiempo de antelación para adaptarse progresivamente y usar melatonina para regular el nuevo ritmo cronobiológico.
- Usar estrategias para dominar el jet-lag, por ejemplo, buscando activarnos bajo el sol, o mantenernos tranquilos a la sombra dependiendo de si queremos avanzar el sueño o retrasarlo. Existen estratégicas específicas más complejas para acelerar la adaptación como la Luminoterapia (exposición a 10.000 lux durante 30-40 minutos), o la cronoterapia (retraso progresivo de 2-3 horas diarias de los horarios de acostarse y levantarse).
- Dirección del viaje: ir hacia el este es menos traumático para el reloj interno, nos podemos regir por la fórmula: 1huso horario cruzado=1día de adaptación. Si lo hacemos hacia el oeste deberemos aumentar a 3 días de adaptación cada huso horario cruzado.

Y, en segundo lugar, debemos tener en cuenta estas premisas en los viajes del equipo que nos ayudarán a conseguir una rutina para dormir bien en cantidad y calidad:

- Respetar el descanso del compañero de habitación.
- Repetir hoteles y si es posible habitaciones.
- Seleccionar compañeros de viaje con rutinas similares.
- Asegurar la condición de la cama a la estatura del deportista.
- Llevar la propia almohada de viaje y las propias sábanas (sobre todo los alérgicos).
- Considerar los aportes nutritivos y el horario de descanso.
- Tener en cuenta la intensidad del entrenamiento y el horario de descanso.
- La semana previa hay que tratar de simular los horarios del día de la competición y hacerlo de forma metódica: ducha, pijama, cena, leer, dormir…

## 4. CONSIDERACIONES FINALES

Que *"el talento te lleva a la puerta y es el esfuerzo el que te permite cruzarla",* en parte es cierto, sin embargo, son muchas las veces donde el esfuerzo sin control no es suficiente. En el deporte observamos que muchas veces *"querer NO es poder",* hay que entender la importancia que tiene la IE tanto en período de carga donde la motivación y el *"burn out"* (quemarse) serán elementos claves, así como en los instantes precompetitivos, con dificultades para conciliar el sueño y el incremento de las preocupaciones e irritabilidad, y claro está, en plena competición con un desnivel de la confianza, una atención desajustada y unos niveles de ansiedad descontrolados... Todas ellas variables neuropsicofisiológicas que en su conjunto pueden alterar en gran medida el rendimiento final.

Todo el mundo quiere ser el número uno, pero muy pocos están dispuestos a sacrificar muchas cosas para serlo. El talento, en su concepción innata y genética, está sobrevalorado; el compromiso y la actitud son las variables que marcan realmente las diferencias entre aquellos que serán buenos y los que destacarán entre los mejores. Y si el talento parece que tiene un componente genético difícil de mejorar y hará que algunas personas salgan con unos metros de ventaja, a primera instancia es posible que destaquen sobre los demás, pero con el paso de los kilómetros, en una carrera de fondo como es el ámbito académico, profesional, personal o deportivo, los que vienen por detrás controlando las situaciones, el entorno, sus emociones y sus hábitos de vida, terminarán adelantando a los que antes eran **LOS MEJORES** pero que se despreocuparon en intentar **SER MEJORES**.

## 5. REFERENCIAS BIBLIOGRÁFICAS

1. Salovey, P. y Mayer, J.D. (1990). Emotional intelligence. *Imagination, Cognition and Personality*, *9,* 185-211.

2. Goleman, D. (1995). *Emotional intelligence*. New York, NY: Bantam Books.

3. Crespo, M. y Reid, M. (2004). Control of on-court training in tennis. *Coaching & Sport Science Review*, 32, 13-14.

4. McEnroe, J. (2003). *Serious: The autobiography*. New York, NY: Warner Books.

5. Botterill, C. y Brown, M. (2002). Emotion and perspective in sport. *International Journal of Sport Psychology, 33*, 38-60.

6. Hanin, Y.L. (2000). *Emotion in sports*. Champaign, IL: Human kinetics.

7. Fraile, A. y De Diego, R. (2006). Motivaciones de los escolares europeos para la práctica del deporte escolar. Un estudio realizado en España, Italia, Francia y Portugal. *Revista Internacional de Sociología, 44*, 85-109.

8. Meyer, B.B. y Fletcher, T. B. (2007). Emotional intelligence: A theoretical overview and implications for research and professional practice in sport psychology. *Journal of Applied Sport Psychology, 19*, 1-15.

9. Zizzi, S.J., Deaner, H.R. y Hirschhorn, D.K. (2003). The relationship between emotional intelligence and performance among college baseball players. *Journal of Applied Sport Psychology, 15*(3), 262-269.

10. Schutte, N.S., Malouff, J.M., Hall, L.E., Haggerty, D.J., Cooper, J.T., Golden, Ch. J. y Dornhein, L. (1998). Development and validation of a measure of emotional intelligence. *Personality and Individual Differences, 25*(2), 167-177.

11. Mischel, W., Shoda, Y. y Rodríguez, M.L. (1989). Delay of gratification in children. *Science. 244*(4907), 933–938.

12. Hanin, Y.L y Sija, P. (1995). Performance affect in junior ice hockey players: An application of the individual zones of optimal functioning model. *Sport Psychologist, 2*(9), 169-187.

13. Yerkes, R.M. y Dodson, J.D. (1908). The relation of strenght of stimulus to rapidity of habit formation. *Journal of Comparative Neurology and Psychology, 18*, 459-482.

14. Mercadé, O. (2016). *Entrenador líder. Psicología deportiva para la gestión de equipos deportivos*. Vigo: MCSports.

15. Thelwell, R.C., Lane, A.M., Wetson, N.J.V. y Greenlees, I.A. (2008). Examining relationships between emotional intelligence and coaching efficacy. *International Journal of Sport and Exercise Psychology, 6*(2), 224-235.

16. Mercadé, O. (2009). El biofeedback como estrategia personal para combatir la ansiedad y el estrés. En J. Riart y A. Martorell (eds.), *Los estresores laborales docentes y programas paliativos*. Barcelona: Isep.

17. García-Mas, A., Pujals, C., Fuster, A. y Rubio, V. (2014). Determinación de las variables psicológicas y deportivas relevantes a las lesiones deportivas: Un análisis bayesiano. *Revista de Psicología del deporte, 23*(2), 423-429.

18. Leeder, J., Glaister, M., Pizzoferro, K., Dawson, J. y Pedlar, C. (2012). Sleep duration and quality in elite athletes measured using wristwatch actigraphy. *Journal of Sports Sciences, 30*(6), 541-545.

19. Driver, H.S. y Taylor, S.R. (2000). Exercise and sleep. *Sleep Medicine Reviews, 4*(4), 387-402.

20. Samuels, C., James, L., Lawson, D. y Meeuwisse, W. (2016). The Athlete Sleep Screening Questionnaire: a new tool for assessing and managing sleep in elite athletes. *Br J. Sports Med, 50*(7), 418-422.

21. Stickgold, R., James, L.T. y Hobson, A. (2000). Visual discrimination learning requires sleep after training. *Nature Neuroscience, 3*(12), 1237-1238.

22. Ikegami, K, Ogyu, S., Arakomo, Y., Suzuki, K., Mafune, K., Hiro, H. y Nagata, S. (2009) Recovery of cognitive performance and fatigue after one night of sleep deprivation. *Journal of Occupational Health, 51*(5), 412-422.

23. Dinges, D.F. (1992). Adult napping and its effects on ability to function. En C. Stampi (ed.), *Why We Nap: Evolution, Chronobiology, and Functions of Polyphasic and Ultrashort Sleep* (pp. 118-134). Boston: Birkhäuser.

24. Waterhouse, J., Atkinson, G., Edwards, B. y Reilly, T. (2007). The role of a short post-lunch nap in improving cognitive, motor, and sprint performance in participants with partial sleep deprivation. *Journal of Sports Sciences, 25*(14), 1557-1566.

# PERSPECTIVA NEUROPSICOLÓGICA DEL ENTRENAMIENTO DEPORTIVO. UNA ORGANIZACIÓN SISTÉMICA

**Dr. Iván Rivilla Arias** profesor de la Universidad Internacional de la Rioja.

*"El jugador actúa antes de saber lo que quiere hacer. En realidad, la decisión se toma a medida que se percibe el contexto. Y eso no es inspiración, es parte del entrenamiento".*

Iker tiene 7 años es su primer partido de fútbol oficial y al contrario que sus papás él está tranquilo, disfruta jugando al fútbol. En ese momento, el árbitro silba para que el partido dé comienzo. Tal y como lo habían ensayado en los entrenamientos desde hace un mes, Pedro debe pasar el balón a Juan, que a su vez la retrasará para que Iker golpee fuerte la pelota hacia delante. Sin embargo, tras el segundo pase Juan se queda corto y el balón no llega a su meta. El 9 del equipo rival, ha salido desde su campo a toda velocidad para interceptar el pase, driblar a cuantos defensores se ponían en su camino y ha hecho el primer gol. Apenas han pasado 10 segundos de partido y el resultado es de 0 a 1. ¿Qué otra cosa se podría esperar?; ¡si es su primer partido! Comentan desde las gradas. No obstante, el entrenador se ofusca con Juan por no haber golpeado con suficiente fuerza el balón, no ha puesto el cuerpo correctamente y sobre todo, lo más importante es que la pierna de apoyo como él le indicó hasta la saciedad días atrás ha quedado muy lejos del balón; y claro lo ha perdido. Mientras, paralelamente los compañeros de Iker, él incluido miran para todas partes como quien no sabe qué pasa, por un lado, están felices y contentos (están en su primer partido), por otro, ven la cara contrariada de su entrenador que echa humo; más allá, están los papás de todos ellos dando unas instrucciones que los niños no llegan a descifrar.

Esto, que no es una historia real, podría serlo perfectamente. De hecho, cada fin de semana son situaciones corrientes que se dan en las instalaciones deportivas de nuestra ciudad. En el capítulo que viene a continuación se pretende abordar el proceso de adquisición de la competencia motriz. Una competencia que en el caso de los deportes colectivos debe estar enmarcada en un entorno, un contexto; que es variable, cambiante, único y que debe abordarse desde una perspectiva sistémica en la que todo afecta a todo.

## 1. ¿DE DÓNDE VENIMOS, HACIA DÓNDE VAMOS?

Uno de los objetivos como entrenadores, debe ser proponer un formato de participación deportiva rica, variada y motivante para nuestros deportistas. Es para eso imprescindible conocer el proceso de aprendizaje al que se ve sometido el jugador a lo largo del prolongado proceso de formación. ¿Cómo aprende? ¿Qué le capacita para poder tener acceso a niveles de rendimiento superiores? ¿Cómo el entrenador puede contribuir en su formación? Son preguntas clave que sin duda debemos hacernos como formadores / entrenadores.

Para responder a las cuestiones anteriores, haremos una retrospectiva sobre el proceso de adquisición motriz a lo largo de estos últimos años y de ese modo conocer en profundidad los paradigmas que han gobernado el mundo del entrenamiento deportivo en general, con la finalidad de aproximarnos a una perspectiva sistémica que desde un punto de vista neuropsicológico pondrá de manifiesto la importancia de contextualizar todo aquello que hacemos en relación a la modalidad deportiva elegida.

### Los orígenes del entrenamiento deportivo

*"Si buscas resultados distintos, no hagas siempre lo mismo"* Albert Einstein.

En estos días presenciamos cómo muchos entrenadores se empeñan en que el deportista con una temprana edad, domine con exactitud una serie de elementos técnicos que le permitan manejar las habilidades propias del deporte elegido. De manera que la organización del entrenamiento se basa en agrupar a los jugadores por parejas y dar pases desde interminables posiciones, distancias y superficies; sortear "picas" con alguna finta para después tirar a portería o lanzar a canasta y un largo etcétera de situaciones aisladas que en teoría debían consolidar la técnica del jugador. En esta línea, el profesor de la Universidad Autónoma de Barcelona, Domingo Blázquez[1] indica que la enseñanza focalizada en los modelos que aíslan contenidos (tradicionales) suele ser: *"Directivos, analíticos, poco estimulantes, retrasan la culminación del aprendizaje y focalizan dicho aprendizaje en la consecución del éxito ante los demás"*[1]. Estos modelos tradicionales, son también llamados técnicos, se apoyan en la psicología conductista. Esta psicología conductista parte del principio "cuerpo-máquina" por el que se entiende que el jugador funciona como un procesador, en el que se van grabando habilidades (de tipo técnico, táctico, físico o afectivo) que posteriormente podrán conjugar para dar soluciones en el juego real. Esta visión reduccionista y hasta cierto punto simplista, atiende a un proceso de aprendizaje lineal, no tiene en cuenta las demandas abiertas del deporte en cuestión, en las que las situaciones a veces no son controlables y el proceso de interpretación inteligente por parte del jugador debe ser continuado.

Además, el paradigma clásico se caracteriza por emplear un aprendizaje inicial y aislado (sin tener en cuenta el contexto de juego) de los elementos técnicos: dominio, manejo y control del balón, el pase, la conducción o el lanzamiento. Los elementos técnicos se entrenan inicialmente de manera aislada y analítica, consiguiendo que los jugadores reproduzcan el gesto técnico considerado como "óptimo u ideal" de manera eficaz. Una vez dominados correctamente, se introduce a los jugadores en un contexto de juego aislado en el que no se precisa el mecanismo decisional, tan solo con el objetivo de practicar la habilidad adquirida, es decir, la ejecución.

Por último, se le introduce al jugador en una situación real o contextualizada, en la que puede poner en práctica lo anteriormente aprendido. De esta forma, rememorando la situación inicial con la que partía el capítulo, la situación idílica de la secuencia de pases es cortada por un agente no entrenado, la presencia de un oponente inteligente que intercepta el balón. ¿En qué medida esta explicación afecta al entendimiento del jugador sobre lo que sucede en el juego?

Dicho de otro modo, Pedro, Juan e Iker manejaban en su entrenamiento una serie de certezas que son imposibles de controlar en un contexto de juego variable. Ellos fueron entrenados a través de unos mecanismos directos y lineales que no se corresponden con la realidad, en la medida que no se puede controlar la oposición activa e inteligente del oponente, que en este caso desbarata la acción tan bien aprendida y repetida que se daba en los entrenamientos. ¿Cómo puede justificar ante lo ocurrido el entrenador la eficacia de su propuesta? Existe una disrupción por parte del jugador en el momento que percibe que aun haciendo correctamente su acción, no se produce éxito en la misma. Así, bajo una perspectiva conductista que pone el foco de forma importante en la acción-resultado; vemos como dicha acción no se traduce en resultado, sino todo lo contrario, en un resultado adverso.

## 2. A MITAD DE CAMINO

*"El movimiento es el reflejo de nuestro desarrollo y, a la vez, constituye las piezas que van a construir todas las habilidades posteriores que el niño va a necesitar"* Blythe.

Una vez hemos podido analizar las bases del entrenamiento deportivo tradicional y sus posibles limitaciones para ser empleado como forma de trabajo sistemática en el entrenamiento deportivo, debemos emplear nuestros esfuerzos y evolucionar hacia otros modelos en los que el jugador tiene un papel activo y consciente en su aprendizaje. No es ésta una cuestión baladí, se trata de intentar adecuar lo más fielmente posible el proceso de entrenamiento al camino a través del cual aprende nuestro cerebro. Ya que es ni más ni menos el encargado de coordinar todo el proceso de adquisición motriz que aquí pretendemos exponer.

De tal forma, un paso más en el proceso y aproximación al éxito de la adquisición de un conocimiento real del juego nos acerca a las teorías de corte constructivista. Unas teorías de aprendizaje provenientes de los campos de la psicología y la sociología que complementan y empiezan a contextualizar el posterior análisis del enfoque de los sistemas ecológicos. Quizás, muestran las primeras formas de entender que el aprendizaje de una habilidad deportiva no se da en una única dirección y bajo una única línea, sino que, el proceso de aprendizaje es variable.

La perspectiva ecológica surge de la crítica a las teorías más dirigidas del aprendizaje, es decir, teorías conductistas o de instrucción. En general, desde el punto de vista sistémico, el aprendizaje debe facilitarse por parte del entrenador, pero es cada practicante el encargado de reconstruir con su propia experiencia interna los aprendizajes posteriores. Para ello, el entrenador debe ser el encargado de favorecer con sus pautas e instrumentos de trabajo, situaciones que faciliten la comprensión global del deporte para que los jugadores vean significado a las prácticas que se realizan en el entrenamiento. Por tanto, el aprendizaje debe ir de la mano de la significación y este aparece en el momento que el jugador ve transferencia entre una situación de entrenamiento[xxxix] y su aplicabilidad en el partido.

---

[xxxix] Decía el reputado entrenador de fútbol Jorge Valdano sobre la función del entrenador, *"¿Cómo va a ser el eje del juego un personaje que se queda fuera de la cancha cuando empieza el partido?"*. Es por eso, que quizás la tarea más compleja del entrenador se sitúa en afrontar el entrenamiento semanal, de modo que se ofrezcan respuestas y mecanismos que se correspondan con la competición del fin de semana. No en pocas ocasiones, como entrenadores, nos encontramos con cuestiones relativas al rendimiento del

Así, desde esta perspectiva se creará un entorno[XL] favorable para el aprendizaje, con un clima motivacional y de cooperación, donde cada jugador vaya construyendo su aprendizaje tal y como comentábamos antes. Además, incluiremos dentro del contexto situaciones facilitadoras de las que posteriormente, nos encontraremos con posterioridad en el juego real. De tal manera que unos aprendizajes nos sirvan como base y soporte para poder aprender los siguientes. Una herramienta muy útil para poner en práctica estos postulados de enseñanza sería el empleo de los juegos modificados, que por ejemplo en el fútbol surgen como juegos reducidos o *Small Slided Games* (SSG's).

Los juegos reducidos nos van a permitir practicar acciones de juego partiendo de situaciones globales con interacciones similares al juego real (compañeros, adversarios, espacios, materiales...) pero adaptándolo a las posibilidades decisionales, de ejecución y comprensivas de los jugadores, ya sean novatos o expertos. El prestigioso profesor de la universidad de Loughborough Rod Thorpe y sus colaboradores[2] proponen como métodos de dicha modificación la representación y la exageración. Cuando hablamos de representación obtenemos los denominados *"mini-deportes"*, es decir, existe una modificación del número de jugadores, espacios de juego y materiales. De forma que se relaciona el contexto de juego con las características de los jugadores. Podemos hablar del fútbol 7 o mini-basket para las categorías formativas, en las que el tamaño del balón y del terreno

---

jugador en la competición. Quizás en algunos casos, el jugador entrena excepcionalmente, pero en el partido no rinde acorde a sus posibilidades o por el contrario, simplemente vemos como no es capaz de leer las situaciones de partido y comete errores de manera continuada en la misma dirección.
Irremediablemente en este tipo de casos, el entrenador debe preguntarse cuestiones relativas a su responsabilidad de director de equipo. ¿Propongo tareas adecuadas a las necesidades del jugador? Adaptadas a sus posibilidades; adaptadas a lo que sucede en la competición. ¿El jugador está preparado para solucionar los problemas que se plantean en la competición? No sólo a nivel técnico sino a nivel perceptivo y decisional; pueden interpretar aquello que está ocurriendo en el terreno de juego ¿Realmente entrenamos tal como se desarrolla la competición?. Otro entrenador de élite, Giráldez en esta línea decía: *"Durante mucho tiempo hemos entrenado para entrenar, en lugar de hacerlo para jugar"*, por eso, abogamos porque debemos partir del juego como premisa inicial a la hora de elaborar nuestro trabajo semanal.

[XL] El entorno o contexto es la base de las teorías ecológicas en las que apoyamos este capítulo. El contexto es constantemente modificado por las circunstancias ambientales y eso hace que el proceso de aprendizaje sea tan cambiante como el propio entorno. En la medida que el jugador percibe una situación, está tomando una decisión sobre como relacionarse con los agentes que le rodean. Es por eso, que se configura en algo vital para el proceso de aprendizaje que el entrenador sea capaz de identificar los elementos contextuales necesarios para que el practicante pueda aprender. En esta línea, los juegos reducidos son una útil elección ya que representan (bien utilizados) fielmente un contexto que puede evocar situaciones competitivas reales.

de juego se adapta a las características físicas y técnico-tácticas de los jugadores.

Por otro lado, la exageración se centra en el aprendizaje de conceptos tácticos específicos. Quizás suponen el tipo de herramienta más empleada por los técnicos hoy en día ya que nos ayudan a plantear acciones o tareas específicas basadas en situaciones tácticas básicas o complejas en función del nivel del jugador[3] que permiten una mejor comprensión y aprendizaje de determinados aspectos que optimizarán el rendimiento y entendimiento de la dinámica de las diferentes fases del juego.

En las etapas de formación, el entrenador será el encargado de seleccionar las modificaciones oportunas y más apropiadas del juego real, con el objetivo de rebajar la complejidad técnica de las diferentes acciones; en la élite en la que el dominio técnico-táctico está asentado, las modificaciones de la tarea están relacionadas con la demanda física y el ajuste de las cargas respecto al volumen, intensidad y densidad del entrenamiento.

## 3. PRINCIPIOS BÁSICOS DE LA ORGANIZACIÓN SISTÉMICA DEL ENTRENAMIENTO DEPORTIVO

*"No sólo percibimos objetos y mantenemos pensamientos en nuestras mentes: todas nuestras percepciones y procesos de pensamiento se hacen sentir. Todos tienen un componente distintivo que anuncia un vínculo inequívoco entre las imágenes y la existencia de vida en nuestro organismo"* Damasio.

Llegados a este punto y antes de comenzar a analizar el último de los paradigmas, basado en las teorías ecológicas (sistemas dinámicos) queremos puntualizar la diferenciación de dos conceptos que en muchos casos se han utilizados de manera indistinta y que, como trataremos de explicar, se relacionan cada uno con uno de los paradigmas anteriormente explicados. Nos referimos a los conceptos de *repetición* y *automatización*. Repetir sería hacer siempre lo mismo de la misma forma (basado en el paradigma tradicional; cuerpo-máquina = mucha repetición = consolidación), mientras que automatizar se acerca a la reducción de incertidumbre del juego gracias a la tarea, es decir, permite al jugador "saber" lo que podría o lo que va a pasar y, por eso, anticipar y solucionar mejor el problema (basado en las teorías ecológicas). La repetición sería no significativa, mientras que en la automatización sí. De ahí que el empleo de jugadas o acciones automatizadas (por ejemplo, tras saque de fondo) van a servir positivamente al jugador para conocer de antemano la ubicación de los compañeros, conocer la secuencia de movimientos, etc.

¿Bajo qué parámetros se configura la teoría sistémica?. La profesora y miembro del cuerpo técnico del prestigioso equipo de baloncesto San Antonio Spurs que milita en la NBA, Carlota Torrents y su compañera Natalia Balagué, referencia internacional en la investigación científica centrada en la explicación de los sistemas dinámicos, responden: *"Es una teoría del cambio, que pretende capturar, estudiar y entender las transiciones estructurales y de comportamiento que ocurren en dichos sistemas con su entorno"*[4]. Es decir, los sistemas complejos pretenden analizar el comportamiento del jugador en su globalidad, alejados del modelo cibernético característico de los paradigmas más tradicionales. Por lo que el sujeto está interactuando con el entorno y entendiendo las necesidades que le obligan a actuar en un contexto no lineal, que no va a depender únicamente de sus habilidades sino que debe tener en cuenta el proceso de actuación en su globalidad (incertidumbre del entorno).

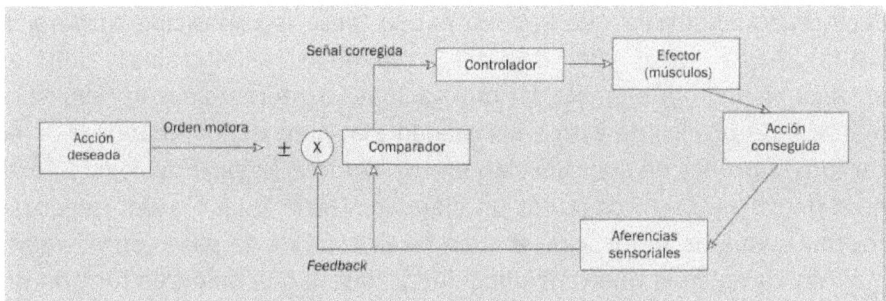

*Figura 1.* Modelo cibernético de control motor voluntario[5].

Además, surge el concepto de *autoorganización* que sirve para explicar el proceso de cambio que se da en el deportista a la hora de aprender una nueva habilidad en el entorno y que va a estar influida por la variación del contexto y la progresión de enseñanza: *"En el estudio de las tareas acíclicas (como es el caso de los deportes de cooperación-oposición) se mostró que los principios surgidos de las teorías de los sistemas dinámicos pueden aplicarse a un gran abanico de tareas. Entre estos principios se destaca la autoorganización del sistema con su entorno, es decir, la organización sinérgica de todo el organismo condicionado por todos los elementos del entorno con el que interactúa. A partir de estas conclusiones, se ha propuesto variar las condiciones del entorno durante el aprendizaje para favorecer la autoorganización del sistema en la dirección del aprendizaje"*[5].

De este modo, el papel de los sistemas ecológicos o dinámicos puede ser una línea metodológica adecuada y adaptable a nuestros entrenamientos. Como veíamos anteriormente, la característica principal de estos sistemas como indica la famosa profesora de la Universidad Politécnica de Singapur, Clara Tan y sus colaboradores[6] se basa en que *"animan a los jugadores a desarrollar habilidades para resolver los problemas motrices, gracias al pensamiento crítico y la autonomía del propio jugador"*. El entrenador debe conocer en esta línea, las posibilidades de acción de sus jugadores, de modo que sea capaz de predecir las posibles respuestas motoras de los mismos y en consecuencia las progresiones de enseñanza a trabajar. Asimismo, el entrenador al seleccionar las tareas de entrenamiento y organizarlas en torno a una progresión de trabajo, debería tener en cuenta los factores limitantes y posibilidades en torno a tres parámetros: El propio jugador, el contexto en el que se desarrolla y la tarea (Figura 2).

Las limitaciones (*constraints*)[XLI] del deportista se refieren a sus propias características que determinan las posibilidades de acción en el jugador, es decir, factores que irán de lo cuantitativo (peso, composición corporal o altura) hasta otros de carácter cualitativo y alterables con el entrenamiento, por ejemplo, las motivaciones o intereses que le llevan a la práctica, los niveles de estrés y ansiedad[7], las conexiones sinápticas en el cerebro, patrones de coordinación motriz, características psicológicas, o el nivel de activación. Pongamos un ejemplo, ¿sería igual el nivel exigencia coordinativa y de motivación en una tarea estática de pases por parejas, que una tarea en la que tengamos que ir pasando el balón en función de unas reglas que limiten el espacio y/o tiempo? La adecuación temporal y espacial obligarán al jugador a un elevado nivel de coordinación en la tarea, con lo cual su nivel de conexiones cerebrales aumentará y de ese modo su motivación hacia el objetivo también. Quizás uno de los autores que más ha estudiado el entrenamiento deportivo desde una visión neuropsicológica, es Torbjörn Vestberg[8] y su grupo de colaboradores de la Universidad de Estocolmo en Suecia. Al respecto, los investigadores indicaban que existen diferencias significativas en las capacidades cognitivas del deportista a medida que aumenta su destreza en categorías profesionales. En este sentido los jugadores sobresalían en las funciones

---

[XLI] Concepto "constraint" surge de la literatura anglosajona y hace referencia a los factores influyentes en el proceso de enseñanza- aprendizaje; estos factores pueden incrementar el aprendizaje en el jugador (por ejemplo, un biotipo adecuado, potencia del tren inferior...) o bien, pueden disminuir las posibilidades de actuar por parte del futbolista (elevados niveles de estrés que no permiten rendir).

ejecutivas tales como responder rápidamente a situaciones nuevas de una forma creativa o identificar soluciones más eficaces que los jugadores más noveles. Podemos entender en esta línea, que ofrecer una respuesta creativa significa ofrecer algo útil y válido que sea fuera de lo común. A la mente seguro nos vienen muchos ejemplos de deportistas que son capaces de generar respuestas divergentes de este tipo que probablemente a jugadores menos hábiles nunca se les ocurrirían.

Las características del contexto de actuación del jugador tienen que ver con la relación del jugador-entorno. De manera que hablamos de las condiciones físicas de sus sentidos (campo visual, percepción de los movimientos de los compañeros…), es decir, resaltamos la importancia de la capacidad perceptiva del futbolista, su nivel de atención sobre los estímulos relevantes y la concentración en la tarea. Por otro lado, en este proceso también influirían las condiciones del entorno (la luz, nivel de altitud, o presencia de público) y por último, las características psico-sociales que se desprenden del proceso entrenamiento-competición (marcador adverso, clara ventaja en el resultado…), este último factor no es baladí, ya que pueden ejercer gran presión sobre el futbolista y en algunos casos suponer un descenso del rendimiento o un descenso en el nivel de concentración en función del propio resultado (recuperar un marcador adverso o mantener una ventaja consolidada).

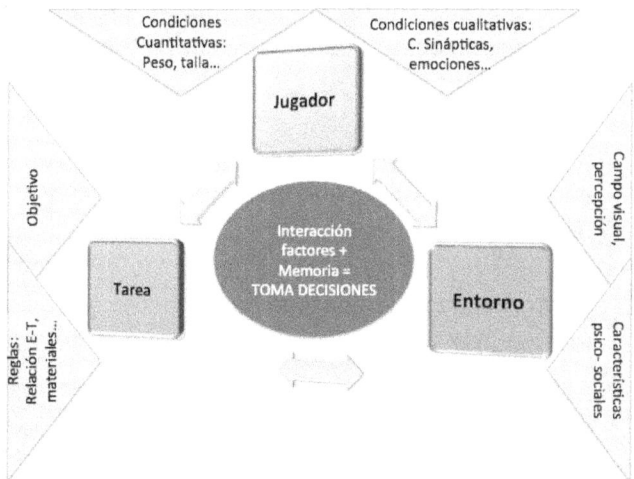

*Figura 2.* Factores limitantes que inciden en el proceso de enseñanza- aprendizaje en el jugador[9].

En tercer lugar, tenemos las limitaciones sobre la propia tarea de enseñanza. Son como nos indican el grupo de investigadores encabezado por el doctor Ian Renshaw[10] de la Universidad de Queensland (Australia) *"tal vez los obstáculos más importantes con los que se encuentra el entrenador"*. Estos elementos están condicionados por muchos componentes aunque podríamos agruparlos en dos: por un lado, los objetivos que persigue la actividad y, por otro, las reglas específicas que rigen los deportes colectivos o cualquier tarea de entrenamiento en la que incluiríamos el uso de material, la relación espacio-temporal con el resto de jugadores, etc. La importancia del entrenador radica en conocer de antemano las posibles respuestas que sus jugadores pueden dar frente a las tareas propuestas, de este modo, podremos realizar progresiones de enseñanza a través de la manipulación contextual de la tarea, en la misma medida que el conocimiento del jugador sobre el juego aumenta.

Pongamos un ejemplo práctico aplicado al fútbol, para así contextualizar este último factor limitante. En fase de transición defensa-ataque pretendemos trabajar como objetivo: enviar balón a una de las dos bandas inmediatamente tras robo. Proponemos una situación reducida de 3x3 en el círculo central + 2 bandas. En esta situación debemos poner de manifiesto la importancia del objetivo buscado y no por ejemplo el mantenimiento del balón o la velocidad de circulación del equipo que posee el balón, es decir, con esta misma tarea podemos buscar diferentes objetivos pero debemos tener claro que el jugador debe centrar su atención en el elemento buscado y, a partir de ahí, será el entrenador el que irá modificando la situación en esa línea para dificultar el proceso de obtención del mismo (limitando el espacio, el número de contactos con el balón o bien proponiendo mayor oposición).

La aplicación de los sistemas dinámicos se caracteriza por concebir el aprendizaje como un proceso no lineal, es decir, en el proceso actúan multitud de factores (algunos controlables y otros no) que promueven interacciones entre los jugadores haciéndoles percibir información actual que comparada con el almacenamiento de la memoria, nos acerca a tomar decisiones [XLII] sobre nuestra actuación. Aquí juega un papel trascendental

---

[XLII] Los deportes colectivos y la mayoría de deportes de adversario son deportes dinámicos, abiertos, cambiantes con una regulación externa al deportista y de incertidumbre máxima. Posiblemente nunca se den dos jugadas iguales en un partido, en una temporada o en una carrera deportiva. Desde nuestro punto de vista, el entrenador debe ser en esta línea, un reductor de incertidumbre que ayude a generar conductas de forma autónoma para solventar las acciones que se le presenten al jugador, ya sea en forma de problema individual o colectivo. Esta generación de hábitos debe trabajarse a través del entrenamiento.

Por eso, volvemos a hacer una distinción conceptual a la hora de entrenar entre los conceptos: repetir y automatizar. Repetir sería hacer siempre lo mismo de la misma forma, el jugador no analiza la situación y no conoce el por qué de aquello que se está trabajando. Repetir un determinado gesto técnico, un movimiento táctico descontextualizado a la realidad no crea un vínculo cognitivo como para poder

el componente emocional. De forma que si el jugador que interacciona en el contexto recrea luego en la competición emociones positivas y próximas a él, su capacidad para solucionar problemas será mucho más alta que si la recreación emocional es neutra, o totalmente nueva[11]. Es decir, su cerebro intuye qué respuesta es preciso tomar[12]. En la línea de varias investigaciones neurocientíficas lideradas por el Catedrático de la Universidad de Carolina del Sur Antonio Damasio[13] podemos decir que las intuiciones integran sus reacciones emocionales incorporando lo que han aprendido a partir de la experiencia. Así, no es que las intuiciones se generen de una forma inconsciente, sino que se organizan por la experiencia al llevar a cabo una determinada actividad, ya sea recreación en el entrenamiento o una situación competitiva. Así, serán específicas, concretas y relevantes para los contextos particulares en los que han sido aprendidas. De ahí, la importancia de general contextos específicos de juego en el entrenamiento deportivo de cualquier modalidad, más aún en el caso de deportes *"abiertos"* como son las especialidades colectivas.

Por lo cual, cuando analizamos el proceso de actuación de cualquier deportista en general, es preciso observar el entorno que va a delimitar su práctica para calibrar el éxito en la misma. Nos referimos a la incertidumbre ocasionada por el medio y/o presencia de un móvil, la presencia o no de compañeros y adversarios; el nivel de estrés en el que se efectúa la práctica y un largo etcétera de componentes que van a configurar un entorno multi-dimensional para que se efectúe la práctica motriz. Así, si todas esas características van a condicionar el proceso de aprendizaje del jugador ¿cómo no vamos a utilizarlas en las tareas de entrenamiento? De este modo, las situaciones aisladas bajo esta perspectiva de la enseñanza no tendrían una justificación clara. No nos interesa tanto controlar una ejecución técnica específica, sino que el jugador ofrezca una solución motriz (a pesar de que no sea cercana a un patrón motor estándar y corroborado por la biomecánica) al problema de juego que se ha dado. En base a esto, el empleo de situaciones jugadas (los juegos modificados como herramienta de aprendizaje es ideal) en las que se demande continuamente interacción del jugador con el exterior, entorno-compañeros-adversarios, podrán aumentar la rica experiencia perceptivo-decisional con la finalidad

---

gestionarlo posteriormente en el juego. Mientras tanto, el concepto automatizar se acerca a la reducción de incertidumbre del juego que antes comentábamos. Se emplea a través de la tarea expuesta en el entrenamiento, es decir, permite al jugador "saber" lo que puede o va a pasar y eso además de dar herramientas para solucionar mejor el problema, aproxima a la realidad del juego generando conductas transferibles entre situaciones con características semejantes. De esta forma la automatización de una conducta debe estar contextualizada con nuestro modelo de juego, con aquello que probablemente el jugador vivirá el día de partido.

de mejorar su actuación en el terreno de juego. No es ni más ni menos, que emplear el concepto de transferencia entre lo que se conoce (memoria) y la situación nueva, resultando de ello un cambio en los mapas nerviosos de nuestro cerebro que fomentarán el proceso de cambio y aprendizaje en el jugador.

Lo expresan de la siguiente forma: *"En lugar del clásico proceso fraccionado que plantean algunas metodologías de entrenamiento: entrenar técnicas básicas (bote, pase, tiro, etc.), capacidades condicionales básicas (resistencia, fuerza, velocidad, etc.) o táctica básica (1x1, 2x2, etc.), se intentará no separar las acciones o componentes del deporte respetando sus sinergias primordiales y ciclos de percepción-acción. En los procesos de aprendizaje se propone partir de las sinergias integrales básicas para ir creciendo en la escala de complejidad coordinativa a través de la manipulación (adición o sustracción) de constreñimientos. Este es un reto para los entrenadores y profesionales de la actividad física y el deporte ya que supone una reestructuración de los contenidos a entrenar en base a la dinámica coordinativa de cada deporte"*[5]. Y continúan sobre el desarrollo de la toma de decisiones del jugador: *"Desde la perspectiva integradora dinámica y no lineal se propone que el proceso de entrenamiento sea predominantemente implícito en lugar de explícito, es decir, que esté basado en los constreñimientos de la tarea en lugar de las órdenes del entrenador o la manipulación de la intención o volición del deportista"*[5]. Para eso, debemos aproximarnos al conocimiento que nuestros jugadores poseen y en base a eso aplicar las modificaciones de las tareas con el objetivo de que vayan siendo conscientes de sus propios progresos y de cómo son capaces de aproximarse a las soluciones por sí mismos, ya que esa huella dejará un calado superior que si se obtiene a través del feedback[XLIII] del propio entrenador. La competencia consciente[XLIV] es el paso

---

[XLIII] Corregir al jugador es uno de los elementos centrales del aprendizaje. O bien el jugador aprende por sí mismo, o bien, desde fuera necesita información adicional para mejorar su siguiente acción. Por tanto, estamos ante un asunto de capital importancia.
Generalmente, estamos acostumbrados a observar y rectificar nada más sucede el error. Esto deja poco espacio para la capacidad del jugador de reaccionar sobre su error y poder rectificarlo en la próxima ocasión. Es decir, dejamos poco margen para que el jugador aprenda por sí mismo, hecho éste altamente significativo para su aprendizaje y experiencia posterior.
De esta forma, aparece lo que podríamos llamar como "error recurrente". Este error es aquel que se repite varias veces en un periodo corto de tiempo y que tiene similitudes con el anterior. Por ejemplo, un jugador debe jugar rápido al compañero de apoyo y retiene el balón intentando regatear hasta perderlo. En este momento, en el que el error aparece en varias ocasiones ("error recurrente") en el que el entrenador debe tomar medidas y corregir.

[XLIV] Muchos autores hacen hincapié en la idea del trabajo del inconsciente del jugador a la hora de tomar una decisión, ¿Cómo es posible? Básicamente, el inconsciente se desarrolla gracias a la experiencia. Una amplia base de patrones motores hacen que el jugador tenga herramientas para poder interpretar el

previo que el jugador requiere para hacer inconsciente su proceder en el juego. El primer eslabón en los deportistas jóvenes para aumentar su competencia motriz parte de la correcta corrección (feedback) del entrenador. Éste debe guiar el proceso de aprendizaje ofreciendo al deportista una información precisa que le permite reflexionar sobre su acción previa. La cantidad, calidad y dirección de información que el entrenador va a ofrecer al jugador tendrá una elevada importancia en ese proceso de aprendizaje consciente. En él, el jugador irá acumulando experiencias significativas que le van a ir permitiendo afrontar los problemas del juego de una forma inteligente.

Decíamos que el paso definitivo en cuanto a la competencia del jugador se dará cuando ha sido capaz de convertir su nivel de resolución de problemas en inconsciente (recordemos que en capítulos sucesivos se abordará de manera particular dicho proceso). Este último nivel de pericia es característico de jugadores creativos que han vivenciado tantas veces unas determinadas situaciones que su cerebro permite tomar decisiones de forma intuitiva. En realidad, no es que el inconsciente y la conciencia vayan por lados separados, sino que de forma conjunta el cerebro empleando la experiencia y la memoria a nivel motriz permiten intervenir comparando lo que ya se sabe y la nueva situación presentada, actuando con acierto.

## 4. LA COMPETENCIA INCONSCIENTE DE NUESTRO CEREBRO

*"Messi no es el mismo jugador con el FC. Barcelona y con Argentina porque es determinante como se construye el escenario de acción para que desarrolle su magia"* Menotti.

Pensemos todos en Neymar. Ese jugador que es capaz de driblar dos adversarios en un palmo de terreno y luego picar el balón para enviarlo a la red por encima del portero. Toda la acción apenas llegó a una duración de un segundo ¿Creen a ciencia cierta que el jugador ha sido capaz de maquinar en su cerebro toda la acción? ¿Piensan que ha sido capaz de ir percibiendo estímulo a estímulo todos los elementos que rodean el contexto sobre el que ha actuado? En una reciente investigación sobre el jugador en cuestión (Neymar) Eiichi Naito y Satoshi Hirose prestigiosos

---

juego. Es decir, lo que está sucediendo ahora en la competición, nos evoca a lo que ya pasó en el entrenamiento. No nos referimos a la acción exacta, pero sí a algunas características de la misma que hacen que el jugador sepa responder de una forma similar a la que lo hizo anteriormente. De ahí la importancia de que el entrenador represente un contexto de juego real en el diseño de las tareas de entrenamiento.

investigadores en medicina aplicada al ámbito neurocientífico, de la Univerisdad de Osaka en Japón[14] estudiaron su cerebro y detectaron que la actividad de la región del cerebro de Neymar que controla el movimiento del pie no llega ni al 10% de la que tiene en una situación similar un futbolista amateur. Podríamos decir que en este ejemplo, Neymar sabía lo que iba a hacer antes de que sucediera; ¿Por qué? ¿Cómo? En su nivel de elevada experiencia consciente el jugador estaba recreando en la medida que la jugada avanzaba, situaciones semejantes que previamente había experimentado, lo que le ha servido en este caso para resolver creativa e inconscientemente una situación tan compleja. En síntesis Naito e Hirose[14] afirman *"hay evidencias de que el cerebro de Neymar usa muy pocos recursos de las regiones cerebrales que activan el movimiento de los pies. Una actividad cerebral reducida genera menos carga, lo que le permite realizar muchos movimientos complejos a la vez, de esta forma su repuesta le permite tener más neuronas libres para hacer otras cosas o anticiparse a otras situaciones"*.

Pero... ¿cómo crear un entramado que permita al jugador decidir correctamente en base a una correcta percepción de la situación y además ser capaz de ejecutar con precisión ese gesto? ¿Cómo lo hacemos? ¿Cómo poder extrapolar situaciones reales a una práctica de entrenamiento; si quizás nunca habrá dos situaciones iguales en un partido, e incluso en una temporada, y más allá, en una vida deportiva?. Aunque no podemos hablar de una respuesta única, sí que podríamos ofrecer una serie de recomendaciones generales que permitan al entrenador guiar hacia el éxito a sus jugadores, hacerles pensar y que sean capaces de identificar las soluciones necesarias para resolver una determinada situación del juego.

En primer lugar, sería importante aproximar las características del contexto a la práctica real. Necesitamos imperiosamente saber de manera precisa qué queremos de nuestros jugadores, cuál va a ser el modelo de juego elegido para emplear tareas específicas de entrenamiento que ayuden a desarrollarlo. Por otro lado, ese componente contextual tiene que estar relacionado con el espacio- tiempo en el que se genera ese contexto.

El primero de los factores tiene relación con la capacidad de actuación del deportista, los factores limitantes que se le planteen o la meta a conseguir, por ejemplo, número de compañeros (a medida que nos encontremos en una superioridad numérica, mayor tiempo de decisión- ejecución tendremos) y adversarios (en situaciones de igualdad o inferioridad numérica el tiempo de acción será menor, por tanto, mayor complejidad contextual tendrá la tarea) o el número de contactos con el balón; el segundo, hará referencia a las dimensiones del terreno de juego o la complejidad de la acción motriz a desarrollar. Por ejemplo, no únicamente contaremos con la presencia de oponentes y el respeto de una serie de reglas, sino que también el momento y el lugar en el que se lleva a cabo la acción también es relevante. Estamos hablando de ser capaz de aplicar una solución técnica en unas circunstancias específicas que solucionan un problema táctico (percepción-decisión).

De manera que, ineludiblemente la idea de proponer tareas globales en las que existen demandas técnico- tácticas de ese tipo, va a favorecer la creación de una memoria motriz a nivel perceptivo, decisional (también denominado *"intuición"* término que utiliza Robin Hogart en su prestigioso Best Seller *"Educar la intuición: El desarrollo del sexto sentido"*[15]) que hará automática la capacidad de resolver problemas en el juego. En esta línea, hay que resaltar que no debemos entender el proceso de actuación del deportista como una sucesión de hechos, es decir, percepción + decisión + ejecución = éxito; sino que este proceso de decisión es inconsciente, como ya señalábamos antes, en la mayoría de los casos se da de manera inconsciente y automática ya que la situación actual es comparada con la anteriormente *"grabada"* en nuestro cerebro y de ahí que se produzca una respuesta automática.

Ahí, por tanto tenemos que actuar, en predisponer a nuestros jugadores situaciones que aumenten sus respuestas motrices que dejen constancia en su cerebro para recuperarlas cuando les sea necesario en el juego real. No tendremos dos situaciones iguales en un partido, una temporada o una vida deportiva, sin embargo, sí habrá factores relevantes que tengan una semejanza y promuevan una respuesta adaptativa al problema generado.

## 5. CONCLUSIONES Y APLICACIONES EDUCATIVAS

Iker, Juan, Pedro y el resto de niños que conforman el equipo de niños de 7 años, siguen disfrutando de su deporte preferido. Eso sí, desde aquella acción del debut en liga la situación ha cambiado. Por suerte, el entrenador ha sido consciente de que el proceso de entrenamiento (quizás tendríamos que llamarlo de familiarización con el fútbol) debía cambiar y así lo viene haciendo. Ahora, en el día a día las tareas de entrenamiento no están dirigidas a la repetición y secuenciación lineal de unas acciones técnicas que no tienen en cuenta el contexto donde luego se desarrollan. El entrenador por sí mismo, fue consciente de que un aprendizaje lineal y analítico en este deporte es improbable que fructifique. La existencia de una oposición inteligente determina constantemente el devenir en el juego y por tanto, la propia acción de cada jugador.

El enfoque ha cambiado por tanto, y podríamos decir que para bien. Para bien en el sentido que los jugadores noveles cada vez son más independientes en sus acciones, tanto en la competición como en el entrenamiento. Además, el entrenador ya no tiene que "narrar" la secuencia de acciones a reproducir en cada jugada del partido. Él mismo es consciente de que sus jugadores van siendo autónomos y generan acciones que antes no eran capaces de hacer. La autonomía es cada vez mayor y el grado de inteligencia en el juego es notable en algunos de los jugadores.

Eso sí, de los resultados mejor no hablar. Aún y con toda esta evolución, el equipo debutante no ha sido capaz de ganar un partido en toda la liga. Y es que por algo se empieza, aprender para luego ganar. Todo proceso conlleva un tiempo.

## 6. REFERENCIAS BIBLIOGRÁFICAS

1. Blázquez, D. (1996). *La iniciación deportiva y el deporte escolar*. Barcelona: INDE.

2. Thorpe, R., Bunker, D. y Almond, L. (1986). *Rethinking Games Teaching*. UK: Loughborough.

3. Holt, N., Strean, W. y García-Bengoechea, E. (2002). Expanding the teaching games for understanding model: new avenues for future research and practice. *Journal of Teaching in Physical Education, 21*, 162-176.

4. Torrents, C. Y Balagué, N. (2007). Repercusiones de la teoría de los sistemas dinámicos en el estudio de la motricidad humana. *Apunts de Educación Física y deporte, 87*, 7-13. http://www.revista-apunts.com/es/hemeroteca?article=84

5. Balagué, N., Torrents, C., Pol, R. y Seirul-lo, F. (2014). Entrenamiento integrado. Principios dinámicos y aplicaciones. *Apunts Educación Física y Deporte, 116*, 60-68. http://www.revista-apunts.com/es/hemeroteca?article=1636

6. Tan, C., Chow, J. y Davids, K. (2012). "How does TGfU work?": examining the relationship between learning design in TGfU and a nonlinear pedagogy. *Physical Education & Sport Pedagogy, 17*, 331-348.

7. Araújo, D., Davids, K., Bennett, S., Button, C., y Chapman, G. (2004). Emergence of sport skills under constraint. In A.M. Williams & N.J. Hodges (Eds.), *Skill*

*acquisition in sport: Research, theory and practice* (pp. 409–433). London: Taylor y Francis.

8. Vestberg, T., Gustafson, R., Maurex, L., Ingvar, M., y Petrovic, P. (2012). Executive funcionts predict the success of top-soccer. *Plos one, 7*(4), 1-5.

9. Rivilla-Arias, I. (2014). Construcción de la toma de decisiones en el fútbol. http://futbolenpositivo.com/index.php/construccion-de-la-toma-de-decisiones-en-el-futbol/

10. Renshaw, I., Yi, C., Davids, K., y Hammond, J. (2010). A constraints-led perspective to understanding skill acquisition and game play: a basis for integration of motor learning theory and physical education praxis? *Physical Education & Sport Pedagogy, 15*, 117-137.

11. Immordino-Yang, M.H. y Faeth, M. (2010). The Role of Emotion and Skilled Intuition in Learning. En D.A. Sousa (ed.), *Mind, Brain and Education* (pp. 69-84). Bloomington, IN: Solution Tree Press.

12. Tokuhama, T. (2011). *Mind, Brain, and Education Science. A Comprehensive Guide to the New Brain-Based Teaching*. New York: Norton & Company, Inc.

13. Damasio, A.R. (2007). We feel, therefore we learn: The relevance of affective and social neuroscience to education. *Mind, Brain, and Education, 1*, 3-10.

14. Naito, E., y Hirose, S. (2014). Efficient foot motor control by Neymar's brain. *Frontiers in Human Neuroscience, 8*, 594.

15. Hogart, R. (2013). *Educar la intuición. El desarrollo del sexto sentido*. Barcelona: Paidós.

# INTELIGENCIA INTUITIVA Y DECISIONES INCONSCIENTES

**Dr. Francisco Alarcón López,** profesor de la Facultad de Educación de la Universidad de Alicante.
**Dr. David Cárdenas Vélez,** profesor Titular de la Facultad Ciencias de la Actividad Física y el Deporte de la Universidad de Granada.

*La conducta racional humana está determinada por unas tijeras cuyas hojas son la estructura de los entornos de trabajo y las capacidades de cálculo del actor.*
Hebert A. Simon

Todo deportista se enfrenta durante la competición a situaciones que exigen actuar de manera rápida y precisa. En los deportes en los que el entorno se caracteriza por un elevado nivel de entropía, procedente de la inestabilidad del medio donde se desarrolla la actividad (vela, piragüismo, surf), de la incertidumbre generada por la actividad de los adversarios (yudo, tenis, etc.) o/y por la presencia de compañeros (deportes de equipo), los participantes deben decidir constantemente entre diferentes alternativas de acción para conseguir un comportamiento eficaz. Por lo tanto, practicar estos deportes supone interpretar permanentemente las circunstancias que definen la situación y decidir las acciones pertinentes que permitirían cumplir los objetivos de ese momento[1].

En tales circunstancias los deportistas deben adaptarse y aprender qué acciones resultan más útiles en cada momento. Lo que les diferencia del resto de personas que deben decidir en entornos de incertidumbre es que en el deporte el tiempo disponible para realizarlo es extraordinariamente reducido. Un gran volumen de práctica reiterada en estos contextos permitirá al deportista pasar de un estado inicial de bajo rendimiento, en el que decide mal e invierte mucho tiempo en hacerlo, a otro en el que resuelve los problemas de forma rápida y precisa. Lo que subyace a este cambio hacia una capacidad de decisión más eficiente, es el paso de controlar voluntariamente (conscientemente) estos procesos a hacerlo de manera automática. En ese momento sus respuestas surgen gracias a la interacción de su cuerpo con el entorno sin la necesidad de que la consciencia participe.

La adquisición de esta habilidad se produce como consecuencia de que la práctica repetida en situaciones similares permite al deportista asociar ciertas claves del entorno (posición/orientación de compañeros, adversarios, trayectorias, velocidades, etc.) con una acción concreta; aquella con la que ha conseguido éxito en el pasado. Estas claves le van a servir como predictores de lo que va a ocurrir, generando así una regla de acción y, por tanto, conocimiento específico de su deporte. Este conocimiento, denominado "procedimental", se almacenará en la memoria a largo plazo, para volver a ser usado en el futuro cuando la situación lo requiera[2].

A nivel neuronal estas experiencias almacenadas en la memoria no son más que sinapsis o uniones entre neuronas que crean redes cuya fortaleza dependerá de las veces que se vuelvan a activar dichos mapas neuronales[1]. Así, este conocimiento se hará más complejo y más estable en la medida que el sujeto tenga un mayor número de experiencias similares, llegando a establecer patrones o reglas de acción transferibles a otras situaciones. En definitiva, el deportista experto posee una especie de inteligencia intuitiva superior al novel en su deporte.

En este capítulo intentaremos abordar, entre otras cuestiones, en qué medida el deportista es consciente de estas decisiones, si este conocimiento es siempre fiable o cómo se adquiere esta inteligencia intuitiva y de qué factores depende.

# 1. LA INTUICIÓN EXPERTA: FUNDAMENTACIÓN NEUROCIENTÍFICA.

Hasta no hace mucho tiempo se consideraba que la inteligencia era una actividad deliberada, y que era guiada por reglas lógicas. Esta toma de decisiones racional ha sido la base del modelo explicativo preponderante en filosofía, economía y psicología hasta no hace mucho. Estos modelos se basaban en la convicción de que ante un problema dado existe un resultado esperado mejor que las demás alternativas y que se puede llegar a él analizando todas las consecuencias probables de cada posible acción. La realidad es que rara vez tomamos decisiones de esta manera. Esto es así porque en la mayoría de situaciones, sobre todo si hablamos de entornos complejos como los deportes, el tiempo y el número de alternativas disponibles hacen que sea imposible poder reflexionar acerca de los posibles beneficios de cada una. Pero incluso en situaciones en las cuales el tiempo disponible lo permitiera, se ha demostrado que tampoco decidimos solo de manera racional.

La mayor parte de nuestro comportamiento cotidiano tiene como objetivo mantener el equilibrio homeostático interno. Con este fin, el organismo en permanente interacción con el entorno procesa una gran parte de la información de manera automática, lo que implica la actividad de diversos sistemas funcionales, de naturaleza fisiológica, como los que regulan los mecanismos enzimáticos o bioquímicos, o los que se encargan de las reacciones emocionales a determinados estímulos. No obstante, también procesamos información de manera racional o deliberada con el mismo objetivo.

Según Damasio[3] la ventaja de la consciencia en dichos fenómenos proviene de la mejora en la regulación de la vida en entornos que son cada vez más complejos. El problema surge cuando tenemos que recordar y procesar información por parte de nuestra limitada memoria de trabajo, de la cual depende directamente nuestra consciencia. Este proceso requiere esfuerzo y está limitado por la cantidad de ítems de información que se pueden gestionar. Es pues el contenido de la memoria de trabajo lo que define la experiencia consciente. Este modo de procesamiento de la información nos permite hacer explícitas las bases del razonamiento, haciendo posible un aprendizaje a través del uso del razonamiento deductivo y probabilístico[4]. Por el contrario, cuando se producen procesos automáticos no gastamos recursos atencionales o de la memoria de trabajo. Este modo de procesamiento nos permite conectar con las experiencias pasadas, y predecir acontecimientos futuros.

Kahneman[5] distingue entre los denominados modo de procesamiento lento y rápido. El primero es el encargado de percibir el entorno y decidir la mejor opción de forma racional, valorando las consecuencias de cada una de las posibles alternativas. Ello exige inevitablemente que el deportista disponga del tiempo suficiente para poder hacer una evaluación consciente de la situación. El segundo está destinado a dar respuesta inmediata a problemas que requieren una solución rápida, en contextos en los que no existe tiempo suficiente para evaluar la situación de forma consciente. Los mecanismos que subyacen a esta toma de decisiones más intuitiva requieren la participación de estructuras cerebrales distintas a las que procesan de forma deliberada (ver Ashe, Lungu, Basford, y Lu[6]).

Pero incluso en entornos donde no existe tal limitación temporal, la mayoría de las decisiones que tomamos, y sobre todo las que toman los deportistas en competición, no son conscientes. Tras la práctica repetida, dichas decisiones se han convertido en hábitos perceptivo-motrices, es decir, respuestas automáticas a estímulos del ambiente. Pero también existen otro tipo de habilidades que se pueden automatizar, como las puramente cognitivas[7]. Para correr se requieren las primeras fundamentalmente. Para jugar al ajedrez prácticamente sólo se requieren habilidades cognitivas. Sin embargo, en la mayoría de los deportes necesitamos ambas. En este apartado vamos a intentar explorar cómo se adquieren aquellas habilidades necesarias para rendir en los deportes. Si nos centramos en éstas últimas, existe un consenso en Psicología acerca de la especialización de las habilidades cognitivas que adquirimos, es decir, que son dependientes del contexto y, por lo tanto, difícilmente transferibles a otros contextos diferentes. Recientemente se puede comprobar el interés por la transferencia de la investigación al campo práctico, fruto del cual han surgido iniciativas que ofrecen métodos o procedimientos para la mejora de dichas habilidades cognitivas. Lamentablemente los resultados de los estudios en laboratorio no demuestran que exista una transferencia fuera de él, en nuestra vida cotidiana. El rendimiento tiende a ser específico de la tarea con la que uno se entrena[8].

Esto parece también ocurrir en los deportes. Cuando se comparan las capacidades cognitivas en deportistas con diferentes niveles de pericia en tareas de un dominio específico, los expertos han demostrado ser superiores en tareas que implican el reconocimiento y recuerdo de patrones de comportamiento, estrategias de búsqueda visual y el conocimiento de las probabilidades situacionales, es decir, el saber cuál es la probabilidad de que algo suceda en el contexto real deportivo para actuar en consecuencia[9]. Fuera de su dominio específico esto no ocurre así. No se han encontrado que estas capacidades cognitivas básicas sean diferentes en los deportistas más entrenados o con mayor pericia.

## 2. LA INTELIGENCIA INTUITIVA DESDE UNA PERSPECTIVA ATENCIONAL.

Para esta evidencia existen excepciones que habría que tener muy en cuenta para el mundo del deporte. Gopher[10] puso en duda esta idea cuando se trataba del control atencional. Intentó comprobar en qué medida dicho control es una destreza en sí misma, y por lo tanto entrenable. En las tareas complejas, como las que se producen en los deportes de interacción, los sujetos deben dividir, dirigir y redirigir constantemente su atención en función de las demandas de la tarea. El deportista debe repartir su atención entre multitud de estímulos, como el adversario directo, compañeros próximos, adversarios de sus compañeros, espacios disponibles o la información previa que pueda tener de la estrategia del partido o de las fortalezas y debilidades del equipo contrario. Si en este entorno surge algún estímulo nuevo o inesperado, el deportista es capaz de flexibilizar su comportamiento, dejando de realizar la acción que de manera automática requería inicialmente a la situación por otra ajustada a las nuevas necesidades. El comportamiento de los deportistas sugiere que, en estos entornos complejos, se establecen prioridades en cada momento y se producen cesiones atencionales. Gopher sugirió que empleamos diversas estrategias para poder satisfacer lo mejor posible las demandas de las tareas. La pregunta que se hizo este autor fue, ¿hasta qué punto la persona es consciente de estos cambios de estrategia y de su eficacia? La tendencia de los modelos explicativos hasta ese momento consistía en defender que estos cambios son la consecuencia de un procesamiento controlado, es decir, el jugador de manera deliberada controla su atención. Parece claro que no es así.

Para aclarar todas estas dudas, Gopher realizó un estudio en el que entrenó a cadetes de las fuerzas aéreas israelíes mediante un videojuego diseñado para mostrar un entorno complejo y dinámico en el que los participantes debían controlar los movimientos de una nave espacial como si estuvieran pilotando, al mismo tiempo que disparaban misiles para intentar destruir una fortaleza. Tras el tratamiento, los cadetes sometidos al entrenamiento con el videojuego mejoraron su rendimiento en vuelo real en un 30%. Gopher señaló que la ventaja del tratamiento no era su parecido con el vuelo real, pues éste era menos exigente y realista. Lo que permitió el videojuego fue entrenar a los participantes en las destrezas atencionales que se necesitaban en situaciones complejas[11]. Gopher sugiere que se pasa de aplicar controladamente estrategias atencionales a aplicar esquemas automatizados en los que las respuestas eficaces en situaciones anteriores llegan a ser predeterminadas, y por lo tanto la persona no es consciente de ellas.

Algo similar les ocurrió a Kramer y su grupo de colaboradores[12] quienes encontraron que el entrenamiento de la atención mediante lo que denominaron "entrenamiento de prioridad variable", permitía una transferencia más amplia a contextos diferentes. Dicha técnica se centraba menos en enriquecer los componentes individuales de una tarea y más en mejorar la capacidad de asignar recursos atencionales a cada una de ellas de manera efectiva. Esto permitía al participante mejorar su capacidad de realizar varias tareas de forma simultánea[13].

El control de la atención se basa en un sistema complejo de redes neuronales, entre las que se encuentra la red ejecutiva[14]. Los datos de neuroimagen han facilitado información relevante de las áreas implicadas en el control de dicha atención ejecutiva. Las activaciones observadas se distribuyen entre el área dorsal del córtex cingulado anterior, el córtex prefrontal dorsolateral, y el córtex prefrontal centrolateral. Estudios recientes han conseguido demostrar cierta especialización de tareas asociadas con cada una[15]. Así, el córtex cingulado anterior se ha asociado a tareas que generan conflicto, mientras que son numerosos estudios los que han relacionado las áreas dorsolateral y ventrolateral del córtex prefrontal con tareas de memoria de trabajo.

Si nos centramos en las tareas de conflicto, se ha comprobado que los futbolistas profesionales muestran un rendimiento claramente superior al de otros futbolistas amateurs o novatos en este tipo de tareas, y que dicho rendimiento se manifiesta como un predictor del rendimiento deportivo específico futuro. Los jugadores con mejor desempeño en las tareas de conflicto fueron los que consiguieron más goles y asistencias dos años más tarde[16]. Estas tareas de conflicto requieren la capacidad de inhibir procesos o respuestas motoras que resultan preponderantes en un contexto o una tarea determinada, pero no son adecuados para su correcta realización. Y en los deportes de interacción estas situaciones son muy comunes. Estos deportistas tienen la necesidad de adaptar su comportamiento a un entorno cambiante, lo que significa que, en ocasiones, deben ser capaces de frenar una respuesta automática ante la modificación del entorno que la convierte en inútil. Por ejemplo, un jugador de baloncesto que ha superado a su contrario y se dirige hacia canasta utiliza sus hábitos perceptivo motrices para hacerlo. Pero en la mayoría de las ocasiones, la ventaja posicional conseguida fuerza a alguno de los defensores a actuar para frenar su avance hacia la canasta, lo que desencadena una reacción coordinada del resto de defensores para realizar labores de cobertura y reequilibrar los espacios disponibles. El jugador tiene que ajustar su comportamiento ante este nuevo estímulo para decidir qué habilidad de su bagaje táctico-técnico es la que puede resolver de forma más eficaz el problema. Este proceso suele estar automatizado. El problema es que ese nuevo defensor ha permitido que un compañero suyo esté desmarcado. La posibilidad de predecir qué compañero es el que va a quedar desmarcado es difícil, pues las ayudas no siempre vienen del mismo lugar, ni se encuentran en el mismo sitio, y además existen otros defensores que también hacen ayudas, y por lo tanto el jugador desmarcado puede ser cualquiera de los 4 compañeros sin balón. Ante estas circunstancias el jugador debe inhibir ese comportamiento automatizado para redirigir y distribuir su atención ente los diferentes estímulos (jugadores) del entorno para encontrar al compañero desmarcado. Estudios como los de Memmert y Furley[17] han estudiado las limitaciones de estos jugadores ante estas circunstancias. Estos investigadores pidieron a jugadores amateurs de baloncesto y balonmano que atendieran durante una secuencia de vídeo al jugador con balón y a su adversario directo, y que tras finalizar el vídeo eligieran la decisión táctica más idónea para conseguir encestar o marcar el gol. Los resultados obtenidos mostraron que solo el 55% de los jugadores en el primer estudio y el 62% en el segundo, fueron capaces de ver al jugador desmarcado. En estudios posteriores, cuando se ha aumentado la complejidad de la tarea, acercándose más a la realidad, estos porcentajes fueron aún menores[18]. Estos datos nos indican que hay un porcentaje elevado de jugadores incapaces de inhibir la acción principal y controlar su atención para dirigirla hacia estímulos inesperados.

Si analizamos las tareas que requieren atención ejecutiva desde la perspectiva de la memoria de trabajo, encontramos que esta capacidad está relacionada de nuevo con el éxito deportivo. Cuando se comparan expertos y novatos en estos deportes en tareas de laboratorio, los primeros consiguen mejores resultados en entornos de multitarea[19]. Esto mismo encontró Faubert[20] al usar una tarea llamada "Multiple Object Tracking (MOT)". En ella los participantes deben realizar un seguimiento de cuatros objetos idénticos que se mueven a la vez a distintas velocidades y con recorridos aleatorios en un mismo entorno, en el que existen otros cuatro objetos iguales pero que no deben seguir y que sirven de distractores. Lo que encontró fue que los jugadores profesionales de deportes de equipo tenían mayor capacidad de aprendizaje en dicha tarea. Además, estudios recientes, como los de Mangine y col[21] han contrastado la transferencia de estas habilidades fuera del laboratorio. Tras analizar jugadores NBA, comprobaron que aquellos que mejor resultados obtenían en el laboratorio en esta tarea eran también los que mejor percibían y respondían a los estímulos pertinentes en la cancha de baloncesto. En estos entornos complejos y dinámicos es necesario poseer gran capacidad de manipular y actualizar constantemente la información que está presente. Pensemos en un jugador de baloncesto que inicia su carrera hacia el aro tras superar parcialmente a su oponente. Durante su recorrido van apareciendo diferentes defensores de manera simultánea y consecutiva, además de compañeros que quedan desmarcados. Para poder atender a estos estímulos en tan poco tiempo el jugador debe actualizar constantemente la información que le llega a su memoria de trabajo.

## 3. LA IMPORTANCIA DE LAS METAS EN LA ADQUISICIÓN DE HÁBITOS PERCEPTIVO-MOTRICES.

En nuestras vidas cotidianas realizamos multitud de hábitos que realizamos de manera automática, sin ningún esfuerzo aparente: esto incluye desde dejar siempre las llaves en el mismo lugar al llegar a casa, hasta desplazarse al trabajo por el camino más corto. Pero para poder llegar hasta ese punto ha sido necesario un volumen elevado de repeticiones en condiciones similares. Haber realizado el trayecto diario al trabajo durante un año nos ha permitido no tener que pensar cuándo había que girar a la derecha o qué salida de la autovía coger. La repetición frecuente y constante de dicha conducta en condiciones similares nos ha permitido consolidar un nuevo procedimiento. Es la repetición en el tiempo de una conducta consciente dirigida hacia una meta, la que acaba convirtiéndose en un hábito. Nuestros hábitos inicialmente han sido guiados por objetivos concretos (llegar al trabajo de la forma más rápida posible e invirtiendo el esfuerzo imprescindible). Esto ocurre también en el deporte. Cuando los participantes actúan lo hacen guiados por unos objetivos específicos que, a su vez, les dirigen hacia el fin último, conseguir la meta (encestar, ganar el punto, meter gol, etc.), o evitar que el contrario la consiga (evitar el lanzamiento, recuperar la posesión del balón). Por ejemplo, un jugador de balonmano que quiere conseguir gol sabe que debe conseguir unas condiciones de lanzamiento óptimas, que pasan por evitar que entre su posición y la portería se encuentre algún oponente que pueda bloquear su lanzamiento o por evitar la presencia de cualquier rival que pueda impedir o dificultarlo. Estos objetivos le llevarán a adaptar constantemente su comportamiento a las condiciones cambiantes del entorno.

Una vez automatizada la habilidad motora, el pensamiento y control atencional consciente parece reducir su eficacia. Si analizamos el cerebro mientras se realiza este proceso de automatización encontramos que a nivel cortical se produce una desvinculación progresiva de las áreas prefrontales y temporo-mediales, y una generación de nuevos esquemas motores en la corteza motora. Mientras que a nivel subcortical va a existir una transferencia de la activación del córtex al núcleo dentado del cerebelo, y una transferencia de la activación del estriado dorso-medial al dorso-lateral[22,23] (figura 1).

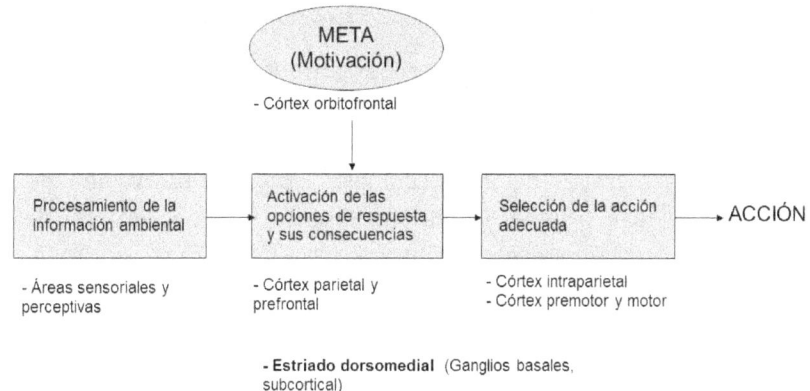

***Figura 1.*** Relación entre los procesos cognitivos y las áreas neuronales implicadas en el comportamiento guiado por una meta[22].

Estudios como los de Beilock, Bertenthal, Mccoy y Car[24] así lo demuestran. Cuando se les pidió a golfistas expertos que pensaran en el gesto mientras lo ejecutaban, su rendimiento se deterioró. El principiante tiene en la memoria operativa las reglas de acción, pero el experto ha automatizado dichas reglas y por tanto no demanda de dicha memoria operativa. De esta forma los expertos se pueden beneficiar de dirigir la atención hacia otro foco que no sea el interno, es decir, no centrar los recursos atencionales en la ejecución, porque al desviar la atención no interrumpen las rutinas de procesamiento automático[24]. Esto mismo ocurrió cuando lo que se les pedía a expertos y novatos era ejecutar lo más rápido posible. Los principiantes, como era de esperar, rindieron peor cuando se les pidió que realizaran la tarea deprisa y, en cambio, los expertos fueron más precisos. Los autores concluyeron que los principiantes se beneficiaban de estrategias que les permitían centrarse en la tarea, mientras los expertos lo hacían de aquellas que les impedían centrarse en el desempeño de la tarea.

Este fenómeno no solo ocurre en tareas de precisión sino en tareas que requieren toma de decisiones. Johnson y Raab[25] descubrieron que la calidad de las decisiones de jugadores de balonmano experimentados estaba directamente relacionada con la fluidez con la que vienen a la mente. En un experimento se pidió a un grupo de jugadores de balonmano de élite que observaran una acción de juego en una pantalla. La imagen se paraba justo antes de que el jugador con balón tuviera que decidir. En ese momento se pedía a los jugadores que decidieran la mejor opción lo más rápido posible. Esta decisión coincidía con la que un grupo de entrenadores expertos consideraban la correcta. En cambio, cuando a los mismos jugadores se les pedía que generasen todas las opciones posibles y luego eligiesen la que creían mejor, la calidad de sus decisiones se veía deteriorada.

Para el aprendizaje de los hábitos perceptivo-motores es necesario pasar por tres etapas[26]. En la primera, denominada cognitiva, el deportista debe comprender los principios que permiten iniciar la solución de un problema, algo que ocurre a través de instrucciones, o por la observación de un modelo[23]. Esta fase requiere una representación declarativa de la información necesaria para resolver problemas de la tarea y, por lo tanto, exige un gran esfuerzo derivado de los procesos de atención. Esto dificulta la elaboración simultánea de otras informaciones para desarrollar tareas relacionadas. Así, el aprendizaje estará determinado por la naturaleza específica de la tarea a realizar[23]. Esta última afirmación consta la importancia de entrenar en las mismas condiciones de práctica presentes en la competición. Si el entorno ofrece estímulos diferentes, las redes neuronales que se forman en el aprendizaje de estas habilidades, y por consiguiente en el proceso de automatización, no se activarán para recuperar dichos aprendizajes de la memoria a largo plazo, como veremos más adelante.

En una segunda etapa, denominada asociativa, cada individuo comienza a resolver problemas por sí mismo, una vez adquirido el conocimiento mínimo necesario para ello. Según Anderson[26] se produce una transición de una representación meramente declarativa a una representación procedimental gracias a la práctica. Aquí el individuo comete errores que reflejan una comprensión inadecuada y que deben ser corregidos. Por ello esta etapa se caracteriza por la búsqueda de estrategias eficaces que permitan una rápida percepción y recuperación de la información. La práctica y la variabilidad de situaciones problema planteadas reducen el número de errores[23]. De nuevo es clave la cantidad y la calidad de esta práctica.

La tercera etapa, o etapa autónoma, implica un alto grado de desempeño, y una reducción del control cognitivo al hacerse automático el acceso a las respuestas correctas[23]. Este tipo de conocimiento procedimental es el que define a los expertos en su deporte. Según la teoría de Anderson, lo que se consigue es generar un conjunto de pares condición-acción denominados producciones. Estas reglas o producciones se encargarán de seleccionar acciones apropiadas a la situación de juego concreta, a partir de ciertas condiciones específicas del entorno, sin la necesidad de que intervengan procesos de recuperación de conceptos que requieren más tiempo[2], es decir de forma automática. Solo accederían a la consciencia, los productos de su ejecución[11]. Por tanto, la adecuación del deportista va a depender de la presencia de determinadas claves en el ambiente. El deportista debe atender a dicha información focalizando su atención sobre aquellas claves que le permiten priorizar y elegir la conducta eficaz, atendiendo a los objetivos del juego[27]. Estas producciones se expresan como reglas del tipo SI...ENTONCES, de manera que SI una condición o conjunto de ellas está activa en la memoria operativa y existe una regla en la memoria a largo plazo que corresponda a las condiciones SI, se ejecutará la parte ENTONCES de la regla. Sin embargo, en entornos tan complejos como los deportes de equipo, el jugador no podrá reducir el nivel de incertidumbre mediante el uso de unas pocas reglas de decisión "si-entonces", sino de un conjunto complejo de ellas[27].

Algunas son las preguntas que nos surgen a partir de lo expuesto hasta ahora: ¿para utilizar ese conjunto complejo de reglas es necesario usar recursos atencionales? ¿es consciente el jugador de esos procedimientos? ¿Cómo usa el jugador respuestas automatizadas y de manera simultánea activa metas que le guíen en el entorno flexible y complejo?, ¿no son los dos procesos excluyentes?, ¿en qué medida es consciente el jugador de todo esto? y por otro lado, ¿es realmente necesario que todas las reglas se aprendan pasando por estas tres fases, o en cambio los deportistas son capaces de adquirir algunas de estas reglas de manera inconsciente. Y si fuera así ¿de qué dependería que esto fuera posible?

Tradicionalmente se han usado dos modelos duales para explicar los diferentes métodos que usamos para decidir. En el primero existirían dos sistemas, uno automático versus otro controlado. En el segundo modelo existiría un sistema emocional versus uno deliberado. Ambos modelos clasificarían las decisiones según el sistema que se utilice[28]. Lo que parece es que esta distinción no es dicotómica y la interpretación que se ofrece para explicar el comportamiento automático e intuitivo es al menos incompleta. Tanto en uno como en el otro modelo explicativo, es poco probable que existan dos sistemas distintos responsables de estos dos procesos duales. A continuación, se va a partir de la exposición de estos dos grandes modelos explicativos y se reflexionará acerca del posible vínculo entre ambos sistemas en cada modelo para llegar a la conclusión que las diferencias no son tan drásticas y que los dos sistemas funcionan de manera conjunta para ofrecer una conducta adaptativa del organismo a diferentes entornos.

## 4. INTUICIÓN Y RAZÓN: LA INTELIGENCIA FLUIDA COMO PROCESO INTEGRADOR.

El primer modelo ha diferenciado el comportamiento humano entre controlado y automático. Tradicionalmente se ha establecido que un proceso automático opera sin utilizar la capacidad de procesamiento controlado. Se pensaba que los procesos automáticos se ejecutaban debido a la aparición de estímulos en el entorno más que a intenciones de la persona, por lo que eran inflexibles. No obstante, autores como Neuman[29] le han resultado extremadamente difíciles demostrar que una tarea que parecía automática no requiriese capacidad atencional. En la actualidad se da por hecho que, en ocasiones, la intención de las personas puede interferir y controlar los procesos automáticos. Como dice Neuman[29], los procesos automáticos *"no son consecuencia invariable de la estimulación, independiente de la intención del sujeto"*. Según el autor sería más pertinente hablar de un continuo controlado-automático que de dos procesos separados e independientes. Como argumenta Kahneman[5], el pensamiento lento acepta las sugerencias del pensamiento rápido con escasa o ninguna modificación. La consciencia se fía de nuestras intuiciones e impresiones. Pero cuando el pensamiento rápido encuentra dificultades, llama al pensamiento lento para que le sugiera un procedimiento más detallado y preciso para resolver el problema. Esto es algo muy común en los deportes de interacción, en los que las acciones se repiten con patrones parecidos, pero no idénticos. En estos casos las habilidades automatizadas no permitirán resolver los problemas derivados de cada una de las situaciones sin un control atencional. Será por tanto necesario que el deportista tenga activos en su memoria de trabajo los objetivos de juego que sirven de guía y marcan sus intenciones. Pero como ya vimos, este control atencional, que distingue a expertos y novatos en este tipo de deportes, es una habilidad en sí misma, y por lo tanto entrenable y susceptible de ser automatizada.

Así pues, cada sistema de procesamiento tendría objetivos distintos pero interconectados. Por un lado, la consciencia sería el gran controlador de la actividad de los procesos inconscientes, siendo su función principal el establecimiento de las metas que guiarán la activación de dichos procesos. Mientras, el inconsciente sería el encargado de ejecutar las acciones orientadas a dichas metas[30]. La conexión entre ambos sistemas se produce porque la activación de las metas en la consciencia, en parte son la consecuencia de los contenidos que provenían del inconsciente. Esto supondría que, en ocasiones, se podrían generar conflictos entre ambos sistemas. Para evitar estos conflictos se establece una jerarquía que organiza el funcionamiento interno de la mente, de manera que se priorizan los objetivos de cada sistema de procesamiento según las circunstancias. Por esta razón, del inconsciente solo accederían a la consciencia aquellos contenidos relacionados con los objetivos que ya están activos en la consciencia[31,32].

## 5. EL DELICADO EQUILIBRIO ENTRE LA RAZÓN Y LA EMOCIÓN.

El otro modelo dual ha sido posiblemente el más común. En él se diferencian dos sistemas: uno cognitivo/deliberado frente a un sistema emocional/intuitivo. Tradicionalmente se ha pensado que el sistema emocional es un sistema primitivo que, gracias a las emociones básicas, como el miedo, la ira y la felicidad, nos ayudaría a guiar nuestro comportamiento de forma automática[28]. Se ha argumentado que esas emociones automáticas son a menudo procesadas por la amígdala, donde diferentes redes neuronales representarían contextos de estímulos positivos o negativos asociados con refuerzos primarios[33]. Por ejemplo, si después del trabajo se encuentra con un amigo que le invita a ir al cine, una de estas redes de neuronas de la amígdala podría activarse en respuesta a su valor afectivo. Por el contrario, se creía que la corteza prefrontal (PFC) era la encargada de proporcionar el control cognitivo arriba-abajo para regular estas emociones. Siguiendo con el ejemplo anterior, si usted tenía pensado ir al gimnasio tras salir del trabajo, su PFC (cognición fría) tendría que intervenir para evitar una toma de decisiones caliente como la de irse con su amigo, y así cumplir con su objetivo planificado. De esta manera se pensaba que la amígdala y el PFC siempre están compitiendo, dado que la amígdala intentaría que llevásemos a cabo decisiones de acuerdo con los resultados emocionales inmediatos (irnos al cine con un amigo) mientras el PFC intentaría que decidiéramos de acuerdo con los objetivos a largo plazo (ir al gimnasio para estar en forma)[28].

Pero esta imagen de un sistema dual amígdala Vs PFC es demasiado simplista. Gracias a los trabajos llevados a cabo en las últimas décadas, por autores como LeDoux[34] o Damasio[35], esta idea está totalmente descartada. Cognición y emoción están íntimamente relacionadas y son inseparables si pretendemos entender la conducta humana. Por ejemplo, ante una situación que provoca miedo, la amígdala y la región cortical trabajan de manera simultánea. La información llega a las dos áreas simultáneamente, pero la amígdala es más rápida y activa una reacción emocional, que posteriormente el pensamiento más deliberado suaviza[4].

Damasio fue el gran precursor de un modelo integrador de ambos sistemas. Sus hallazgos provienen del estudio de pacientes con lesiones en la corteza prefrontal, en los que observó una incapacidad para tomar buenas decisiones, a pesar de tener intactas todas sus capacidades intelectuales. En cambio, estos daños, aun habiéndose producido en zonas corticales o "racionales" estaban afectando a su capacidad para anticiparse a las consecuencias de sus actos, para hacer una valoración adecuada de las emociones asociadas. Su conclusión fue que las partes del cerebro dañadas probablemente serían las encargadas de unir las áreas más racionales con aquellas regiones encargadas de la gestión emocional. Era la incapacidad de estos pacientes de acceder a sus emociones la responsable de sus malas decisiones[4]. En definitiva, la comunidad científica nos está diciendo que nuestras decisiones conscientes se basan en una combinación de reglas racionales y valoraciones emocionales. Ello implica que las estructuras más o menos primitivas que controlan la expresión emocional en animales no humanos deben funcionar en estrecha colaboración con las estructuras prefrontales más desarrolladas en los humanos.

Llegados a este punto nos faltaría contestar a las últimas preguntas. ¿En qué medida los deportistas tienen que pasar por las fases conscientes que describre Anderson? o si ¿es posible aprender solo de la experiencia?. Y si aprendemos por procesos insconscientes, ¿hasta qué punto podría el deportista fiarse de estas intuiciones? Hogarth[4] establece que, en su mayoría, dichas intuiciones se adquieren de manera automática, y que su calidad va a depender de la interacción entre el modo en que se aprenden y de ciertos factores del entorno que llama "estructuras de aprendizaje".

Lo primero que debemos hacer es conocer cómo se produce la asociación entre las claves del entorno y la respuesta del deportista para generar una regla de acción. Una de las claves, según Hogarth[4], se encuentra en que el cerebro establece conexiones mentales entre las cosas que ocurren juntas. Esto significaría que para decidir bien un deportista tiene que entrenar en un entorno similar al que se va a encontrar en la competición. Además necesitaría no solo que estén presentes dichas claves, sino que lo hagan en las mismas condiciones. Uno de los factores que limitan la posibilidad de atender a los estímulos del entorno es el tiempo disponible para detectar los que son relevantes y decidir. No es lo mismo entrenar situaciones de superioridad numérica en fútbol, en las cuales los atacantes disponen de mucho tiempo para actuar, que hacerlo con una limitación temporal. Esto aumenta la carga mental de dicha situación. Como veremos detenidamente más adelante, otro factor que afecta a las demandas de la tarea es la repercusión que tienen los errores. En un entorno donde las consecuencias del error son percibidas como una amenaza para el organismo, el deportista va a generar estados emocionales que pueden influir negativamente en sus decisiones. Como consecuencia, el deportista debe intentar inhibir estas emociones, y dicho esfuerzo requiere de recursos mentales que incrementan la dimensión global de la carga que representa la tarea. Además no solo se asocian dos acciones que ocurren próximas; se pueden asociar también una acción y un sentimiento, lo cual resulta determinante, como veremos a continuación. También puede variar la complejidad de las conexiones, pudiendo dar origen a reglas por las que las personas pueden deducir relaciones entre variables. Por ejemplo si un jugador de baloncesto recibe el balón y su defensor se acerca a él a una velocidad moderada, si decide superarlo en carrera es posible que le resulte difícil conseguir el objetivo. En cambio, en una situación similar, si ahora el defensor se acerca a una velocidad mayor, el atancante podrá superarlo sin problemas. Lo que el jugador aprende es una asociación entre la velocidad de desplazamiento de su adversario y el efecto en la ventaja de superarlo. A mayor velocidad de aproximación del opopnente, mayor la probabilidad de conseguir ventaja en el 1x1. Además, estas reglas tienen la capacidad de poder ser utilizadas en situaciones parecidas aunque no sean idénticas. Según Hogart[4], *"lo que se aprende es un principio, en oposición a un caso particular"*. Esto sifnifica la posibilidad de generar secuencias similares. Por ejemplo, un jugador de baloncesto que establece una relación entre la pierna que tiene adelantada su oponente más próximo y el lado por el que debe salir para obtener más ventaja, permite generar una regla de acción que va más allá de este simple hecho. El jugador es capaz de extraer el principio que subyace a esta situación particular. En este caso es que desplazarse por zonas que estén fuera del campo de visión del oponente dificulta más su acción que hacerlo por espacios donde la orientación de atacante y defensor coincidan. Esto es así porque en el primer caso el defensor debe cambiar su orientación, algo que requiere tiempo y espacio, cosa que no ocurre en el segundo caso. Por tanto, los jugadores de baloncesto podrán aquirir estas reglas de manera implícita siempre y cuando tengan claro los objetivos que deben cumplir. En este caso, los objetivos generales que deberían tener en cuenta son que hay que intentar lanzar con el menor grado de oposición, y en las zonas más eficaces posibles. Como se verá más adelante, no siempre es fácil que estos objetivos sean aprendidos de manera implícita. En esos supuestos casos, el entrenador deberá mediar en el aprendizaje para ayudar al jugador a conseguirlos. Pero incluso en estos casos, el aprendizaje de las reglas más complejas puede llegar a ser implícito; solo se activarían en la memoria de trabajo las redes neuronales que representan las metas más generales.

Lo segundo que tenemos que tener en cuenta para saber cómo se desarrolla la intuición por parte del deportista es que la fortaleza de la conexión en la memoria va a depender de su importancia, y ésta, a su vez, de ciertos factores como la genética, la motivación y la frecuencia[4].

**La emoción como clave del aprendizaje intuitivo.**

Con respecto a la influencia de la genética en la fortaleza de las conexiones, sabemos que estamos más predispuestos genéticamente a asociar cosas que ocurren junto a las emociones más básicas, como puede ser el miedo[4]. De aquí se desprende la importancia de que en los escenarios de aprendizaje las emociones estén presentes. Damasio, en su empeño de estudiar esta unión entre cognición y emoción, *realizó* un experimento en el que los sujetos tenían que elegir entre diversos montones de cartas con el objetivo de aumentar las ganancias que se obtenían[36]. Cada carta levantada de uno de los mazos suponía recibir una recompensa positiva (bonificación económica) o una pérdida. Los riesgos asociados por montones variaban, pero los sujetos no recibían información alguna acerca de la configuración de los mazos ni de las ganancias o pérdidas que acumularían si levantaban las cartas de uno u otro. Por consiguiente, sin que esto se hiciera explícito, los sujetos, en su intento por acumular más ganancias que pérdidas, debían averiguar qué montones producían más beneficios a través del ensayo/error. Lo que descubrió el grupo de Damasio fue que las personas con lesiones precorticales adoptaban estrategias más arriesgadas que les llevaba a tener ganancias a corto plazo, pero más pérdidas a largo, es decir, perdían la capacidad para anticipar las consecuencias de sus actos, se volvían más impulsivos, y buscaban básicamente la recompensa a corto plazo. En cambio, los sujetos sin daño cerebral, primero aprendían a evitar los montones de cartas donde tenían pérdidas mayores, y lo hacían antes incluso de ser conscientes de haber adoptado esta estrategia. Y segundo, mostraban unas respuestas físicas acentuadas cuando hacían las elecciones más arriesgadas. Es decir, las personas sanas aprendían de manera inconsciente a evitar ciertas decisiones gracias a asociarlas con ciertos marcadores somáticos (señales del cuerpo) que aparecían antes de tomar dicha decisión. Damasio sostiene que estas personas desarrollaron una capacidad para reconocer dichas señales que les advertían de que fueran cautas. Esto les permitiría escoger entre un número menor de alternativas[35]. A este descubrimiento Damasio lo denominó *"la hipótesis del marcador somático"*. Según esta teoría, cuando un deportista que se enfrenta a problemas de juego comete un error y no obtiene éxito, la información que accede al cerebro por las vías sensoriales genera una emoción negativa que se manifiesta en una reacción corporal. Cuando vuelva a enfrentarse a una situación similar, su cuerpo generará un estado emocional previo a la decisión, que el jugador utilizará para evitar repetir la acción que le condujo al error. Este proceso funcionaría como un mecanismo de filtro que utilizaría los estados afectivos asociados a cada una de las posibles alternativas, de tal modo que aquellos que anticipan consecuencias negativas son automáticamente rechazados reduciendo drásticamente el número de alternativas posibles del jugador[37].

Pero ¿qué ocurre cuando en este entorno complejo en el que el jugador comete errores continuamente, éste toma una decisión eficaz que permite solventar el problema? No hay evidencias claras de que, en estas circunstancias, en las que se generan estados emocionales positivos, los mecanismos que define la hipótesis del marcador somático funcionen igualmente, pero lo que sí sabemos con certeza es que se activa el sistema de "mejor de lo esperado". Nuestro cerebro, gracias a la dopamina, crea una señal que nos informa de que la decisión ha permitido obtener un resultado mejor de lo esperado, por lo que es necesario almacenar dicha información. Aprendemos por tanto aquello que tiene consecuencias positivas[38]. La dopamina ejerce diferentes funciones dependiendo del sistema en el que participa. Uno de estos sistemas básicos para la regulación del comportamiento humano es el de recompensa. Este efecto gratificante desencadenado por la dopamina desarrolla una función de "portal" que permite al deportista aprender que, ante estas circunstancias de juego, esta otra decisión le genera gratificación, y le incita a conseguirla. Las consecuencias son trascendentes para el deportista porque le ayudan a generar una regla de acción y, como consecuencia, a anticiparse y reducir la incertidumbre del entorno. Cuando esto sucede el organismo deja de segregar dopamina.

## 6. CUANDO LA COMPLEJIDAD NO LO ES TODO.

No solo la emoción es clave en el aprendizaje de la intuición. Existen otros factores que condicionan la adquisición del conocimiento intuitivo. Desde la Psicología experimental se ha comprobado cómo la complejidad de la regla influye en la posibildiad de aprender de manera inconsciente o consciente. Parece ser que a medida que aumente la complejidad de dicha regla disminuye la probabilidad de que la persona aprenda de forma consciente. La intención de aprender podría facilitar el aprendizaje en la medida que las relaciones entre estímulos y posibles respuestas fueran básicas pero, por el contrario, podría llegar a ser perjudicial si las relaciones fueran muy complejas. Reber fue uno de los primeros investigadores en descubrirlo. Se dio cuenta de que las personas podían adquirir conocimiento abstracto de fenómenos complejos sin ser consciente de ello. También descubrió que los intentos explícitos por comprender los principios subyacentes del entorno podían dificultar su comprensión, en comparación con un conocimiento implícito. Esto iba a depender de si, en el intento de comprender de manera explícita, se alcanzaba una comprensión correcta en las primeras fases del aprendizaje[4]. Pero no solo el intento de aprender las reglas puede perjudicar el aprendizaje.

También puede ser un problema que la persona tenga información sobre adónde debe atender para decidir. Perales y col[27], en su estudio determinaron que ofrecer información verbal de las claves atencionales relevantes para la toma de decisión puede dificultar la generalización del aprendizaje de claves similares, pero no idénticas, a las utilizadas intencionadamente. Si como entrenadores ofrecemos información a nuestro deportista para que establezca relación entre una clave del entorno y su decisión, aunque pueda generar una conexión entre dichos estímulos, este hecho puede estar impidiendo la formación de una regla más general. Como vimos en el caso anterior, un jugador de baloncesto atacante es capaz de aprender la relación que existe entre la velocidad del contrario y la posibilidad de superarlo en la acción de bote. En este sentido, el ofrecerle información sobre una acción de juego concreta en la que el defensor llega a una velocidad elevada (por ejemplo cuando su contrario tiene que recuperar su posición para evitar el lanzamiento tras realizar una ayuda) podría facilitar la decisión correcta del jugador cuando se repitieran las mismas condiciones de juego pero, según lo que hemos expuesto, este tipo de aprendizaje, basado en ofrecer información verbal sobre adónde atender, podría impedir la posibilidad de transferir lo aprendido a situaciones en las que las claves atencionales fueran parecidas pero no idénticas. Durante la competición difícilmente se van a repetir las mismas circunstancias, y tanto la posición del jugador atacante como la distancia que tiene que recorrer el defensor varían constantemente. En estos entornos, por tanto, serían poco útiles estas estrategias de enseñanza. Podríamos decir que el ser humano tiene una especial predisposición intuitiva para buscar asociaciones en entornos complejos que le permitan diminuir el nivel de incertidumbre y, por lo tanto, poder predecir lo que va a suceder.

A nivel neuronal las técnicas de neuroimagen han revelado datos contradictorios. Si se comparan tareas simples con otras más complejas, en las que se requiere dar solución a dos estímulos de manera simultánea, se encuentran diferencias en los sutratos neuronales. Durante las tareas complejas las áreas más activas son las superiores del hemisferio izquierdo, como el córtex parietal, área motora suplementaria, córtex motor primario y ganglios basales[39]. En cambio en tareas simples, la activación es de las regiones más inferiores del hemisferio derecho, como el cerebelo, gánglios basales y córtex occipital, temporal, prefontral lateral y premotor lateral[40]. Sin embargo, cuando se analizan estos resultados según el nivel de consciencia de los participantes, los datos sobre las estructuras activadas son similares. A raíz de los resultados obtenidos Grafton y col[39] y Hazeltine[40], concluyen que las diferencias encontradas entre tareas simples y complejas no corresponden al nivel de consciencia sino a la implicación de dos sistemas de aprendizaje diferentes. El sistema de aprendizaje para tareas simples requeriría que se atendiera a los estímulos, y lo haría en condiciones estructuradas (la relación entre los estímulos es predecible). En tareas no probabilísticas, con mayor incertidumbre, existiría otro sistema que no necesitaría atender conscientemente a los estímulos para asociarlos, pero a costa de que el aprendizaje quedase limitado a asociaciones de corta magnitud dentro de la misma dimensión. Este sistema se caracterizaría por ser implícito, mientras que el primero podría ser implícito o explícito en función de si los procesos atencionales que éste incluye, conducen o no al descubrimiento de la regla[41].

En sentido opuesto, desde la Psicología del Deporte se ha asentado la hipótesis de que el aprendizaje de reglas complejas se beneficia de un aprendizaje más explícito, mientras que el de las reglas simples se podría ver perjudicado. En este contexto se ha considerado que la complejidad de la regla viene definida por el número de claves que están presentes y a las hay que atender para decidir correctamente. Raab[42], ha llegado a la conclusión de que cuando la complejidad de lo que se quiere aprender aumenta, también lo hace la necesidad de contar con la intención de aprender. En su experimento, diseñó una tarea en la que los deportistas recibían un entrenamiento computerizado mediante la visualización de secuencias de partidos. Justo antes de finalizar la acción, la imagen se congelaba para que los deportistas eligieran la siguiente, atendiendo a lo que había ocurrido. Acto seguido se les informaba de la calidad de su decisión. El diseño implicaba la configuración de dos grupos distintos. A uno se les ofreció información sobre las reglas de acción y a otro no. Los resultados mostraron que los deportistas que no recibieron información aprendieron mejor cuando las reglas eran simples. En cambio, cuando el número de claves que el deportista tenía que tener en cuenta para decidir era mayor, los participantes aprendían mejor si se les ofrecía información sobre ellas. Estudios similares encuentran que efectivamente para el aprendizaje de reglas simples no es necesario una instrucción intencional[27].

El motivo de estas discrepancias entre disciplinas científicas se puede encontrar en la definición de dificultad de la tarea. Desde las ciencias del deporte se ha considerado el aprendizaje de la regla como un todo[27]. Pero la dificultad de una tarea no viene dada solo por la naturaleza de la regla, sino también por otros factores relacionados con la retroalimentación que proporciona el entorno tras su realización, y las características de las claves a las que atender para tomar la decisión. En primer lugar, el aprendizaje de una regla depende de la capacidad de las claves para captar la atención de la persona[27]. No todas las claves se perciben con la misma claridad. Existen claves que no son intuitivamente salientes por lo que el deportista tiene que adquirir la capacidad de reconocerlas mediante un proceso de aprendizaje perceptivo. Otras, en cambio, tienen una saliencia perceptiva más elevada. En el estudio realizado por Perales y col.[27] encontraron que existían diferencias en la naturaleza de las claves que usaron para decidir si el jugador debía de lanzar a canasta o no. Estas claves fueron: el grado de oposición del defensor, la disposición espacial para asegurar el balance defensivo y la disposición espacial para garantizar el rebote atacante. Tras comprobar que los participantes aprendían en mayor o menor medida dependiendo de que estuviera o no presente una de las claves, llegaron a la conclusión que esto podía deberse a las propiedades perceptivas de dichas claves. Al ser diferentes podría suceder que unas fueran más fáciles de percibir que otras. Esto dificultaría saber si el grado de eficacia del tipo de aprendizaje más intencional o incidental, se debía a la complejidad de la regla o al aprendizaje perceptivo de las claves. Como dicen los autores *"puesto que la complejidad de la regla era la misma para todas las claves, es muy probable que el aprendizaje intencional facilite, no tanto el aprendizaje de la regla sino la captación de la clave"*.

**El feedback del entorno como mediador del tipo de aprendizaje.**

Por otra parte, la retroalimentación que ofrece el entorno es clave para determinar si se puede aprender de manera implícita o no. Hogarth[4] establece que hay entornos más propicios para este tipo de aprendizaje, ya que el feedback que nos ofrecen permite establecer conexiones entre las claves y los resultados de la acción. Define dos grandes características del entorno: la calidad de la retroalimentación y la consecuencia de los errores. La calidad viene determinada por su relevancia y, ésta, a su vez, por la rapidez con que recibamos el feedback y su precisión. Un entorno en el que el feedback es preciso y rápido facilitaría aprender de la experiencia. En cambio, si el feedback se demora o se caracteriza por su incertidumbre, resultará más difícil aprender a elegir de forma correcta sólo con la práctica. Estos entornos son propicios para la adquisición de creencias y prejuicios. Como hemos comentado, esto también dificultaría un aprendizaje implícito.

La rapidez con la que el entorno ofrece un feedback sobre la acción, junto con la frecuencia con la que aparecen juntos esos estímulos que queremos asociar, es clave para fortalecer las conexiones que formamos en nuestra memoria y que dan lugar a reglas de acción. Continuamente estamos procesando información que se codifica automáticamente sin aparente esfuerzo, lo que significa que estamos diseñados para aprender de manera implícita aquellos sucesos que aparecen frecuentemente. La frecuencia de aparición de las circunstancias en las que la proximidad entre estímulos y respuestas es elevada, determina la solidez de las conexiones neuronales que sustentan el aprendizaje y que, en este caso, se almacenan en la memoria sin que la persona sea consciente de ello, y sin un detrimento de la calidad de dicha información respecto a la almacenada de manera intencional. Además, una vez aquirido este concomiento, las personas tienen problemas para acceder a él de manera consciente[4]. En cambio, la dificultad para asociar dos estímulos aumenta cuando el tiempo que trascurre entre ambos es elevado. Si queremos asociar cierto comportamiento del deportista a la gratificación por haber tenido éxito, o desechar dicha decisión por la emoción negativa que ha suscitado, si el feedback del entorno, que genera dicha emoción, tarda en aparecer, difícilmente se podrá formar la conexión entre estímulo y respuesta. Un ejemplo sería la elección de lanzar a canasta en baloncesto atendiendo a una clave como es "hacerlo cuando se pueda asegurar el balance defensivo, es decir, que el jugador, cuando decida tirar, tenga en cuenta que algún compañero suyo esté lo suficientemente cerca de su propia canasta para, en caso de errar el tiro, impedir un contraataque del equipo rival. En el estudio de Perales y colaboradores[27], llegaron a la conclusión de que el tiempo elevado que pasaba entre la elección de lanzar y el resultado de recibir un contraataque si no había balance defensivo (feedback demorado) podía estar imposibilitando que los participantes aprendieran esta conexión de manera intuitiva.

Por otro lado, un feedback impreciso dificultaría un aprendizaje implícito. Esta imprecisión puede venir por la incertidumbre del resultado. Hay situaciones en las que los resultados observados son poco predecibles. En los deportes de interacción los deportistas aprenden a esconder su decisión hasta el último momento, además de utilizar acciones de engaño individuales y colectivas, que imposibilitan al adversario poder anticiparse. Un portero que debe parar un penalti podría ser un ejemplo representativo de estas situaciones. Si el portero se basara solo en la experiencia difícilmente podría anticiparse al lanzamiento del contrario, pues los jugadores han aprendido a mostrar preíndices falsos y ocultar su verdadera intención hasta el último momento. En estos casos resulta muy útil contar con información explícita de los hábitos de los jugadores que van a lanzar. Algo similar ocurre en baloncesto cuando se analiza el comportamiento en competición de los rivales cada semana. Al jugador se le ofrece información para que aprenda las acciones que más repite el contrario, incluidas las acciones de engaño que utiliza de forma más frecuente. En cambio, en otras ocasiones la incertidumbre del feedback no se produce por la interacción con el contrario sino por la relación no probabilística entre las claves y la acción del deportista. Si pensamos en un jugador de fútbol que está atacando sin balón y que ocupa una posición que no permite a su compañero pasarle, éste no recibe información del entorno que le pueda llevar a establecer una relación entre su acción, ocupar ese espacio, y el hecho de que su compañero no le pase. Esta incertidumbre también se produce en sentido contrario. Si el jugador sin balón actuara bien y facilitase el pase a su compañero, ofreciendo una línea de pase segura, esto no llevaría consigo que su compañero le pasase el balón. Todo ello nos lleva a pensar que aprender a jugar sin balón en los deportes de equipo requiere un aprendizaje explícito. Esta hipótesis cobró una mayor consistencia como resultado de un estudio realizado por nuestro propio equipo de investigación[43], al analizar el efecto que producía un entrenamiento explícito en las conductas de los jugadores de baloncesto que realizan bloqueos a sus compañeros. Estos jugadores deben moverse rápidamente para ofrecer un pase a sus compañeros puesto que, en la mayoría de las ocasiones, son ellos los que, de manera temporal, tienen una ventaja espacial. En estas condiciones se concluyó que los jugadores mejoraron en gran medida su comportamiento cuando se les ofreció información tanto de las claves a atender como de la regla general.

**La importancia de las consecuencias del error**

La segunda característica es la consecuencia del error. Existen entornos benévolos en los que el error no tiene grandes consecuencias. En cambio, otros son muy exigentes y se requiere mucha precisión, porque el más mínimo error ocasiona graves consecuencias. Los deportes en general tienen entornos muy exigentes, pero existen circunstancias en las que se puede asumir cierta cantidad de error, sobre todo porque una misma acción puede cumplir con diferentes propósitos. De nuevo nos ponemos en la piel de los deportistas de equipo. Tener éxito va a depender de en qué medida son capaces de cumplir con los objetivos del juego. En ocasiones, una misma decisión del jugador le permitirá asegurar una mayor protección del balón, pero, en cambio, no le ayudará a conseguir el alejamiento del contrario. Si pensamos en un niño que se inicia en estos deportes, cuando tiene la posesión del balón suele tomar decisiones encaminadas a evitar que los contrarios le roben el balón. Estas decisiones no permiten superar al contrario o lanzar en unas condiciones óptimas, pero esto tiene pocas consecuencias. El niño es capaz de mantener la posesión del balón, algo que le produce satisfacción, generando una regla de acción. La valoración del resultado le va a llevar a repetir estas decisiones en el futuro, lo que le va a impedir descubrir otras formas alternativas más eficaces de actuar que le permitirían adquirir la regla más compleja.

Otro ejemplo común en la iniciación deportiva es el uso de refuerzos emocionales por parte de los entrenadores ante decisiones poco válidas de los niños, pero muy efectivas. Es habitual que ciertos niños cometan errores tácticos, que podrían tener consecuencias mayores, como consecuencia de su superioridad física. Por ejemplo, en una situación de 1 x 1, con el oponente directo a cierta distancia, el atacante con balón decide intentar superarlo mediante la progresión botando, en vez de lanzar a canasta por contar con espacio libre suficiente para ello. En condiciones normales, de igualdad física, esta distancia que les separa permitiría al defensor modificar su posición y no ser rebasado, pero la superioridad en velocidad y fuerza del atacante le permiten obtener éxito, aunque su decisión no haya sido la más adecuada desde el punto de vista táctico. Además, el entrenador suele premiar y reforzar dicha conducta, ya sea por omisión de un feedback negativo que corrija ese comportamiento, o por ofrecer un feedback afectivo, que refuerza esta conducta. El problema aparece cuando el entorno cambia y estos errores tienen consecuencias mayores. A medida que los niños se desarrollan físicamente esta ventaja desaparece, pero, para entonces, el jugador ha aprendido una regla de acción que no es válida, y empieza a cometer errores que ahora sí tienen consecuencias graves. Si no se evita, los niños descubren una estrategia que inicialmente funciona y por la cual obtienen una recompensa. Además, si se recibe una recompensa externa, las personas son reacias a cambiar su conducta, y buscar otras alternativas probablemente más efectivas[4]. Como dice Hogarth[4] aprender de la experiencia en estos entornos no supone ninguna garantía de que lo que se aprende sea lo adecuado. Si esos entornos no permiten descubrir otras formas más efectivas, el jugador nunca aprenderá la regla general.

**El tipo de instrucción según la complejidad del entorno**

Un entrenador, por tanto, debería tener en cuenta todo lo anterior para decidir qué estrategias de enseñanza va a utilizar y poder desarrollar de la manera más efectiva la inteligencia intuitiva de sus deportistas. Lo primero que debería hacer es analizar el tipo de entorno en el que el deportista va a tener que aprender cada una de las habilidades necesarias para rendir en su deporte. El segundo paso sería establecer qué habilidades se pueden aprender por la mera práctica y el refuerzo del entrenador, y cuáles necesitan una mayor guía. Además, debería diferenciar entre las que podrían ser aprendidas sin que se produzca intencionalidad.

Muchos de los entornos definidos en este apartado no permitirían aprender de la experiencia, pero los entrenadores pueden modificarlos durante los entrenamientos para facilitar la toma de decisiones del jugador, ya sea aumentando la probabilidad de éxito de la alternativa más adecuada[43], o haciendo más visible la clave atencional, gracias a manipulación el entorno, fundamentalmente del grado de libertad de los adversarios. También puede ofrecer un feedback afectivo positivo tras la acción que creamos que ha sido correcta. Los estados emocionales de los deportistas pueden estar provocados por la percepción que tienen del resultado de la tarea, pero también por el feedback sobre el resultado o la ejecución que le puede aportar el entrenador, pudiendo influir decisivamente en la forma en que el sujeto perciba la realidad[37]. Como vimos anteriormente, en ocasiones, durante el proceso de adquisición de la capacidad de decisión intuitiva, el jugador de un deporte de equipo necesita ensayar acciones que, siendo adecuadas en el contexto, no siempre terminan con éxito. Esta incertidumbre en el resultado puede ser contrarrestado por el feedback afectivo del entrenador. Un refuerzo en estas circunstancias resulta vital para consolidar la conducta, al modificar el valor hedónico del resultado, dando más importancia al proceso. Esta reorientación de la valencia emocional de la experiencia ayuda al deportista a consolidar el hábito de tomar iniciativas y mejora su autoeficacia. Sin embargo, esta influencia puede ser contraria si el feedback habitual del entrenador se centra sobre el resultado negativo de la acción y no sobre la adecuación de la respuesta en el contexto de juego. Desgraciadamente, este comportamiento puede conducir a inhibir el comportamiento deseable del jugador[37]. Estas estrategias serían incidentales, con lo que se evitaría que el jugador tuviera que atender a las claves de manera deliberada, algo que puede ser contraproducente como vimos anteriormente.

El siguiente paso del entrenador sería usar estrategias intencionales, pero sin llegar a dar información ni de la clave ni de la regla. El propósito fundamental sería convertir un entorno, en el que las consecuencias del error son benévolas, en otro en que sean exigentes o, en el que el feedback es retrasado y con incertidumbre, en otro en el que sea rápido y preciso, gracias fundamentalmente a dos aspectos: establecer los objetivos que guíen la conducta del jugador y ofrecer un feedback sobre el grado de cumplimiento de dichos objetivos. Un entrenador, ante situaciones como las descritas en el ejemplo anterior, en las que un jugador de fútbol tenía dificultades para aprender a jugar sin balón de manera implícita por la incertidumbre del resultado, tendría que especificar qué objetivos debe cumplir el jugador sin balón para tener éxito. Por ejemplo, debe aprender a apoyar al jugador con balón en posiciones donde facilite el pase. Cuando el jugador practique, el entrenador debe ofrecer información de en qué grado el jugador ha facilitado el pase a su compañero.

Cuando estas estrategias no fueran suficientes, el entrenador tendría que ofrecer información sobre la regla y sobre las claves presentes. Siguiendo con el ejemplo anterior, si el jugador no aprendiera a facilitar el pase de manera adecuada, el entrenador introduciría información sobre cómo poder lograrlo. Por ejemplo, establecería una relación entre la distancia de su oponente con la línea de pase y la probabilidad de recibir de manera más segura. Lo que no se le ofrecería al jugador es información sobre la conducta más eficaz, intentando paliar los inconvenientes de este tipo de estrategia en la transferencia del conocimiento.

## 7. LA ADAPTACIÓN A LA INCERTIDUMBRE COMO VÍA PARA EL DESARROLLO DE LA CREATIVIDAD.

Si partimos de lo descrito anteriormente, un deportista utiliza dos sistemas diferentes para dar solución a los problemas del entorno, pero los dos formarían parte de su intuición. El primer sistema de aprendizaje le ayudaría a dar solución a situaciones más predecibles en los que la práctica repetida daría lugar a reglas de tipo if-then. El segundo sistema sería necesario para solucionar situaciones más complejas en el que el nivel de incertidumbre es más elevado. En este punto es importante distinguir entre los conceptos de creatividad táctica e inteligencia táctica. La inteligencia táctica correspondería al primer tipo de intuición, mientras que la creatividad es la expresión de un pensamiento divergente y que en los deportes se puede definir como la capacidad para generar respuestas distintas a las habituales en la resolución de los problemas que plantean las situaciones de juego, que pueden ser descritas como sorpresivas, raras y originales[9]. Nuestra opinión es que esta intuición creativa está muy relacionada con las habilidades cognitivas de orden superior como es la atención ejecutiva. Como dicen Peregrina y col[44] esta capacidad pertenece a un dominio general y desempeña un papel relevante en tareas complejas, en las que existen conflictos entre las respuestas a emitir, o en aquellas en las que existe la presencia de estímulos distractores. Como vimos anteriormente existe una relación entre rendimiento deportivo y dichas funciones ejecutivas. Éstas permitirían al jugador dar respuestas más flexibles y originales.

A partir de estos avances en el conocimiento de la importancia de la atención ejecutiva, ha existido un creciente interés en comprobar en qué medida estas habilidades son entrenables. Ejemplos de esto son la batería Cogmed o el COGITO[44]. La clave de estos programas se encuentra en la variedad de ejercicios que incluyen y en el control de la dificultad de la tarea para adaptarla continuamente a la necesidad de cada persona. Autores como Rueda y col[45] han tratado de averiguar la influencia que ejerce el entrenamiento sobre la eficiencia de la red de atención ejecutiva. Para ello trabajaron con una muestra de niños de 4 a 6 años en un programa de entrenamiento informatizado durante 5 sesiones. Los datos de activación cerebral muestran un efecto beneficioso del entrenamiento en la red ejecutiva. Además, el efecto beneficioso del entrenamiento de la atención también se transfiere a medidas no entrenadas, como la inteligencia fluida.

Desde el ámbito de las ciencias del deporte también se ha intentado averiguar qué programas son más efectivos para un desarrollo más óptimo de la atención ejecutiva. Estudios como los de Bugge y col[46] o Martins y Gotuzo[47] han conseguido mejorar las funciones ejecutivas a través de la práctica de ejercicio físico que conlleve un compromiso cognitivo, gracias sobre todo a la manipulación de la incertidumbre. Estos autores sugieren que los juegos reducidos deportivos son un buen medio para la mejora de algunos de los componentes de la red ejecutiva. Según Best[48], tal vez las habilidades cognitivas adquiridas durante estos juegos deportivos, que requieren la cognición compleja con el fin de cooperar con los compañeros de equipo, anticipar su comportamiento y el de los oponentes, emplear estrategias, y adaptarse a las demandas siempre cambiantes de la actividad, se transfieran a las tareas que requieren de la atención ejecutiva.

No es casual que el mayor desarrollo de estas capacidades se produzca en entornos con un elevado nivel de incertidumbre, de gran variabilidad y de interacción entre miembros de equipos rivales. Para Best[48], cuando en el entorno existe una interferencia contextual, es decir, los componentes de la tarea se presentan de una manera compleja y cuasi-aleatoria, las habilidades que se aprenden, se retienen y se transfieren mejor. Esta interferencia contextual, típica de los deportes de interacción, demanda procesos ejecutivos como crear un plan de acción motriz, supervisado y modificado en presencia continua de demandas cambiantes de la tarea. Todo ello apoya nuestra hipótesis de que, a medida que en los deportes de interacción se utilicen metodologías de entrenamiento que adapten el nivel de entropía de la tarea al jugador, de forma que se enfrente constantemente a nuevos retos y situaciones inesperadas, y en las que el tipo de instrucción incidental utilizado promueva aprendizaje implícitos, evitando ofrecer información sobre las claves de decisión, mayor será su capacidad adaptativa, gracias a la mejora de sus capacidades cognitivas como las funciones ejecutivas, generando así una inteligencia intuitiva más creativa.

## 8. REFERENCIAS BIBLIOGRÁFICAS

1. Cárdenas, D., Perales, J. C., y Alarcón, F. (2014). La planificación del entrenamiento para la toma de decisiones en los deportes de equipo. En F. del Villar y L. García-González (eds.), *El entrenamiento táctico y decisional en el deporte* (pp. 264-289). Madrid: Síntesis.

2. García, L. y Moreno, A. (2014). La toma de decisiones desde la perspectiva de la psicología cognitiva. En F. del Villar y L. García-González (eds.), *El entrenamiento táctico y decisional en el deporte* (pp. 21-42). Madrid: Síntesis.

3. Damasio, A. (2012). *Y el cerebro creó al hombre: ¿Cómo pudo el cerebro generar emociones, sentimientos, ideas y el yo?* Madrid: Destino.

4. Hogarth, R.M. (2002). *Educar la intuición.* Barcelona: Paidós.

5. Kahneman, D. (2011). *Thinking fast and slow.* New York: Farrar, Struss and Giroux.

6. Ashe, J., Lungu, O.V., Basford, A.T., y Lu, X. (2006). Cortical control of motor sequences. *Current opinion in neurobiology, 16*(2), 213-221.

7. Hirst, W. (1986). The psychology of attention. En J.E. LeDoux y W. Hirst (eds.), *Mind and brain: Dialogues in cognitive neuroscience* (pp. 105-141). Cambridge: Cambridge University Press.

8. Chabris, C., y Simons, D. (2011). *El gorila invisible. Cómo nos engaña nuestro cerebro*. Barcelona: RBA libros.

9. Alarcón, F., Castillo, A., Torres, E., y Cárdenas, D. (2017). La Creatividad Táctica y las funciones ejecutivas en los deportes de interacción. *SPORT TK-Revista EuroAmericana de Ciencias del Deporte*.

10. Gopher, D. (1993). The skill of attention control: Acquisition and execution of attention strategies. *Attention and performance XIV: Synergies in experimental psychology, artificial intelligence, and cognitive neuroscience*, 299-322.

11. Kramer, F. (1999). Training for executive control: Task coordination strategies and aging. En D. Gopher y A. Koriet (eds.), *Attention and Performance* (pp. 617-652). Cambridge, MA: MIT Press.

12. Hertzog, C., Kramer, A. F., Wilson, R. S., y Lindenberger, U. (2009). Enrichment effects on adult cognitive development: can the functional capacity of older adults be preserved and enhanced? *Psychological science in the public interest, 9*(1), 1-65.

13. Posner, M.I. (1994). Attention: the mechanism of consciousness. *Proc Nat Acad Sci, U.S.A., 91*(16), 7398-7402.

14. Posner, M.I., y Petersen, S.E. (1990). The attention system of the human brain. *Annual review of neuroscience, 13*(1), 25-42.

15. Fuentes, L. y García-Sevilla J. (2008). *Manual de Psicología de la Atención: una perspectiva neurocientífica*. Madrid: Síntesis.

16. Vestberg, T., Gustafson, R., Maurex, L., Ingvar, M., y Petrovic, P. (2012). Executive functions predict the success of top-soccer players. *PloS one, 7*(4), 34731.

17. Memmert, D., y Furley, P. (2007). I spy with my little eye!": Breadth of attention, inattentional blindness, and tactical decision making in team sports. *Journal of Sport and Exercise Psychology, 29*(3), 365-381.

18. Alarcón, F. y Verdú, A. (2012). La toma de decisiones en jugadores de baloncesto amateur en condiciones de alta complejidad perceptiva. En libro de *Actas del VII Congreso Internacional de la Asociación Española de Ciencias del Deporte*, Granada.

19. Chaddock, L, Neider, M.B., Voss, M.W., Gaspar, J.G., y Kramer, A.F. (2011). Do Athletes Excel at Everyday Tasks? *Medicine and science in sports and exercise, 43*(10), 1920-1926.

20. Faubert, J. (2013). Professional athletes have extraordinary skills for rapidly learning complex and neutral dynamic visual scenes. *Scientific reports, 3*, 1154.

21. Mangine, G.T., Hoffman, J.R., Wells, A.J., Gonzalez, A.M., Rogowski, J.P., Townsend, J.R., y Fragala, M.S. (2014). Visual tracking speed is related to basketball-specific measures of performance in NBA players. *The Journal of Strength & Conditioning Research, 28*(9), 2406-2414.

22. Bajo, T., Fuerte, L., Lupiáñez, C. y Rosario, M. (2016). *Mente y cerebro. De la psicología experimental a la neurociencia cognitiva*. Madrid: Alianza Editorial.

23. Maldonado, A. (2012). *Aprendizaje, cognición y comportamiento humano*. Madrid: Biblioteca Nueva.

24. Beilock, S.L., Bertenthal, B.I., Mccoy, A.M., y Carr, T.H. (2004). Haste does not always make waste: Expertise, direction of attention, and speed versus accuracy in performing sensorimotor skills. *Psychonomic Bulletin & Review, 11*(2), 373-379.

25. Johnson, J.G., y Raab, M. (2003). Take the first: Option-generation and resulting choices. *Organizational Behavior and Human Decision Processes, 91*(2), 215-229.

26. Anderson, J.R. (1996). *Learning and cognition*. New York: John Willey.

27. Perales, J.C., Cárdenas, D., Piñar, M.I., Sánchez, G., y Courel, J. (2011). El efecto diferencial de la instrucción incidental e intencional en el aprendizaje de las condiciones para la decisión de tiro en baloncesto. *Revista de Psicología del Deporte, 20*(2), 729-745.

28. Frank, M.J., Cohen, M.X., y Sanfey, A.G. (2009). Multiple systems in decision making: A neurocomputational perspective. *Current Directions in Psychological Science, 18*(2), 73-77.

29. Neumann, O. (1984). Automatic processing: A review of recent findings and a plea for an old theory. In W. Prinz y A.F. Sanders (eds.), *Cognition and motor processes* (pp. 255-293). Berlin: Springer Verlag.

30. Jacoby, L.L. (1991). A process dissociation framework: Separating automatic from intentional uses of memory. *Journal of memory and language, 30*(5), 513-541.

31. Rakover, S.S. (1996). The place of consciousness in the information processing approach: The mental-pool thought experiment. *Behavioral and Brain Sciences, 19*(3), 537-538.

32. Cleeremans, A., y Jiménez, L. (2002). Implicit learning and consciousness: A graded, dynamic perspective. Implicit learning and consciousness. En A. Cleeremans y R. French (eds.), *Implicit Learning and Consciousness: An empirical, philosophical, and computational consensus in the making* (pp. 1-40). Hove, East Sussex: Psychology Press.

33. Gallagher, M., y Schoenbaum, G. (1999). Functions of the amygdala and related forebrain areas in attention and cognition. *Annals of the New York Academy of Sciences, 877*, 397–411.

34. LeDoux, J. (1998*). The emotional brain: The mysterious underpinnings of emotional life.* Nueva York: Simon and Schuster.

35. Damasio A. (2001). *El error de Descartes: la emoción, la razón y el cerebro humano.* Barcelona: Crítica.

36. Bechara, A., Damasio, A.R., Damasio, H., y Anderson, S.W. (1994). Insensitivity to future consequences following damage to human prefrontal cortex. *Cognition, 50*(1), 7-15.

37. Cárdenas, D. (2010). *La toma de decisiones en baloncesto: bases neuropsicológicas y su aplicación práctica. Aportaciones teóricas y prácticas para el baloncesto del futuro.* Sevilla: Wanceulen.

38. Spitzer, M. (2005). *Aprendizaje: neurociencia y la escuela de la vida.* Barcelona: Omega.

39. Grafton, S. T., Hazeltine, E. e Ivry, R. (1998). Abstract and effector-specific representations of motor sequences identified with PET. *Journal of Neurophysiology, 18*, 9420-9428.

40. Hazeltine, E. (2003). Neural structures that support sequence learning. En L. Jiménez (Ed), *Attention and Implicit learning* (pp. 71-107). Amsterdam: John Benjamins Publishers.

41. Martínez, J.M. (2004). *Aprendizaje implícito y explícito de secuencias: determinantes e indicadores.* Tesis doctoral no publicada. Granada: Universidad de Granada.

42. Raab, M. (2003). Decision making in sports: influence of complexity on implicit and explicit learning. *International Journal of Sport and Exercise Psychology, 1*(4), 406-433.

43. Alarcón, F., Ureña, N., y Cárdenas, D. (2014). El aprendizaje de reglas discriminativas complejas en baloncesto a través de una instrucción intencional. *Cuadernos de Psicología del Deporte, 14*(3), 109-116.

44. Peregrina, S., Lechuga, T., Castellanos, C., y Elousa, M.R. (2016). Memoria de trabajo. En T. Bajo, L. Fuerte, C. Lupiáñez y M. Rosario (eds), *Mente y cerebro. De la psicología experimental a la neurociencia cognitiva.* Madrid: Alianza Editorial.

45. Rueda, M. R., Rothbart, M. K., McCandliss, B. D., Saccomanno, L., y Posner, M. I. (2005). Training, maturation, and genetic influences on the development of

executive attention. *Proceedings of the National Academy of Sciences of the USA, 102,* 14931-14936.

46. Bugge, A., Tarp, J., Østergaard, L., Domazet, S. L., Andersen, L. B., y Froberg, K. (2014). LCoMotion – Learning, Cognition and Motion; a multicomponent cluster randomized school-based intervention aimed at increasing learning and cognition - rationale, design and methods. *BMC Public Health, 14,* 967.

47. Martins, N., y Gotuzo, A. (2015). Is it possible to promote executive functions in preschoolers? A case study in Brazil. *International Journal of Child Care and Education Policy, 9*(6).

48. Best, J.R. (2010). Effects of physical activity on children's executive function: Contributions of experimental research on aerobic exercise. *Developmental Review, 30*(4), 331-351.

# EL LENGUAJE NO VERBAL EN EL DEPORTE: LAS EMOCIONES AL DESCUBIERTO

**D. Juan Lázaro-Mateo** profesor en la Universidad de Valencia.

*"La cara es el espejo del alma, los ojos sus intérpretes"*. Cicerón

El lenguaje o comunicación no verbal (CNV) es una cualidad inherente al ser humano, inevitable como acertadamente reza la frase de Paul Watzlawick "es imposible no comunicarse, ya que todo comportamiento es una forma de comunicación"[1]. El lenguaje no verbal es todo lenguaje que no utiliza un código reglado, consensuado y transmitido, pero que cumple reglas básicas de la comunicación, como la existencia de un emisor, un mensaje, un canal y un receptor. Es mucho más antiguo que el lenguaje verbal, instintivo y observable en todo el reino animal. Conocerlo en profundidad aporta una herramienta muy útil, tanto para analizarlo en otras personas, como para dominarlo en uno mismo[2].

Este capítulo está especialmente orientado a profesores, entrenadores, formadores y todo tipo de técnicos deportivos. Su estudio mostrará al lector una herramienta útil para comprender mejor a nuestros deportistas y alumnos mediante el análisis de sus gestos faciales, su forma de decir lo que dicen, sus movimientos corporales, etc. Su análisis y comprensión es altamente útil en áreas como el deporte o la educación, porque promueve la madurez emocional de las personas que lo dominan, así como sus habilidades interpersonales. En el futuro los centros de enseñanza, así como los centros de alto rendimiento deportivo, incluirán la educación en inteligencia emocional, dentro de la cual se enmarca el conocimiento del comportamiento no verbal.

## 1. ¿QUÉ ES LA COMUNICACIÓN NO VERBAL?

El lenguaje no verbal más instintivo e involuntario es un reflejo bastante fiel de lo que ocurre en nuestro sistema límbico, el denominado por muchos "cerebro emocional", ya que en las reacciones más espontáneas existe una baja intervención de la corteza cerebral, el área del autocontrol. Por el contrario, cuando este media, el lenguaje no verbal es deliberado y controlado. Sin embargo, aunque el córtex ha evolucionado para las funciones cognitivas complejas, como el control de las emociones, las estructuras más primitivas del cerebro siguen siendo las que dominan en situaciones de alta exigencia de respuesta, como ocurre en una competición deportiva. En dicha competición, la exigencia del ambiente es tan alta, que requiere toda la dedicación del córtex prefrontal para el cálculo de las acciones, de forma que no puede estar continuamente controlando las respuestas emocionales y éstas surgen de una forma más intensa que en la vida cotidiana, por ello, aparecen expresiones emocionales naturales. Incluso en algunos deportes, la comunicación no verbal es un factor importantísimo para ganar, como ocurre en la natación sincronizada[3].

Además de la expresión de las emociones, mediante el lenguaje no verbal también manifestamos otros procesos cognitivos como la atención[4], el aprendizaje de nueva información, la intención de engañar[5], la excitación sexual[6], el aburrimiento, el deseo de irnos de un lugar[7], etc. Sin el aprendizaje y la práctica, todo ello escapa a nuestra percepción, por varias causas. Por un lado, el desarrollo del lenguaje verbal ha provocado, tras cientos de miles de años, que nos centremos desde pequeños en lo que los demás dicen, atrofiando así una habilidad que antaño teníamos más desarrollada que hoy y en la cual los animales nos superan con creces. Prueba de ello es el caso del caballo alemán Clever Hans, cuyo dueño creyó haberle enseñado a hacer cálculos aritméticos en los que el animal daba la solución a cada operación matemática dando patadas al suelo, el mismo número de patadas que el correspondiente a la cifra. El profesor de matemáticas Wilhelm Von Osten, su dueño, lo llevó por toda Alemania exhibiendo sus increíbles habilidades. Sin embargo, una comisión de psicólogos encargada de analizar el caso del inteligente Hans, desveló que el señor Von Osten hacía expresiones faciales muy sutiles de forma inconsciente cuando el caballo llegaba a la cifra requerida y entonces este dejaba de patear el suelo. Esto supuso una gran decepción para mucha gente en ese momento, pero gracias a ello, en las ciencias sociales hoy tenemos en cuenta el efecto "Clever Hans", o efecto de la influencia del experimentador, por lo que utilizamos la técnica del doble ciego[8]. Pero no sólo hemos perdido nuestra habilidad primitiva para la lectura del lenguaje corporal, por otro lado, también como consecuencia de nuestros hábitos de vida, hemos deteriorado nuestra capacidad de atención. Actualmente sufrimos una grave "infoxicación" como propone Daniel Goleman[9]. Este concepto se refiere a que estamos continuamente invadidos de mensajes publicitarios, telecomunicaciones móviles, millones de diseños diferentes de cada tipo de producto, noticias y como máximo exponente, internet, todo un universo virtual de información continua e incesante, lo cual dificulta que centremos la atención en lo realmente importante. Ya no vivimos en la naturaleza, en el silencio del campo, en el que tenemos que distinguir a lo lejos el contoneo de un lobo acechante. Vivimos seguros y "protegidos" en la civilización y no tenemos que ir prácticamente a buscar nada, todo lo que necesitamos nos lo ponen continuamente a nuestro alcance con continuos mensajes. El mensaje más agresivo o más llamativo es el que gana a los demás que compiten por un mismo espacio, por lo que estos no paran de sucederse y nuestra atención funciona pasivamente, todo le viene, no necesita esforzarse. En consecuencia se va deteriorando[9] principalmente la atención ejecutiva en favor de una atención más superficial y cambiante.

**¿Para qué sirve comprender la CNV?**

Por culpa de la verbalización y la infoxicación humana, ya no somos analistas innatos del lenguaje no verbal. Pero, ¿qué debemos observar? y ¿qué implica lo que vemos en la conducta ajena? El estudio de la comunicación no verbal nos ofrece continuamente respuestas a estas preguntas desde la época de Darwin e incluso antes y se ha ido aplicando a muy diversas áreas, como por ejemplo en el deporte. En el universo de la competición deportiva, aprender a interpretar adecuadamente el comportamiento y la gesticulación puede ayudar a los jugadores y a los cuerpos técnicos a mejorar su rendimiento, así como la calidad de sus interacciones[10]. Si un entrenador detecta expresiones sutiles de tristeza en un jugador antes de un entrenamiento, podrá tener la opción de apartarse a hablar con él en privado para interesarse por su estado, en vez de empeorar la situación presionándole al observar que su rendimiento no es el de siempre. También podrá prevenir un conflicto entre dos jugadores si detecta microexpresiones de hostilidad entre ellos, antes de que sea demasiado tarde. Los jugadores podrán ser más empáticos también con el entrenador, entre sí, e incluso con los jugadores rivales, favoreciendo con ello el juego limpio y las buenas relaciones personales. Por ello, haremos un repaso a las grandes áreas de la comunicación no verbal aplicadas al deporte, así como algunos estudios centrados en disciplinas deportivas concretas.

En muchos deportes, analizar correctamente el lenguaje corporal del adversario es incluso una ventaja competitiva. En todos aquellos deportes en que se utiliza cualquier tipo de engaño, saber leer la conducta del oponente puede ayudar al jugador a adelantarse a sus intenciones. Por ejemplo, las fintas del baloncesto son puros engaños gestuales y son prácticamente la base del avance en la cancha. En las tácticas modernas de baloncesto, incluso el defensor engaña sobre sus intenciones[11]. Como señala Dantas[12], hasta hace poco, en los laboratorios de fisiología del esfuerzo y biomecánica, el deportista ha sido analizado como un mecanismo de músculos, huesos y nervios. Cada vez más se va considerando el factor psicosocial como uno de los más influyentes en el rendimiento del atleta. De este modo, la preparación psicológica es una parte muy importante en el entrenamiento deportivo de alto nivel, en el cual, la capacidad de los entrenadores de saber interpretar los mensajes transmitidos a través del lenguaje no-verbal, puede representar la diferencia entre el éxito y el fracaso de la comunicación con los deportistas[13]. Incluso, si se enseña este tipo de conocimientos psicológicos a los jugadores, el equipo podrá aumentar su eficacia[14].

## 2. LA CARA ES EL ESPEJO DE LA MENTE

La mítica frase de Cicerón "La cara es el espejo del alma" puede ser ya reformulada cambiando alma por pensamiento y quedaría entonces modificada con bastante acierto. La conexión entre nuestro centro neurológico y los músculos faciales, es directa mediante los nervios facial y trigémino. El *nervio facial* nace en el tallo cerebral, entre el puente troncoencefálico y el bulbo raquídeo, llegando sus ramificaciones a todos los músculos de la cara. Por ello, la tensión de los músculos faciales es una orden cerebral directa y la expresión facial es un reflejo visible de nuestras cogniciones[14]. El *trigémino* es el nervio encargado de mover los músculos de la masticación y de la sensibilidad de la cara. Gracias a él podemos percibir la información táctil, el dolor o saber qué cara estamos poniendo.

La expresión facial es la forma que adopta el rostro como consecuencia de las acciones combinadas de los músculos faciales. Los músculos reciben y dejan de recibir tensión electrica que los contrae de forma independiente entre sí. Las combinaciones posibles son más de 10.000. Estas combinaciones no son aleatorias, sino que están directamente relacionadas con nuestros procesos cognitivos, pero ¿con cuales? El proceso más estudiado en su relación con la expresión facial es la emoción. En la expresión facial se reflejan tanto las emociones básicas o primarias, como las secundarias. También se han encontrado correlaciones entre la expresión facial y procesos como la atención, el aprendizaje o el deseo sexual.

Para la medición de las expresiones faciales, Paul Ekman y Wallace Friesen diseñaron en 1978[15] una codificación por unidades de acción facial, aceptada y usada hoy por toda la comunidad científica. Este código, el FACS

(Facial Action Coding System), no adjudica un valor a cada movimiento muscular como hicieron antes otros sistemas, sino que agrupa las combinaciones de movimientos musculares por grupos que forman una acción concreta en el rostro visible. Por ejemplo, la unidad de acción 4 (UA4) es el fruncimiento del ceño[15]. Esta codificación es la que usan tanto los ACNV (analistas de comunicación no verbal), como los softwares de identificación de emociones.

**Expresión facial de las emociones básicas o primarias**

En primer lugar es importante que el lector tenga claro el concepto de emoción, ya que "casi todo el mundo cree saber lo que es una emoción, hasta que intenta definirla. En ese momento prácticamente nadie afirma poder entenderla"[16]. Y es que no es fácil de describir desde el desconocimiento. Existen más de cien definiciones del concepto de emoción, pero la gran mayoría de investigadores coincide en que la emoción es un conjunto complejo de interacciones entre factores subjetivos y objetivos, mediados por sistemas neuronales y hormonales, que pueden: 1) Suscitar experiencias afectivas, 2) Provocar otros procesos cognitivos como efectos perceptivos relevantes o procesos de etiquetamiento, 3) activar respuestas fisiológicas y 4) Guiar el comportamiento con fines expresivos y/o adaptativos[14].

**La felicidad**

La felicidad es la emoción positiva por excelencia. Uno de los procesos neuronales que se dan mientras se elabora esta emoción es la liberación de dopamina, el neurotransmisor del placer. Es lo que hace que experimentemos una activación positiva y agradable. Todo estímulo que nos provoque estas descargas de dopamina en nuestro cerebro, ya sea una imagen graciosa, un viaje en la montaña rusa, las relaciones sexuales, las bromas o un simple abrazo, será evaluado como beneficioso y nuestra tendencia será la de conseguir que se repita esa experiencia. Se produce un aumento de la actividad en el hipotálamo, el septum y el núcleo amigdalino[16]. La función social de la expresión de felicidad es la de reforzar el vínculo entre individuos. Un ejemplo de su función de socialización es que cuando los atletas entrenan en solitario, sonríen poco o nada, al contrario que cuando entrenan en grupo. El mismo efecto nos ocurre a todos a diario viendo cosas graciosas en la televisión, si estamos acompañados nos reímos más que si estamos solos.

Tabla 1. *Indicadores faciales de la felicidad (Adaptado de Ekman, 2007)*[17]

| EXPRESIÓN FACIAL CARACTERÍSTICA DE LA FELICIDAD: |
|---|
| • Comisuras de los labios hacia atrás y hacia arriba. UA12 |
| • Mejillas levantadas. UA13 |
| • Arrugas orbiculares |
| • Arrugas debajo del párpado inferior |

**El asco**

El asco o repugnancia es la emoción que nos mueve a evitar estímulos cuya ingesta o inhalación puede ser perjudicial para nuestra salud. En efecto, cuando experimentamos asco aumenta la actividad en el lado derecho de las regiones frontal y temporal anterior del cerebro y en los ganglios basales[15]. Su función adaptativa es la de evitar intoxicaciones por ingesta de alimentos en mal estado. De forma innata, lo que nos produce asco es la carne podrida y los sabores cítricos. Con el tiempo la variedad de cosas que nos repugnan se va ampliando hasta que el abanico se abre a estímulos que no huelen ni saben mal, e incluso no están incluidos en nuestra dieta. Por ejemplo, ciertos actos humanos denigrantes o indignos nos pueden provocar esta emoción y del mismo modo, las personas que los realizan, como por ejemplo, el abuso de menores. Si se observa esa cara en un deportista durante un enfrentamiento en el terreno de juego o en los entrenamientos, estaremos ante un conflicto interpersonal que si no se soluciona, derivará posiblemente en una futura hostilidad o rechazo por parte de ese jugador hacia la persona por quien mostró esa cara.

Tabla 2. *Indicadores faciales del asco (Adaptado de Ekman, 2007)*[17]

| EXPRESIÓN FACIAL DEL ASCO: |
|---|
| • Nariz arrugada. UA9 |
| • Labio superior levantado. UA10 |
| • Labio inferior también levantado y empujando hacia arriba el labio superior |
| • Labio inferior hacia abajo ligeramente hacia adelante |
| • Mejillas levantas. UA13 |
| • Cejas bajas empujando hacia abajo al párpado superior. UA4 |

## La ira

La ira, de forma primitiva, es una emoción que nos predispone para entrar en combate. Activa nuestro organismo aumentando la temperatura y tensando los músculos para la pelea. El descenso de las cejas (y en ocasiones incluso la inclinación de la cabeza) reduce el área visible de los ojos, con el objetivo de protegerlos de posibles daños, ya que son muy importantes para nuestra supervivencia (sobre todo en etapas humanas de vida más salvaje). La ira aumenta la actividad neuronal y el tono muscular, así como la actividad del hipotálamo, la amígdala, el septum y el córtex prefrontal. Se produce generalmente cuando evaluamos una situación como injusta, ya sea para nosotros o para otras personas[14].

Por ejemplo, si alguien con quien nos cruzamos por la calle nos tira un vaso de agua por encima, con intención de producirnos un daño, mientras que nosotros no le habíamos hecho nada malo, sentiremos que es un daño que no merecemos y nos provocará la emoción de enfado o ira, la cual nos provoca impulsos agresivos hacia el causante del daño injusto. En los deportes físicos la expresión de ira es muy frecuente, dado que son enfrentamientos entre personas que buscan la victoria mediante la superioridad física y táctica (es lo mismo que en las peleas pero con reglas). Por ello, los árbitros deben estar atentos a la aparición de estas señales, ya que son el precedente de una posible agresión. En los deportes de lucha cabría esperar que la expresión de ira apareciese continuamente, sin embargo aparece con la misma frecuencia que en otros deportes e incluso menor, porque los luchadores normalizan la pelea y la afrontan desde un punto de vista táctico, manteniendo las emociones bajo control.

Tabla 3. *Indicadores faciales de la ira (Adaptado de Ekman, 2007)*[17]

| EXPRESIÓN FACIAL DE LA IRA: |
|---|
| • Ceño fruncido. UA4 |
| • Parte interior de las cejas bajadas. UA4 |
| • Párpados superiores tensos. UA5 |
| • Párpados inferiores tensos. UA7 |
| • Mirada fija. UA69 |
| • Labios apretados (Contención) UA24 |
| • Labios mostrando los dientes |

## El miedo

El miedo es la emoción que produce nuestra reacción fisiológica más potente y la experiencia emocional más desagradable. Se produce un aumento en la activación de la vía principal tálamo-córtex-amígdala o de la vía secundaria tálamo-amígdala[15]. Su función es la de activar nuestra conducta para reaccionar con rapidez ante la aparición de estímulos potencialmente peligrosos para nuestra integridad física e iniciar conductas de evitación. De forma adaptativa, ante un estímulo potencialmente peligroso, nuestros párpados superiores se abren más que en ninguna de las otras emociones. Por un lado, con ello prestamos una máxima atención a algo que puede hacer peligrar nuestra salud e incluso nuestra vida y por otro lado, mediante la expresión de miedo de un individuo, el resto de componentes de un grupo se percata de que existe un peligro que todavía no ha visto, pudiendo así reaccionar a tiempo[14].

Tabla 4. *Indicadores faciales del miedo (adaptado de Ekman, 2007)*[17]

| EXPRESIÓN FACIAL DEL MIEDO: |
| --- |
| • Mandíbulas apretadas |
| • Las pupilas pueden estar dilatadas |
| • Cejas levantadas y contraídas. (UA1) |
| • Párpados superiores muy elevados. (UA5) |
| • Abrir la boca. (UA27) |
| • Labios tensos estirados en horizontal. (UA20) |

## La sorpresa

La sorpresa surge ante la aparición de un estímulo o situación cognitivamente ambigua y activa los sistemas sensoriales para obtener la máxima cantidad posible de información, ofreciendo al cerebro así una mayor cantidad de datos para que resuelva la ambigüedad, pudiendo evaluar el estímulo, como positivo o negativo, para emitir la repuesta correspondiente, de acercamiento o evitación. Para evaluar la situación con la mayor rapidez posible, se produce un aumento rápido en intenso de la actividad neuronal. También se produce un patrón de ritmo cardíaco característico del reflejo de orientación, en el que disminuye la tasa de latidos [14]. Tras la resolución de la incógnita, termina la sorpresa y suele comenzar otra emoción, acorde con la naturaleza del estímulo.

Tabla 5. *Indicadores faciales de la sorpresa (adaptado de Ekman, 2007)*[17]

| EXPRESIÓN DE LA SORPRESA: |
|---|
| • Cejas levantadas. UA1 y UA2 |
| • Piel estirada bajo las cejas |
| • Arrugas horizontales en la frente |
| • Párpados superiores elevados. UA5 |
| • Párpados inferiores bajados |
| • Mandíbula caída, labios separados. UA27 |

**La tristeza**

La tristeza es una emoción cuya principal función es la de desarrollar el apego y la colaboración interpersonal. Durante la tristeza se produce un amento en la actividad del córtex prefrontal medial y el córtex cingulado subcalloso. En estas áreas aumenta la transmisión de serotonina y noradrenalina que intervienen en la regulación del eje hipotálamo-hipofiso-adrenal (HPA). Según Nemeroff, una prolongada activación de este eje produce estados y trastornos depresivos[15].

La expresión facial de la tristeza produce en los demás compasión, una emoción secundaria que nos mueve a prestar ayuda desinteresada. La tristeza se produce principalmente cuando evaluamos una situación como una pérdida y su intensidad será proporcional al valor personal que adjudiquemos a dicha pérdida y a la falta de posibilidades de recuperar lo que se ha perdido. Es una emoción negativa que produce anhedonia (dificultad para disfrutar de las cosas) y desconsuelo. Las muestras de empatía y apoyo de otras personas calman dicho desconsuelo y los estímulos que provocan alegría, aunque en principio pueda parecer que no, contrarrestan la tristeza. Mediante su expresión conseguimos mostrar a los demás que estamos sufriendo, lo cual hace que nos presten su apoyo[14]. La expresión de tristeza en el deporte aparece a menudo cuando un equipo es eliminado de una competición en las últimas fases o cuando un atleta anuncia en rueda de prensa que se retira. En cualquier caso, es importante dar apoyo, abrazar y hablar con los deportistas cuando muestren estos indicios de sufrimiento emocional.

Tabla 6. *Indicadores faciales de la tristeza (adaptado de Ekman, 2007)*[17]

| EXPRESIÓN FACIAL DE LA TRISTEZA: |
|---|
| • Elevación de la parte interior de las cejas. UA1 |
| • Arrugas en la frente |
| • Descenso de las comisuras de los labios. UA15 |
| • Secreción lacrimal (no fidedigno) |
| • Espasmos de la barbilla en el llanto. UA17 |

**El desprecio, ¿emoción básica o no?**

Recientemente algunos autores están considerando el desprecio como una de las emociones básicas[15], sin embargo no está aceptada por todos los expertos como tal, porque existen muchas dudas sobre su universalidad, el que sean innatas e interespecíficas[16]. También el hecho de que su expresión facial sea asimétrica, evoca dudas sobre su espontaneidad. De todos modos, explicamos su expresión facial, ya que para algunos autores, sí es considerada como una de las emociones básicas. La expresión de desprecio aparece, por desgracia, con mucha frecuencia en terrenos de juego y entrevistas a jugadores, entrenadores y directivos. Es importante identificarla, pues es un indicio de que se infravalora a aquella persona a quien se muestra esta expresión, aunque aparezca fugazmente. El desprecio indicará una presente o futura mala relación personal que si es entre jugadores, entrenadores y técnicos, debe subsanarse cuanto antes por el bien del equipo.

Tabla 7. *Indicadores faciales del desprecio (adaptado de Ekman y Cordaro)*[21]

| EXPRESIÓN FACIAL DEL DESPRECIO: |
|---|
| • Labio superior levantado de un solo lado, ya sea el izquierdo o el derecho. UA L10 o UA R10. Desprecio por repugnancia. |
| • Comisura levantada de un solo lado, ya sea el izquierdo o el derecho. UA L12 o UA R12. Esta expresión muestra un desprecio por superioridad o arrogancia. |

### Expresión facial de las emociones secundarias o sociales

Es muy importante que un capitán o un entrenador sepan también cuando un jugador siente otras emociones más allá de las básicas. Las emociones secundarias surgen de la combinación de emociones básicas o también pueden ser distintos niveles de intensidad de estas. Por ejemplo, la melancolía es una emoción similar a la tristeza en cuanto a la respuesta psicobiológica, pero de menor intensidad, por lo que podría considerarse una tristeza leve, pero es en sí misma una emoción diferente. A diferencia de las emociones básicas, las secundarias no son innatas, surgen a partir de los dos años de edad, a raíz de la socialización del niño, por eso son también llamadas emociones sociales y son por ejemplo la culpa, la frustración, el nerviosismo, la preocupación, la vergüenza... son todas aquellas que no están directamente relacionadas con la supervivencia pura, sino con desenvolvernos y sobrevivir en la sociedad.

El *nerviosismo* por ejemplo es un estado de alta activación, que si bien podría considerarse una respuesta adaptativa para activar la conducta ante una situación amenazante, es considerado también un estado emocional. Sus signos son claramente apreciables y entre ellos podemos encontrar por ejemplo tensión muscular, balanceos, cruzar y descruzar los brazos frecuentemente, tamborilear con los dedos, manos o pies, apretarse las manos, toser repetidamente sin tener ninguna afección, sonreír repetida y rápidamente, sudar aunque no haga calor, morderse las uñas o las cutículas, girar el torso de un lado para otro, toquetear objetos, mover mucho los ojos, temblores, etc.[17] Los temblores de las manos suelen ser fácilmente apreciables y todavía más cuando la persona sujeta entre los dedos un objeto fino, como por ejemplo un cigarrillo.

Otra emoción que requiere de la atención del entrenador y/o de los compañeros, es la *frustración*. Para que los deportistas mantengan la moral y el rendimiento de alto nivel, es importante que no caigan en la frustración y que se les ayude a confiar en que van a ganar. Hay dos tipos de frustración: confrontacional y de rendición[18]. La frustración confrontacional suele aparecer por una provocación a la que el atleta no puede responder con un ataque por mantener la deportividad. La frustración aquí viene por la represión de la ira. Sin embargo la frustración de rendición viene cuando el atleta piensa que lo ha hecho mal y que ha estropeado la competición. Los principales indicios de la frustración confrontacional son el contacto ocular directo y frecuente, la repetición de frases, la invasión del espacio personal, una alta gesticulación con la mano, señalar con el dedo o encogerse de hombros. La frustración de rendición se manifiesta mediante suspiros, expiración rápida, manos en la cadera, manos en la cabeza con la expresión facial fruncida, gestos melodramáticos o exagerados, cerrar los ojos, balancear la cabeza en negación, etc.[17] La frustración de rendición es frecuente cuando un equipo o un deportista individual ha perdido un partido.

El *resentimiento* es otra emoción que puede estropear la buena relación dentro de un equipo. Para un entrenador es importante identificar el resentimiento en sus jugadores, para solucionar conflictos en sus inicios, antes de que estallen y conlleven consecuencias peores. Siempre la clave es preguntar y dejar expresar. Cuando el jugador verbaliza lo que siente (que el entrenador ya lo había percibido), ya se puede trabajar el conflicto. Pero si el atleta no se hace primero consciente de sus emociones, no se puede intervenir, porque va a negar lo que se le intente afirmar sobre el porqué de su conducta. Algunos indicadores del resentimiento son: cruzar los brazos con el rostro serio, no hablar, evitar a la persona hacia la que se siente el resentimiento, mirar hacia otro lado o dar señales de ira cuando se interactúa con esa persona[17]. Esto se puede observar a veces en los entrenamientos cuando un jugador está enfadado porque el entrenador no le ha convocado para el siguiente partido o porque lo sustituyó en el partido anterior. Uno o varios de estos indicios indican al entrenador que el jugador está resentido con él y esta emoción secundaria negativa de la familia de la ira, es altamente contraproducente, por lo que se recomienda encarecidamente ante estos indicadores, que el entrenador o la persona hacia la que el jugador muestre este comportamiento, mantenga una conversación privada en la que el atleta pueda expresar abiertamente su enfado. De esta forma, los técnicos tendrán la oportunidad de trabajar los sesgos cognitivos o de atender las necesidades emocionales que muestre el jugador. Quizá si este está resentido con el entrenador porque no le ha convocado como titular para el siguiente partido, estará más serio y menos hablador que de costumbre cuando se dirija a él. Se mostrará distante. No darse cuenta o no hacer caso de esto puede ser una torpeza por parte del técnico o de los técnicos presentes. El resentimiento se le pasará antes o después, pero se le quedará un remanente que hará la relación entre ambos un poco peor de lo que podría ser. Tampoco es aconsejable preguntar el porqué de esa actitud ante otros jugadores, porque la observación por parte de los demás inhibirá la sinceridad del jugador o peor, le hará querer mostrar su resentimiento ante los espectadores provocando un enfrentamiento directo indeseable. La estrategia más hábil es esperar a poder hablar a solas y tras dejarle que se exprese, explicarle el motivo de esa decisión, aclarándole que eso no implica que no se le valore suficientemente como jugador.

Otra emoción a menudo observable es la del *sufrimiento*. Aparece la expresión facial del sufrimiento cuando el atleta sufre una lesión, pero también cuando hace un gran esfuerzo, aunque en este caso la expresión es menos intensa. Es una expresión similar a la del dolor, con gestos como apretar los dientes, tensión de los músculos del cuello y los ojos, ceño fruncido e incluso en ocasiones un grito. A veces se puede observar cómo algunos jugadores expresan sufrimiento y aun así se esfuerzan al máximo.

## 3. EL LENGUAJE CORPORAL: EMOCIONES A FLOR DE PIEL

El Sistema Límbico (SL) es la estructura más importante en la producción de la experiencia emocional y también en la producción de gran parte de nuestro lenguaje corporal. El SL es una estructura clave puesto que guía nuestras conductas hacia la supervivencia, produciendo movimientos para la autodefensa, la ira defensiva, etc.[7] Dentro del SL, el hipotálamo es una de las partes más influyentes en el lenguaje corporal. Coordina la actividad de otras estructuras para regular la frecuencia cardiaca, la presión arterial, la respiración, la actividad digestiva, la actividad endocrina y la actividad nerviosa. Favorece conductas de supervivencia como el impulso de beber agua cuando estamos sedientos o el de comer cuando estamos hambrientos[19].

En las situaciones evaluadas como amenazantes, el SL hace que el sistema motor reaccione para protegernos, provocando reacciones como la huida, cubrir la parte ventral para proteger los órganos vitales o agredir al foco de la amenaza, lo que supone un instinto de supervivencia[7]. Por ejemplo, si una persona que está siendo interrogada se cubre el vientre con una mochila, un balón, sus brazos etc., será un indicador de que posiblemente percibe la situación como amenazante. Es como poner una barrera de forma subconsciente, una distancia entre sí mismo y la otra persona. De la forma opuesta, realizamos movimientos de acercamiento y confianza ante estímulos agradables. Los movimientos corporales descritos a continuación son una síntesis de múltiples estudios sobre el lenguaje corporal humano, que nos ayudan a entender mejor las actitudes y estados afectivos de los deportistas y de las personas en general[7].

- El alejamiento repentino del torso hacia atrás: Reacción ante algo que nos desagrada o asusta.
- Inclinarse hacia alguien o algo: Agrado, confianza, estar de acuerdo.
- Un cruce de brazos repentino en la conversación puede indicar malestar o desacuerdo.
- El cruce de brazos con las manos escondidas: Frío.
- El cruce de brazos con tensión en las manos (Los dedos agarran fuerte el brazo): Ira.
- Cruzarse de brazos con las manos relajadas: Nos disponemos a charlar o escuchar un rato.
- Exceptuando condiciones de alta temperatura, urgencias médicas... desnudar el torso ante otras personas es señal de confianza y viceversa. Los políticos a menudo se quitan la chaqueta y se remangan en los mítines para transmitir cercanía.
- Cubrirse el torso, por ejemplo con un balón o una mochila, ante las preguntas del entrenador o la prensa, es indicio de incomodidad. Otras formas más sutiles de cubrir el torso son por ejemplo toquetear el reloj, ajustarse las mangas, ajustarse la chaqueta...
- Los levantamientos de brazos van asociados a sentimientos positivos. Cuando una persona se siente triste o insegura, restringe inconscientemente el movimiento de sus brazos.

Con el aprendizaje del lenguaje no verbal humano conseguimos entender mejor a los demás, pero también es importante el hecho de que nos brinda una oportunidad para poder reaccionar de la forma óptima ante cada situación. Identificar qué sienten los atletas respecto a un acontecimiento, nos sirve para saber cuándo reforzar una conducta o prevenir otra. Por ejemplo, si un deportista muestra algunos de los signos de la ira cada vez que se le pide hacer un ejercicio concreto, el entrenador poco observador dejará pasar estas señales inadvertidas y nunca comprenderá el origen del mal rendimiento en ese ejercicio. También puede darse el caso de que un entrenador sí detecte las señales, pero no haga nada al respecto, perdiendo así la oportunidad de arreglar la situación y también puede ocurrir que detecte estos indicios, e intente poner remedio, pero lo que haga al respecto sea presionar al deportista sin dejarle expresarse, lo cual también puede provocar resultados contraproducentes. No sólo se trata de detectar los estados emocionales mediante la conducta, sino de reaccionar ante ellos y hacerlo adecuadamente, con paciencia y asertividad.

**El lenguaje no verbal de los jugadores**

Cuando se observa una emoción negativa en un atleta, como ira, frustración, resentimiento, etc., lo que realmente se está presenciando, es que este tiene pensamientos negativos hacia la tarea, hacia alguien o hacia la situación, por motivos que seguramente desconozcamos. La forma más adecuada de proceder en tal caso, es hablar con él "a solas" cuando se pueda y preguntarle el porqué de su desagrado. Leer la CNV nos dice el "qué" (enfado, desprecio, tristeza...), pero es nuestra responsabilidad descubrir el "porqué". Una vez conseguido que el atleta se sienta comprendido o en confianza para hablar y cuente el porqué de su desagrado, podremos trabajarlo, no antes. Sólo entonces tendremos la posibilidad de ayudarle a superar sus sesgos cognitivos o las creencias que le están haciendo evaluar la situación negativamente, ayudándole a comprender sus malas experiencias y sus emociones negativas. En caso de que sus emociones estén objetivamente justificadas, tendríamos también que pedirle perdón por el error que podamos haber cometido con él, del que no teníamos conocimiento. Sin toda la información, seguiremos perdidos sobre qué le pasa a nuestros jugadores. Por ejemplo, cuando a un jugador al que se pide que salga del terreno de juego para ser sustituido, sale cabizbajo sin mantener contacto ocular con el entrenador, indica que no acepta de buen grado el ser sustituido. Otros jugadores dan muestras más evidentes de su enfado como golpes a la silla del banquillo, actitudes chulescas, no hacer caso del resto del partido... en cualquier caso son actitudes que muestran desacuerdo con las decisiones del entrenador y que convienen ser trabajadas individualmente con el jugador.

Se debe tener cuidado con no confundir el lenguaje no verbal con cualquier gesticulación. Hay mensajes emitidos de forma gestual que suponen un lenguaje "verbal". Comunicación verbal no es sinónimo de comunicación oral, ni CNV es sinónimo de gestos. Por ejemplo, el paralenguaje es CNV y se produce de forma oral. El lenguaje de los sordomudos es lenguaje verbal, aunque se realiza con gestos. Los mensajes prediseñados en algunos deportes, como los gestos que hacen en el béisbol o el buceo, son lenguaje verbal. En el béisbol por ejemplo, la figura del guía y el cátcher, tienen que hacer señas como parte de su función y esto se debe a que el clamor del público dificulta la comunicación oral. Por ejemplo, cuando el guía extiende ambas manos con las palmas hacia abajo, significa que el jugador debe echarse a tierra. En el buceo, la dificultad de la comunicación oral es más evidente y por lo tanto se deben conocer las señales que indican eventos como que solo queda la mitad del oxígeno, es decir que hay que volver a la superficie, lo cual se señaliza de la misma forma que el "tiempo muerto" en otros deportes, formando una "T" con las manos. Pero, ¿Cuál es la clave para diferenciar qué es verbal y qué es no verbal? Es sencillo, el lenguaje es verbal cuando un fonema, símbolo, gesto... equivale a una palabra (verbalización), a un concepto concreto. Por consiguiente, es consensuado, aprendido y compartido por los miembros de una comunidad. A veces se confunde, de hecho entre los estudios de la CNV en el deporte, se puede encontrar alguno que habla de mensajes "no-verbales" prediseñados para el buceo, diciendo que son CNV porque son gestuales. Si son prediseñados implica que los receptores son instruidos sobre el concepto que representa cada gesto y luego usan dicho código para comunicarse, eso es comunicación verbal. La comunicación es no-verbal, cuando los gestos, símbolos o fonemas, no tienen un significado consensuado, y sin embargo envían un mensaje sobre estados emocionales o cognitivos que el receptor puede percibir y comprender.

Los deportistas realizan frecuentes gesticulaciones tras la consecución de una victoria o de marcar un tanto, que suelen ser un reflejo de sus emociones, actitudes e incluso de su forma de ser[20,22]. Algunos son dedicatorias a seres queridos, que suelen hacerse mediante señalar con un dedo o lanzando un beso hacia el lugar donde se encuentran estos. Si son seres queridos difuntos a menudo se hacen mirando hacia arriba, por la antigua creencia religiosa de que el paraíso eterno está arriba de nosotros, en el cielo o también como agradecimiento a Dios. Este gesto lo han mostrado a menudo deportistas como Lionel Messi del Fútbol Club Barcelona o el jugador de la NBA Stephen Curry de los Golden State Warriors. Otros gestos son celebraciones divertidas, como bailes o escenificaciones. Otros son reivindicativos por causas socialmente conocidas o causas personales del deportista, como el gesto contra el racismo que hicieron Tommie Smith y John Carlos en los juegos olímpicos de México en 1968. También vemos a veces provocaciones a los espectadores o a los equipos rivales, que llegan a ser incluso obscenos, como cortes de mangas, besos burlones, mostrar el dedo corazón y otros gestos hostiles como mandar callar al público, lo cual hizo el futbolista Raúl González exjugador del Real Madrid en el estadio Camp Nou en un partido con el Fútbol Club Barcelona. Otros gestos pretenden resaltar la propia figura del deportista, como cuando se señalan a sí mismos tras marcar un tanto, resaltando que ha sido él y no otro quien ha marcado el tanto, que él es el mejor, este es un gesto también típico de Raúl González y de otros jugadores como Cristiano Ronaldo. Hay una amplia variedad de gesticulaciones en las competiciones que muestran cómo son y cómo se sienten los deportistas, lo cual también puede ser analizado y aprovechado por los técnicos, para trabajar aspectos del atleta a mejorar.

La comunicación no verbal es importante incluso para los árbitros, quienes deben entrenarse en expresar confianza y seguridad en todo momento, incluso tras las decisiones difíciles, dado que es en esas situaciones cuando suelen perder más el control sobre su lenguaje corporal[23]. La expresión de miedo o de duda en los árbitros puede ser percibida por los jugadores, quienes automáticamente les cuestionarán más y protestarán por sus decisiones.

## 4. LA PROXÉMICA EN EL TERRENO DE JUEGO

La proxémica estudia el uso que el ser humano hace de su espacio físico, de cómo lo percibe, cómo lo utiliza y cómo se siente. Es el estudio de cómo las personas estructuramos inconscientemente nuestro micro-espacio[21]. Este espacio personal de confort, varía notablemente en función de múltiples variables como la cultura, la edad, el sexo, la personalidad, etc. Antropólogos, etólogos, sociólogos y psicólogos coinciden en que los humanos somos animales territoriales. Todos podemos sentir en un momento u otro que se está invadiendo un espacio que es de nuestro dominio. Por ejemplo, desde que vamos al colegio, si alguien se sienta en "nuestra silla", nos provocará una pequeña molestia que no llega a ser enfado, hasta que le recordamos que ese es nuestro sitio y ese alguien no se quiere quitar. Entonces la molestia pasa a enfado y entre niños puede llegar a haber una pelea por una cuestión meramente territorial. Lo mismo ocurre en el patio para defender una portería o una canasta, en nuestra casa con nuestro dormitorio y según vamos creciendo, vamos considerando nuevos espacios como nuestros. Incluso hay una zona que no nos gusta que sea invadida por un extraño, estemos donde estemos, que es un perímetro de unos 45 centímetros desde nuestro cuerpo (burbuja o espacio vital).

Cualquier invasión de ese perímetro por parte de una persona no allegada, nos puede producir incomodidad. Por el reflejo defensivo del SL, cuando alguien invade repentinamente ese espacio, andando directo hacia nosotros, o se queda mirándonos a menos de esa distancia, tenemos el impulso, que algunos no controlan, de empujarle, para que tome de nuevo distancia e incluso si seguidamente lo vuelve a invadir, lo percibimos directamente como una amenaza y algunas personas, en ese momento, pasan a la agresión. Esto se puede observar en los deportistas, en momentos de mala praxis, cuando un pequeño enfado lleva a un jugador a aproximarse demasiado a otro y se dispara la tragedia. Por ejemplo, en el partido de fútbol entre Brasil y Uruguay en la Copa Confederaciones de 2013, el jugador uruguayo González es sustituido y mientras sale del terreno de juego pasa cerca del jugador brasileño Neymar. Éste le dice algo en voz baja en referencia a un conflicto que habían tenido ambos previamente. González se enfada y roza con su hombro a Neymar al pasar junto a él, pero no llega a agredirle. Sin embargo segundos después se puede observar la cara de ira de González. Si el jugador uruguayo no hubiese sabido controlarse habría habido una agresión como tantas que ocurren en situaciones similares.

Esta distancia tan delicada, fue llamada por Hall *distancia íntima*[24]. Es la zona de las parejas, familiares y amigos íntimos. El siguiente nivel es la *distancia personal*, que comprende según los estudios de Hall, entre los 46 y los 120 centímetros. Es la que se da en la oficina, reuniones, conversaciones de trabajo. Aproximadamente es la equivalente a la longitud de un brazo estirado. Cuando alguien "no autorizado" invade la distancia íntima, al empujarle se le lleva hasta la distancia personal, como una materialización de dicho límite invisible. Después viene la *distancia social*, entre los 120 y los 360 centímetros. Es la distancia a la que nos cruzamos por la calle con gente a la que no conocemos de nada y que cuando no puede ser mantenida con algún extraño, como ocurre en los ascensores, nos sentimos incómodos. Por último está la *distancia pública*, superior a 360 centímetros. Es la distancia a partir de la cual nos dirigimos a una audiencia para mítines, espectáculos, charlas, etc.

La invasión proxémica, sobre todo si va acompañada de una mirada fija a los ojos del otro, ha sido siempre en el mundo animal una forma de retar. Los animales lo hacen y los humanos, como animales territoriales, lo seguimos haciendo. Por ello, cuando en una cancha ocurre esto, la culpa no es sólo de quien agrede en respuesta a la invasión, sino también del invasor que provoca deliberadamente. Lo cual no suele ser castigado por los árbitros y sin embargo es la causa de la mayoría de las peleas.

## 5. EL PARALENGUAJE: CÓMO DICEN LO QUE DICEN LOS DEPORTISTAS

El paralenguaje es la forma en que decimos lo que decimos y es de vital importancia en la comunicación del equipo, porque puede mejorar o empeorar las relaciones personales. Es así de importante. Según Albert Mehrabian[25], el 38% del significado de un mensaje, lo aportan los factores paralingüísticos. Aunque esta afirmación, altamente popularizada, sólo es válida para el estudio concreto en el que el autor obtuvo dichos resultados. No se pueden generalizar los porcentajes de la comunicación, como muchos creen, pero lo que sí es cierto es que decir las cosas de una forma u otra hace variar el significado. El paralenguaje puede ser oral o gráfico.

El paralenguaje gráfico está compuesto por elementos como los signos de puntuación o los emoticonos que utilizamos en los mensajes y casi todos sus elementos tienen una equivalencia con el paralenguaje oral. Por ejemplo, las comas, son la representación de las pausas del habla. Aquí tienes una muestra de su importancia. Pon tú la coma en la siguiente frase pero antes imagina qué le ha dicho un jugador y donde tú pongas la coma es donde el jugador ha hecho la pausa:

*"Si el entrenador supiera realmente el valor que tiene el presidente le besaría los pies".*

Por otro lado, cuando hablamos, se da el paralenguaje oral. Aquí entran en juego muchos factores que no son lenguaje, como el tono, la velocidad de locución, la intensidad (volumen), el rango tonal, el timbre, el locus del énfasis, las micro-vibraciones de las cuerdas vocales, las pausas, la fluidez, la claridad, la respiración o la prosodia. Los factores paralingüísticos aportan al mensaje su verdadero significado y esto es muy importante para aquellos cuyo trabajo en el ámbito deportivo es comunicar. Si eres un técnico de un equipo deportivo tienes que tener mucho cuidado con tu paralenguaje, porque si restas importancia a cómo dices las cosas, los jugadores entenderán lo que quieran o puedan. Vamos a ver en qué consiste cada factor.

<u>Rango tonal</u>. Es la diferencia entre el tono más grave que produce una persona y el más agudo. Una persona puede hablar con un rango más amplio o más estrecho. Un rango amplio implica que la persona habla con tonos tanto agudos como graves, lo cual favorece que el oyente mantenga la atención. Alguien que habla con un rango estrecho es quien mantiene un habla monótona, con poca variación y provoca aburrimiento en la audiencia. A menudo es síntoma de baja intensidad emocional y es frecuente cuando la persona está deprimida o decaída.

<u>Respiración</u>. La respiración puede ser: acompasada o desacompasada (regular o irregular, respectivamente); resonante (profunda) o superficial; rápida o lenta. Estos parámetros pueden también diferenciarse de forma indistinta en las inspiraciones y expiraciones (Ej.: Inspiración profunda y expiración normal). Demuestra tranquilidad cuando es regular, profunda y lenta, lo cual se transmite al oyente y a uno mismo. Cuando es superficial y rápida produce activación e incluso nerviosismo en el oyente.

Calidad de la voz. Existen numerosas variables fonéticas relacionadas con la calidad de la voz, en base a la zona del cuerpo en la que se produce la fricción del aire: cociente de abertura de las cuerdas vocales, irregularidades de la voz, ruido, laringerización, etc. A menudo revela estados psicológicos y físicos. Una voz nítida es síntoma de salud, mientras que una voz ronca, por ejemplo es síntoma de deterioro de las cuerdas vocales, a menudo provocado por el tabaco, el acohol o enfermedades de laringe. Una voz vibrante puede ser síntoma de miedo.

El tono o Pitch. Va de muy grave a muy agudo. La entonación empleada comunica actitudes, sentimientos y emociones a nuestros interlocutores. El tono es un reflejo emocional, de forma que la excesiva emocionalidad ahoga la voz y el tono se hace más agudo. Por lo tanto, el deslizamiento hacia los tonos agudos es síntoma de afectividad. El tono también sirve para comunicar actitudes o emociones (sarcasmo, ira, etc.). Ejemplo: *Oh!* (ascendente, sorpresa con matiz de contrariedad), *Oh!* (descendente, desilusión), *Oh!* (descendente-ascendente, cayendo en la cuenta). Los tonos graves están relacionados con la dominancia y la agresividad.

La prosodia. Es la melodía del discurso. Es la combinación de tonos que forman los patrones de entonación estandarizados para una cultura concreta. La prosodia está totalmente ligada al factor cultural. Por ejemplo, la melodía que oímos cuando habla alguien de Italia no es la misma que la de un inglés, al igual que suena diferente alguien de Andalucía que alguien de Galicia. Sin oír el lenguaje, sólo escuchando la prosodia, podemos saber aproximadamente de dónde es una persona e incluso si la conversación es amistosa u hostil. La prosodia hostil se caracteriza por frases que mantienen un tono agudo y que terminan de forma descendente. Si un entrenador está demasiado lejos de dos deportistas como para oír lo que dicen, pero su prosodia mantiene dicho patrón, es conveniente que se acerque a comprobar qué ocurre.

El timbre. Es el espectro de armónicos producido por las cuerdas vocales. Puesto que la fisiología de las cuerdas vocales de cada persona es única, el sonido que estas emiten en armonía es también único. Sirve para distinguir a unos de otros. Cuando oímos a una persona que conocemos, la podemos distinguir aunque no la veamos, como podemos distinguir una trompeta de un violín sin necesidad de verlos, porque tienen un sonido característico.

El ritmo o velocidad. Se refiere a la fluidez verbal con que se expresa la persona. El ritmo que debemos utilizar al hablar para que nuestro mensaje sea audible y entendible, debe ser de entre 100 y 150 palabras por minuto. Por encima de ese rango empieza a considerarse habla *taquilálica*, la cual pone nervioso al oyente y también le puede hacer perder el hilo argumental y por debajo se denomina habla *bradilálica*, la cual aburre al oyente, haciéndole perder la atención.

El volumen o intensidad. Cuando la voz surge en un volumen elevado suele ser síntoma de emociones activadoras como la alegría o la ira. El volumen bajo revela una baja activación emocional. Hablamos más bajo de lo que solemos hablar cuando estamos tristes, aburridos, somnolientos... Se da frecuentemente también en las personas introvertidas. Cuando estamos seguros de lo que decimos en una exposición, hablamos más alto que cuando dudamos. Por ello, el volumen bajo transmite falta de seguridad en uno mismo y el volumen alto lo contrario.

La fluidez. Es el encadenamiento de las palabras sin la aparición de perturbaciones del habla. Las perturbaciones del habla son por ejemplo, el uso de palabras de relleno, llamadas comúnmente "muletillas", también el alargamiento de letras (ej.: Estooooo...), el abuso de las interjecciones (ej.: Uhm, eeh, mmm, etc.), las repeticiones, los tartamudeos, las pronunciaciones erróneas, las omisiones o las palabras sin sentido. Un habla fluida sin perturbaciones, es un recurso no verbal que permite lograr una buena comunicación del mensaje verbal. En la medida en que se controlen las perturbaciones del habla, el hablante será más elocuente. Además el oyente entenderá mejor el mensaje que si lo recibiese con perturbaciones. No obstante, en el transcurso de las intervenciones orales tienen lugar algunas vacilaciones o falsos comienzos que se consideran propios de la interacción, pero un exceso de dichas perturbaciones son indicio de falta de confianza en uno mismo o en lo que se está diciendo.

El tiempo. Se refiere a la duración de las intervenciones de los interlocutores en una conversación. Tanto el hablar durante excesivo tiempo o apenas hablar casi nada se consideran como socialmente inadecuados. En las situaciones de diálogo se estima como adecuado compartir por igual el tiempo de habla entre los interlocutores que intervienen. En cuanto a la forma de cambiar de emisor, la forma varía según los países. En algunas zonas nadie habla hasta que el emisor termina, como ocurre en muchos países sajones. En otras, unos interrumpen a otros para empezar a hablar, algo frecuente en países latinos como España.

Pausas y silencios. Son los tiempos que tardamos en empezar a hablar una vez que ha terminado nuestro interlocutor, también llamado latencia de respuesta, como los silencios que realizamos con el objetivo de remarcar los signos de puntuación. Tenemos que distinguir entre pausas, que duran de 0 a 1 segundos aproximadamente, y silencios, que duran más de un segundo. Su uso adecuado también es síntoma de tener buenas habilidades sociales.

Los silencios pueden indicar problemas en la interacción social. No obstante, también pueden ser utilizados como presentadores de actos comunicativos o como enfatizadores. Los silencios no se deben entender como ausencia de comunicación. Con el silencio unas veces se invita a hablar, otras a callar, otras se asiente y también se puede mostrar el desacuerdo. Al hacer preguntas a los oyentes hay que respetar el silencio inicial, ya que a veces, se está preparando la respuesta.

Énfasis. Es un pequeño retardo en la velocidad de locución de una palabra concreta de la frase, para dar mayor importancia a esa palabra. El énfasis en ocasiones es inconsciente, pero aunque así sea, nos revela información importante sobre lo que realmente quiere decir el emisor. Veamos por ejemplo, los diferentes significados que adquiere una misma frase, en función de donde el hablante haga el énfasis. La palabra que aparece en mayúsculas es sobre la que recae el énfasis en cada caso.

La frase sin mostrar ningún énfasis es: *Él siempre aconseja al entrenador*.

> Veamos los diferentes mensajes que puede enviar:
>
> 1.  **ÉL** siempre aconseja al entrenador (él es el único que siempre aconseja al entrenador).
> 2.  Él **SIEMPRE** aconseja al entrenador (él aconseja al entrenador pase lo que pase).
> 3.  Él siempre **ACONSEJA** al entrenador (él no le ordena, le aconseja).
> 4.  Él siempre aconseja **AL ENTRENADOR** (él siempre aconseja únicamente al entrenador, a nadie más).
>
> Cuatro mensajes diferentes para una frase de cinco palabras. El énfasis es un factor muy importante, que a veces si no se controla bien, puede confundir al oyente. Y si se aprende a escuchar con atención, se puede ver una opinión implícita del emisor sobre la situación.

Como se puede apreciar, mediante la comunicación hablada tenemos muchas cosas a las que prestar atención, incluso con más detenimiento que con el propio contenido verbal. Además, un paralenguaje bien dominado por parte de los técnicos, puede evitar también malos entendidos y estados emocionales negativos en los atletas.

## 6. CONCLUSIÓN

Como el resto de áreas de las neurociencias, el conocimiento de la comunicación no verbal (CNV) y sus implicaciones *psico-bio-sociales*, aporta una herramienta adicional para el trabajo formativo y de alto rendimiento. Tanto la expresión facial, como el paralenguaje, los movimientos del cuerpo o los movimientos de las manos, revelan una gran cantidad de información sobre los estados emocionales y en general cognitivos, de los deportistas, lo cual puede ser aprovechado en su propio beneficio por parte de los equipos técnicos. Los entrenadores que muestran un paralenguaje melódico y un lenguaje corporal positivo, propician una mayor satisfacción y proactividad en los jugadores[26].

Y no es sólo útil a nivel de la competición profesional, sino también en los centros educativos de alto rendimiento deportivo, como en el resto de centros educativos, el conocimiento de la CNV puede resultar una herramienta de gran utilidad para los educadores y psicólogos. Incluso en la docencia universitaria, el dominio de la comunicación no verbal como instrumento comunicativo resulta un importante recurso docente[27]. Además, si se enseña también a los alumnos y deportistas, conseguiremos que desarrollen mejores habilidades sociales y capacidad de empatía, lo cual contribuirá directamente a mejorar las relaciones del grupo[28], su confianza en la victoria[29] e incluso su inteligencia colectiva[30].

Este capítulo explica cómo no solamente es útil observar la conducta de los atletas, sino también que los técnicos modulen la suya propia. Aunque los competidores no sean expertos en analizar el lenguaje corporal, a nivel intuitivo pueden percibir *mensajes negativos involuntarios* en los entrenadores y preparadores, dando pie a que ocurran malos entendidos innecesariamente. Por ello, es recomendable que se tengan en cuenta las pautas aportadas para una comunicación eficaz y positiva. De esta forma se podrá mejorar la comunicación interna en un equipo, entre atletas y técnicos, favoreciendo un buen ambiente de trabajo.

## 7. REFERENCIAS BIBLIOGRÁFICAS

1. Watzlawick, P., Bavelas, J.B., y Jackson, D.D. (2011). *Pragmatics of human communication: A study of interactional patterns, pathologies and paradoxes*. New York: Norton & Company.

2. Knapp, M.L., Hall, J.A., y Horgan, T.G. (2013). *Nonverbal communication in human interaction*. Boston, MA: Cengage Learning.

3. Vallejo, G.C., Plested, M.C. y Zapata, G. (2004) La comunicación no verbal en el nado sincronizado. *Educación Física y Deporte*, *23*(2), 79–95.

4. Shapiro, K.L., Raymond, J.E., y Arnell, K.M., (1997). The attentional blink. *Trends Cognitive Science*, *1*(8), 291–96.

5. Ekman, P, y O'Sullivan, M. (1991). Who can catch a liar? *American Psychologist*, *46*(9), 913–920.

6. Morris, D. y Aleu, J. F. (1993). *El mono desnudo*. Barcelona: RBA Editores.

7. Navarro, J. y Karlins, M. (2013). *El cuerpo habla*. Málaga: Editorial Sirio.

8. Sebeok, T. y Rosenthal, R. (1981). The Clever Hans phenomenon: Communication with horses, whales, apes, and people. *Annals of the New York Academy of Sciences*.

9. Goleman, D. (2013). *Focus: The hidden driver of excellence*. London: A&C Black.

10. Vallejo, G. Y Plested, M. (2008). Tipos de comunicación en interacciones deportivas. *Íkala. Revista de Lenguaje y Cultura, 19*, 13.

11. Raiola, G. (2015). Basketball feint and non-verbal communication: empirical framework. *Journal of Human Sport and Exercise*, *10*(1).

12. Dantas, H.M. (1998). *A prática da preparação física*. Río de Janeiro: Shape.

13. Weinberg, R. S. Gould, D. (2001). *Psicologia do esporte e do exercicio*. Porto Alegre: Artmed editora.

14. Díaz. J. (2017). Entrenamiento psicológico de los especialistas en los deportes de equipo. Una experiencia en voleibol. *Información Psicológica, 112*, 110-124.

15. Ekman, P. y Friesen, W. (1978). *Facial Action Coding System: A Technique for the Measurement of Facial Movement.* Palo Alto, CA: Consulting Psychologists Press.

16. Drake, R., Vogl, W., y Mitchell, A.W. (2009). *Anatomía de Gray para estudiantes*. Madrid: Elsevier.

17. Ekman, P. (2007). *Emotions revealed: Recognizing faces and feelings to improve communication and emotional life*. New York: Holt Paperbacks.

18. Wenger, M.A., Jones, F. N., y Jones, M. H. (1962). *Emotional behavior. Emotion: bodily change*. Princeton, NJ: van Nostrand.

19. Kleinginna, P.R. y Kleinginna, A.M. (1981). A categorized list of emotion definitions, with suggestions for a consensual definition. *Motivation and emotion*, 5(4), 345-379.

20. Fernández-Abascal, E.G. y Chóliz, M. (2001). *Expresión facial de la emoción*. Universidad Nacional de Educación a Distancia, UNED.

21. Ekman, P. y Cordaro, D. (2011). What is meant by calling emotions basic? *Emotion Review*, 3(4), 364-370.

22. Herrador, J.A., (2008). Comunicación no verbal de los futbolistas durante la celebración de los goles. [IV Congreso Internacional y XXV Nacional de Educación Física, Córdoba 2-5 de abril].

23. Furley, P. y Schweizer, G. (2016). Nonverbal Communication of Confidence in Soccer Referees: An Experimental Test of Darwin's Leakage Hypothesis. *Journal of Sport and Exercise Psychology*, 1-24.

24. Hall, E.T. (1959). *The silent language*. New York: Doubleday.

25. Mehrabian, A. (1972). *Nonverbal communication*. Rutgers, NJ: Transaction Publishers.

26. Bum, C. y Lee, K. (2016). The relationships among non-verbal communication, emotional response, satisfaction, and participation adherence behavior in sports participants. *Journal of Physical Education and Sport, 16*(Suppl. 2), 1052-1057.

27. Hervias, M.T.F., Catalán-Matamoros, D., Muñoz-Cruzado, M., González, R.G., Salgado, N.J. Y Martín, F. F. (2016). Comunicación no verbal en la docencia. *Revista española de comunicación en salud*, 54-64.

28. Paredes, J.A. (2017). Propuesta de intervención para el desarrollo de la

comunicación asertiva, en los adolescentes del segundo ciclo, de 13 a 15 años de la Unidad Educativa Fiscomisional San Patricio. *Repositorio Digital de la Universidad Técnica Salesiana. Ecuador*.

29. Seiler, K., Schweizer, G. Y Seiler, R. (2017). Body language takes it all? Effects of Nonverbal Behavior and players 'ability level on outcome expectations in team sports. *(No publicado)*. In: 9º Congreso anual de la sociedad científica de deportes suiza (SGS). Zürich.

30. Kim, Y. J., Engel, D., Woolley, W. W., Lin, J. Y., McArthur, N. y Malone, T. W. (2017). What makes a strong team? Using collective intelligence to predict team performance in League of Legends. *In Proceedings of the 20th ACM Conference on Computer-Supported Cooperative Work and Social Computing* (pp. 2316-2329).

# RESPUESTAS NEUROPSICOFISIOLÓGICAS EN CIRCUNSTANCIAS ESTRESANTES

**Dr. Vicente Javier Clemente Suárez** profesor en la Universidad Europea de Madrid

*"La mejor arma contra el estrés es la habilidad para elegir un pensamiento sobre otro".*
William James

La comprensión de las respuestas neurofisiológicas de nuestro sistema nervioso en situaciones estresantes que van a estar regidas por circuitos modulados filogenéticamente durante años, nos podrán permitir realizar un acercamiento a la comprensión de la respuesta de estrés más eficiente y altamente aplicable. El estudio de la respuesta orgánica en las situaciones más estresantes a las que puede hacer frente el ser humano actual, así como el estudio de la respuesta de estrés en contextos tanto individuales como sociales pondrán de manifiesto las pautas para realizar una intervención eficaz y eficiente para mejorar los procesos de intervención en situaciones estresantes. La exposición a estímulos estresantes ya sea de forma aguda o crónica va a tener una serie de efectos a nivel neurofisiológico con un efecto negativo en procesos tan importantes como el aprendizaje, por lo tanto, se prima fundamental el conocimiento y control de estas respuestas para poder desarrollar una estrategia de intervención en contextos tanto educativos como deportivos.

## 1. LA RESPUESTA AL ESTRÉS. CÓMO REACCIONA MI CUERPO ANTE EL PELIGRO

El ser humano actual es el resultado final de un proceso evolutivo que nos permitió desarrollar nuestros sistemas fisiológicos, anatómicos y neuropsicológicos para adaptarnos a un medio exigente y peligroso. Para poder lograr el objetivo de la supervivencia diversos sistemas de defensa se han ido desarrollando y depurando a lo largo de la filogénesis[XLV] de la especie. Así podemos encontrar diferentes reflejos, como el reflejo rotuliano o patelar, en el cual se produce una contracción involuntaria del cuádriceps femoral cuando el tendón rotuliano es estimulado o la contracción de la pupila cuando es expuesta a una luz. Este tipo de respuestas tienen como fin último el preservar la integridad física del sujeto

---

[XLV] Filogénesis: Designa la evolución de un ser vivo desde la primitiva forma de vida hasta la especie actual. Por ejemplo, la filogénesis del ser humano abarca desde la forma inicial de vida más sencilla hasta la aparición del hombre actual.

y para ello se movilizan diferentes sistemas orgánicos para conseguir tal objetivo.

Dentro de nuestros sistemas de defensa que se han ido perfeccionando a lo largo de la filogénesis de la especie nos encontramos con el sistema de lucha-huida. Este es uno de los más importantes de los que dispone el organismo del sujeto, y no solo el ser humano dispone de él, dentro del reino animal podremos ver como en mayor o menor medida todos los animales van a exhibir respuestas que se pueden encuadrar dentro de este sistema de defensa. El objetivo principal de este es claro, la supervivencia del individuo, es decir poder salir airoso de situaciones de peligro en las cuales la integridad del individuo se pone en peligro. Para ello el organismo va a movilizar todos sus recursos de una manera instintiva o casi refleja para poder cumplir con esta misión. Este sistema de lucha-huida tiene dos respuestas operativas básicas que como su nombre indica son las de enfrentarse a la situación peligrosa o huir de ella. Esto nos permitiría movilizar los recursos orgánicos para la lucha y el enfrentamiento, o movilizar nuestros sistemas locomotores para realizar una acción de huida rápida que nos aleje de la amenaza. Dentro de estas respuestas de supervivencia también podríamos incluir otra que en principio no es muy adaptativa que es la de quedarse paralizado. Si vemos las respuestas de muchos animales en la naturaleza ante estímulos aversivos, estos se quedan completamente inmóviles para confundir al agresor camuflándose con el entorno. Por lo tanto, esta respuesta que en su origen sí podría considerarse adaptativa en un medio completamente artificial como en el que vivimos, a priori se muestra como una respuesta poco adaptativa.

Esta respuesta de lucha-huida es fundamental para comprender los procesos de estrés y cómo van a influir estos en el ser humano, ya sea en una competición deportiva, en el trabajo, al realizar un examen o al enfrentarse a cualquier situación. Cuando nuestro cerebro percibe una amenaza esta información llega rápidamente a la amígdala[XLVI,1]. Este núcleo de neuronas que tienen como uno de sus objetivos el procesamiento emocional y que forma parte de nuestro sistema límbico va a modular la respuesta del organismo, procesando rápidamente la información del medio para dar una respuesta de lucha o huida. Por lo tanto, al percibir una amenaza por parte de nuestro cerebro la amígdala se activa y manda eferencias directamente al sistema nervioso autónomo. En este se produce

---

[XLVI,1] La amígdala es un conjunto de núcleos de neuronas localizadas en la profundidad de los lóbulos temporales de los vertebrados complejos, en el cual estamos incluidos los humanos. La amígdala forma parte del sistema límbico, y su papel principal es el procesamiento y almacenamiento de reacciones emocionales

una activación de la rama simpática[XLVII] que va a provocar un efecto directo en la respuesta fisiológica y psicológica del individuo, tendiendo estas a su vez influencia las unas sobre otras (Figura 1).

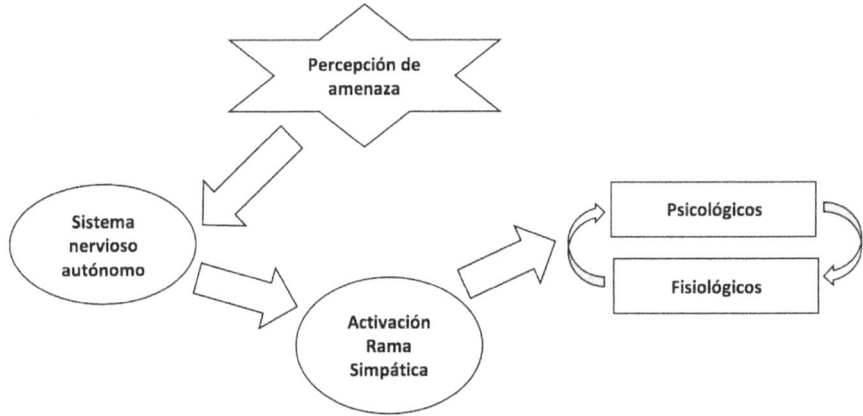

*Figura 1.* Efecto de la percepción de una amenaza en el sistema nervioso autónomo.

Esta activación simpática se conoce como respuesta de estrés y tiene como fin preparar el organismo para la actividad. A nivel fisiológico se produce una activación del eje Hipotálamo-Hipofisico-Suprarrenal que hace que se segreguen corticoides. La secreción de glucocorticoides está regulada por un mecanismo de interacción entre el sistema nervioso central, el hipotálamo, la hipófisis y las suprarrenales. Estímulos procedentes del SNC provocan la secreción en el hipotálamo de la hormona liberadora de corticotropina (CRH) y de arginina-vasopresina (AVP), que a través del sistema porta alcanzan la hipófisis, estimulando la liberación de corticotropina (ACTH), que actúa sobre la corteza adrenal, provocando la secreción de glucocorticoides y otros esteroides[2].

Estos corticoides, dentro de los cuales destacaremos como el más importante el cortisol, el cual facilita la secreción de agua y el mantenimiento de la presión arterial, afecta a los procesos infecciosos, produce una degradación de las proteínas intracelulares, tiene una acción hiperglucemiante (aumenta la concentración de glucosa en sangre) y se produce un aumento de calcio y de fosfatos liberados por los riñones, así como de lípidos[3].

---

[XLVII] El sistema nervioso autónomo se compone de dos ramas, una llamada simpática, estresante y que nos prepara para la actividad, y otra llamada parasimpática, que vuelve al organismo a su estado de homeostasis.

## 2. ESTUDIO DE LA RESPUESTA DE ESTRÉS. ¿CUÁLES SON LOS LÍMITES DEL CUERPO HUMANO?

Uno de los primeros autores que estudiaron la respuesta de estrés fue Selye[4]. Este autor ya marcó la diferencia entre dos respuestas de estrés en los sujetos que van a depender de cómo se interprete subjetivamente el contexto en el cual se desenvuelve el sujeto. Así, podemos encontrar una respuesta de estrés "bueno" (eustrés) que sería el motor de nuestra ontogénesis y filogénesis, nos estimula a enfrentarnos a los problemas, permite que seamos creativos, tomemos iniciativa y respondamos eficientemente a aquellas situaciones que lo requieran; mientras que existe un estrés "malo" (distrés) y perjudicial para nuestra salud física, psicológica y socio-afectiva ocasiona un exceso de esfuerzo en relación a la carga, va acompañado siempre de un desorden fisiológico, las catecolaminas producen una aceleración de las funciones y éstas actúan alejadas del punto de equilibrio, hiperactividad, acortamiento muscular, somatizaciones...

El estudio de la respuesta de estrés se ha realizado en muchos campos profesionales como el médico, transportistas, controladores aéreos, pilotos...[5-8]. Este tipo de profesiones, debido a sus características producen en los sujetos unas respuestas de estrés muy altas. Además de estas profesiones el salto paracaidista ha sido utilizado como modelo de estudio de la respuesta psicofisiológica de estrés y los mecanismos de afrontamiento de esta, siendo una metodología que nos permite un acercamiento a los mecanismos psicofisiológicos de diversas patologías como los desórdenes de ansiedad[9]. El salto paracaidista es considerado un estímulo fiable que provoca una respuesta psicofisiológica de estrés, ya que es un factor de estrés más intenso que los factores estresantes tradicionalmente utilizados en laboratorio y además es un verdadero riesgo de lesiones y de muerte[10]. Específicamente en paracaidistas la experiencia es un importante factor para explicar la influencia del estrés psicológico y la respuesta de la hormona adrenocorticotrópica (ACTH) y el cortisol, presentando los paracaidistas noveles una mayor frecuencia cardiaca y una disminución del arousal subjetivo[11], siendo estos resultados compatibles con la teoría de la extinción de la ansiedad[12].

En esta línea, la relación entre la respuesta al estrés agudo y la desregulación del eje hipotalámico-hipofisario-adrenal han sido ampliamente estudiados en situaciones de campo y de laboratorio, pero la percepción de la ansiedad subjetiva es hasta ahora poco conocida en los actuales modelos de investigación[10-13]. Para realizar una aproximación a esta temática deberíamos de considerar la diferenciación clásica de King et al[14] entre el estrés y la ansiedad: el estrés se referiría a las propiedades objetivas de los estímulos de la situación, mientras que el miedo se refiere la percepción de una situación como amenazante o peligrosa, siendo la ansiedad el producto de ambos y la percepción subjetiva del sujeto[15]. Desde una perspectiva integral en la consideración de las variables que afectan el rendimiento del sujeto, la visión de la psicología aporta un análisis detallado sobre la importancia de la percepción subjetiva de ansiedad sobre la conducta resultante. Asumiendo el modelo interactivo de Mischel[16], la ansiedad manifestada en una situación estresante debe ser explicada en función de las relaciones que se establecen entre las características idiosincráticas del sujeto y de la propia situación, entendiendo que los aspectos cognitivos, emocionales y motivacionales son determinantes en la respuesta ansiógena que se manifiesta. La situación en sí misma no determinaría la respuesta de ansiedad, sino que sería la percepción que el sujeto tuviera sobre ella.

En línea con la clásica hipótesis de la congruencia[17-18], para inducir estados de ansiedad en un sujeto, habría que poner en relación la congruencia entre los rasgos de personalidad ansiógenos del mismo (ansiedad interpersonal, ante peligro físico, ante situaciones de ambigüedad y/o ante situaciones de evaluación social), y las características situacionales: si existiera congruencia, se pondría de manifiesto la respuesta de ansiedad del sujeto y viceversa. Este modelo ha recibido un considerable respaldo por los principales autores de la materia[19-20]. Es conocido como tanto la experiencia visual y motora influye positivamente en percepción de la acción[21]. Siendo la experiencia un factor crítico para desarrollar un rendimiento óptimo en diferentes tareas o empleos, como médicos[22], controladores de tráfico aéreo[23] o también dentro del ámbito deportivo[24], como ya se exponía en el síndrome de adaptación general y la teoría del proceso de habituación[4].

## 3. ESTUDIO DE LA RESPUESTA DE ESTRÉS EN SITUACIONES EXTREMAS. NUESTRO ORGANISMO AL LÍMITE

Dentro de las situaciones más extremas y que más sensación de estrés puedan provocar podríamos claramente identificar las situaciones de combate. El combate es una de las situaciones más estresantes para el organismo humano, ya que los combatientes tienen que hacer frente a un gran número de estímulos peligrosos y situaciones que pueden poner en peligro su integridad física y su vida. Recientes trabajos de investigación han puesto de manifiesto la activación de los mecanismos filogenético de defensa del organismo humano en simulaciones de combate simétricos y asimétricos[25-29]. Estamos hablando de la respuesta de lucha-huida, uno de los mecanismos de supervivencia más potentes, no solo del ser humano sino prácticamente de casi todos los seres del reino animal[30].

La activación de este sistema de defensa de lucha huida, tiene un efecto directo sobre la respuesta psicofisiológica del combatiente, modificando los sistemas orgánicos para hacer frente a la posible amenaza a la que se enfrenta. A nivel fisiológico se han evaluado aumentos de la respuesta metabólica del combatiente, evaluada a través de la concentración sanguínea de lactato[XLVIII]. Estos valores, tanto en evaluaciones de combate simétrico[XLIX] como en combate asimétrico[L], se situaban muy por encima de los que pueda tener un maratoniano al acabar esta prueba atlética, a pesar de que la velocidad de movimiento en las maniobras analizadas fue muy baja (1.6 km/h[LI]) [27,29,31]. Por lo tanto, se ve como la respuesta metabólica del combatiente se ve afectada directamente por el estrés presentando una respuesta desproporcionada ante la carga orgánica, o desplazamientos que este hace. Del mismo modo la frecuencia cardiaca también presenta una respuesta desproporcionada teniendo en cuenta la velocidad de desplazamiento del combatiente. Es decir, la percepción de estrés del sujeto va a producir una hiperactividad a nivel cardiovascular, presentando una alta frecuencia cardiaca, unida a una activación de los metabolismos energéticos anaeróbicos[LII], que producen un aumento de la acidosis muscular, todo ello a pesar de que la velocidad de movimiento fue muy reducida, 1.6 km/h. En la figura 2 y 3 se puede ver la respuesta cardiaca superpuesta con la velocidad de movimiento durante maniobras de combate simétrico y asimétrico, en ambas se puede ver la

---

[XLVIII] El lactato es un metabolito proveniente de los metabolismos anaeróbicos (sin presencia de oxígeno) de las moléculas de glucosa en el interior de la célula. En actividad física de alta intensidad este metabolito aumenta exponencialmente en la sangre y es un indicador indirecto del nivel de acidosis de la musculatura.

[XLIX] Combate simétrico, es la concepción tradicional de combate, con dos fuerzas simétricas enfrentadas y conocidas en un campo de batalla delimitado

[L] Combate asimétrico, es una modalidad de combate relativamente reciente. Es el que encontramos en muchos de los actuales teatros de operaciones, en él se enfrentan una fuerza muy poderosa a nivel de recursos, medios, armamento... contra un enemigo muy inferior que se vale de combates en entorno urbano, con población civil, acciones de guerrilla, emboscadas, trampas explosivas improvisadas... para causar el mayor daño posible a la fuerza dominante.

[LI] La velocidad de marcha de un sujeto andando esta sobre 5-6 km/h

[LII] El sistema metabólico anaeróbico produce una alta cantidad de energía en un tiempo relativamente corto que lleva consigo la producción de sustancias ácidas que podemos evaluar en la sangre con el metabolito de lactato.

respuesta cardiaca desproporcionada con respecto a la velocidad de movimiento[26].

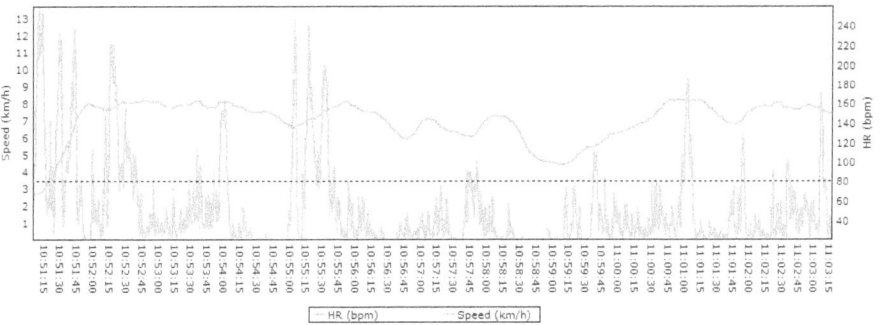

*Figura 2.* Frecuencia cardiaca (HR) y velocidad (Speed) durante una maniobra de combate simétrico

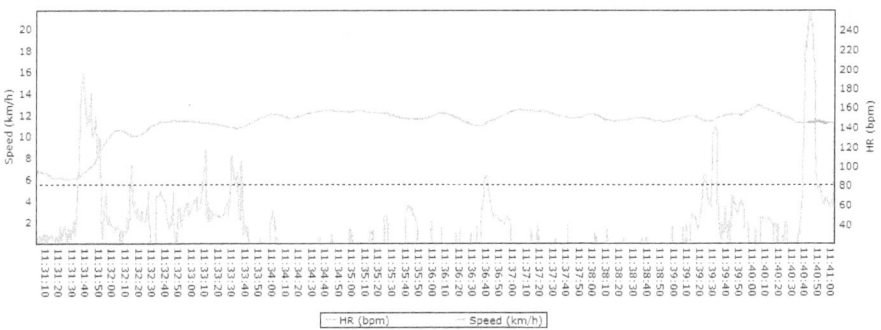

*Figura 3.* Frecuencia cardiaca (HR) y velocidad (Speed) durante una maniobra de combate asimétrico.

Esta respuesta desproporcionada de los sistemas fisiológicos viene dada por la activación de la rama simpática del sistema nervioso autónomo, la cual prepara al organismo para hacer frente ante cualquier amenaza que pueda poner en peligro la integridad física o la vida del sujeto. Esta activación simpática produce un aumento de la manifestación de fuerza del combatiente, tanto del miembro superior (brazos), como del miembro inferior (piernas). Este aumento de la fuerza se produce en unas condiciones fisiológicas negativas, por el hecho que marcábamos anteriormente del incremento de la producción de lactato, medición indirecta de acidosis en la musculatura. La acidosis tiene un efecto negativo en la contracción de nuestros músculos, lo que en principio afectaría negativamente a la manifestación de fuerza de estos, pero la activación simpática es tan alta que se compensa esta acidificación del medio[25,27,28,32-34]. La activación simpática anteriormente comentada ha sido documentada tanto en situaciones de combate como en otras situaciones que preceden al combate de algunas unidades de élite como son las unidades paracaidistas.

Específicamente se han evaluado activaciones de la rama simpática (estresante) de nuestro sistema nervioso autónomo similares en situaciones de combate tanto simétrico como asimétrico[27,34]. Otro de los casos en los cuales se ve esa alta modulación autonómica son, como marcábamos, los saltos paracaidistas. Dentro de los despliegues paracaidistas, los saltos HALO[LIII] y HAHO[LIV] se encuentran entre los más peligrosos. En ambos saltos el saltador tiene que equiparse con sistemas de respiración externo y ropa específica para poder aguantar las condiciones climáticas tan extremas a las que tienen que enfrentarse en estos saltos paracaidistas, y además de este equipo extra, a estos saltos tácticos hay que añadirle el peso del equipamiento de combate, protecciones, arma, munición, mochila de combate... el equipo total que tiene que transportar el saltador paracaidista normalmente supera los 50 kg de peso.

En la siguiente tabla (tabla I), se muestran los valores de modulación autonómica mediante los parámetros de HF y LF del dominio frecuencia del análisis de variabilidad de la frecuencia[LV] cardiaca de un saltador. Podemos ver la baja modulación parasimpática de un saltador en un salto paracaidistas HAHO. Incluso en la fase de equipamiento, mientras se está colocando todos los pertrechos para el salto como el equipo respiración, paracaídas, sistemas de navegación... la modulación parasimpática ya es baja. El simple hecho del salto a alta cota y el peligro que este conlleva ya predispone al combatiente a que su organismo se active y se prepare para la acción. Posteriormente en la fase de vuelo hasta la zona de salto y en el salto mismo la modulación parasimpática sigue cayendo, alcanzando los valores más bajos durante la fase del salto HAHO[32]. Esta activación simpática provoca la disminución en el flujo sanguíneo a partes del cuerpo que no están directamente involucrados en la acción de respuesta ante la situación estresante, tales como los órganos implicados en la digestión o en el proceso de orinar o defecar. Es conocido como un alto porcentaje de los combatientes que participaron en las batallas durante la Segunda Guerra Mundial, reportaba haberse orinado o defecado durante el combate. Más

---

[LIII] HALO – High Altitud Low Opening. Saltos a gran altura (> 30000 pies) y apertura a baja altitud.
[LIV] HAHO – High Altitud High Opening. Saltos a gran altura (> 30000 pies) y apertura a alta altitud.
[LV] La variabilidad de la frecuencia cardiaca es la variación, en tiempo, entre los latidos sucesivos del corazón, es decir los intervalos R-R de la onda QRS que encontraríamos en un electrocardiograma. Uno de los sistemas de análisis es el sistema de dominio frecuencia donde sus dos principales parámetros son el valor de HF (High Frequency) o dominio de alta frecuencia, asociado a modulación parasimpática; y el valor LF (Low Frequency) o dominio de baja frecuencia, asociado a modulación simpática

tarde, este hecho se atribuyó a la activación del sistema nervioso simpático, debido a la activación del mecanismo de lucha o huida activado por las condiciones de estrés de combate[35], aunque no se demostró con datos. Los valores de variabilidad de frecuencia cardiaca obtenidos en estos estudios[27,34] confirman esta teoría con datos empíricos, al mostrar la elevada activación del sistema nervioso simpático incluso en una simulación de combate, pudiendo esperar una mayor respuesta en una situación real de combate.

Tabla I. *Respuesta autonómica en la preparación y el salto HAHO[32]. HF – Banda de alta frecuencia del dominio frecuencial de análisis de la variabilidad de la frecuencia cardiaca (asociada con modulación parasimpática); LF - Banda de baja frecuencia del dominio frecuencial de análisis de la variabilidad de la frecuencia cardiaca (asociada con modulación simpática); n.u. – unidades normalizadas.*

| Fase | HF (u. n) Modulación Parasimpática | LF (u. n) Modulación Simpática |
|---|---|---|
| Equipamiento | 38.0 | 61.0 |
| Avión | 15.9 | 84.0 |
| HALO | 13.9 | 86.1 |

Los valores de frecuencia cardiaca analizados en este estudio mostraron como desde la fase de equipamiento el combatiente tiene una alta respuesta cardiovascular con respecto a la velocidad de movimiento de este, hecho debido al gran peso que tiene que movilizar para la colocación y transporte del equipo tanto de combate como de lanzamiento. En la fase de vuelo hasta la zona de lanzamiento se alcanzaron frecuencias cardiacas máximas momentos previos al salto, correspondiente a un 80% de la frecuencia cardiaca máxima teórica para la edad del combatiente[36]. Este resultado es similar al de previos estudios realizados con saltos civiles y a menor cota que el HAHO, en los cuales se mostró una alta activación simpática previa al salto, independientemente de la experiencia del saltador y un aumento brusco de la frecuencia cardiaca del saltador[37]. En la fase de vuelo del salto se monitorizó la frecuencia cardiaca máxima de toda la maniobra, correspondiendo al 90% de la frecuencia cardiaca máxima del combatiente[38]. La modulación autonómica también se vio modificada dependiendo de la fase analizada, encontrando una mayor modulación simpática en el salto HAHO, después en la fase de vuelo del avión y por último en el equipamiento como muestran los bajos valores de la variable HF[39]. Se puede ver que mientras más se acerca el momento de salto la modulación simpática es mayor, activándose el organismo para el momento del salto.

Todos los resultados mostrados han puesto de manifiesto una alta activación de la respuesta orgánica del combatiente debido al estrés del combate o al estrés de saltos paracaidistas extremos. Una constante en todas estas evaluaciones es la baja percepción subjetiva de esfuerzo evaluada en todas y cada una de estas situaciones estresantes, a pesar de la elevada respuesta orgánica monitorizada. Utilizando la escala de percepción subjetiva de esfuerzo (RPE) de Borg[40], escala en la cual se identifica con un valor de entre 6 (esfuerzo muy bajo) y 20 (esfuerzo máximo) puntos el esfuerzo percibido, los valores tanto en combates simétricos y asimétricos así como en los saltos paracaidistas HALO y HAHO presentaban valores de entre 11 y 14 puntos. Estos valores, que en principio no tendrían por qué parecer extraños, cobran notoriedad al compararlos con la respuesta fisiológica del combatiente. Por ejemplo, al ver la concentración sanguínea de lactato que mencionábamos antes, en todas estas maniobras analizadas estos valores se situaban por encima de los 4 mmol/l de lactato. Este valor es importante ya que es considerado el valor de umbral anaeróbico, zona a partir de la cual la concentración sanguínea de lactato se empieza a acumular de forma exponencial al incrementar la carga de trabajo[41]. Este resultado pone de manifiesto que el combatiente no es consciente realmente de la carga psicológica que provoca el combate o el salto paracaidista, mostrando una percepción subjetiva de esfuerzo inferior a la respuesta orgánica evaluada[42].

El estrés además de tener una influencia directa sobre la respuesta fisiológica y el sistema autonómico del sujeto tiene a su vez un efecto directo en la respuesta cortical de este. Los niveles de activación cortical también se han evaluado en situaciones estresantes de combate viendo como la tensión del combate produce una disminución en el procesamiento de la información y la fatiga del sistema nervioso, posiblemente debido al elevado número de incertidumbres que el combatiente tiene que controlar (como ventanas, puertas, agujeros, los cambios de luz...)[25,27,28,32-34]. Es conocido como el combate es una situación altamente estresante[43], y en situaciones de alto estrés tanto la agudeza mental como la atención de los sujetos disminuyen[44]. En esta situación, el guerrero podía interpretar estas incertidumbres como posibles elementos de los que pudieran aparecer unas acciones hostiles y podrían comprometer su integridad, siendo una amenaza para ellos. Esta situación podría causar un estado de ansiedad, en la que el cerebro es sobre estimulado con estos estímulos convirtiéndose en una situación muy estresante[45]. El aumento en la respuesta de ansiedad producida en soldados en combate es uno de los problemas principales que el psicólogo militar tiene que hacer frente desde la gran guerra en el conflicto armado real[46]. Esta respuesta ansiogénica no sólo afecta a la respuesta psicofisiológica, sino que también produce una disminución en el rendimiento de la memoria de los combatientes[47].

Siguiendo con la temática anteriormente expuesta del efecto del estrés a nivel psicológico, vemos como la activación cortical disminuye en situaciones estresantes y esto, específicamente en combate, se combina con una infrainterpretación de la percepción subjetiva del esfuerzo físico que se está realizando. Además, el estrés va a afectar a funciones superiores tan importantes como la memoria. En el caso de estudio presentado por Gallego et al[48] en el cual se analizaba la memoria operativa del combatiente después de una simulación de combate en población se pudo comprobar como la memoria de este se vio gravemente afectada. En este estudio después de la simulación de combate se le pedía al combatiente rellenar un cuestionario en el que se le preguntaba por el número de acciones de fuego realizadas y el número de impactos conseguidos. Posteriormente se cotejaba esta información con una cámara personal que llevaba el combatiente acoplada en su casco. El combatiente reportaba no haber realizado ningún disparo durante la maniobra, sin embargo, al cotejar esa información con las imágenes de la cámara se pudo comprobar como este había realizado 22 acciones de fuego con 16 impactos conseguidos. El combatiente presentaba una amnesia retrógrada total de la maniobra realizada en un parámetro tan importante como puede ser recordar las acciones de fuego realizadas.

Este hecho anteriormente marcado, está íntimamente relacionado con la caída de los valores de activación cortical y la gran activación del sistema autonómico simpático. Este hecho muestra como la respuesta del combatiente va a ser altamente influenciada por los procedimientos o acciones aprendidas y que hayan quedado grabados en su ideario motor activándose autonómicamente y con un pobre control sobre su acción por parte de los sistemas corticales superiores. Esta alta estimulación podría tener relación con los casos de efecto túnel reportados por policías y combatientes en situaciones altamente estresantes especialmente en acciones con presencia tanto de armas de fuego como de armas blancas[49,50]. El aumento de la modulación simpática aumenta la contracción pupilar facilitando así la focalización en un solo elemento que el sujeto considere como foco de la situación peligrosa, lo que explicaría esa pérdida de visión periférica característica del llamado efecto túnel[51]. Por otra parte, la disminución del procesamiento de la información y la activación cortical y el aumento de la modulación simpática debido al estrés de combate, nos hace pensar que la respuesta del combatiente a las diferentes situaciones a las que se enfrenta, son procesadas en el sistema límbico, que activan el mecanismo de lucha-huida debido a que el procesamiento de la información de la corteza cerebral disminuye. Esto podría tener una explicación adaptativa ya que el procesamiento racional de la información de la situación podría ser muy lento y la respuesta racional emitida podría darse en un espacio temporal demasiado largo como para poder evitar o enfrentar la amenaza. Sin embargo, la respuesta a nivel límbica es más rápida y puede ser mucho más adaptativa al necesitar menor tiempo de respuesta[34].

## 4. RESPUESTA DE ESTRÉS Y PROCESO DE ADQUISIÓN Y CONSOLIDACIÓN DE LA INFORMACIÓN. ¿QUÉ APRENDO ESTRESADO?

Todos los procesos orgánicos anteriormente expuestos que suceden ante ambientes o contextos estresantes, o que el sujeto interpreta como estresantes, van a tener un efecto directo en los procesos de adquisición y consolidación de la información. La liberación de hormonas estresantes como los glucocorticoides[LVI] van a tener un efecto directo en nuestro sistema nervioso central y en los procesos cognitivos superiores. Este hecho tiene un efecto directo sobre el procesamiento de la información y una vital importancia para cualquier proceso de aprendizaje. Los parámetros que delimitan la respuesta de estrés pueden considerarse específicos y no específicos y potencialmente predecibles y medibles (dolor, ayuno, frío, calor, administración de drogas, además de factores psicológicos). Recientemente, se ha confirmado la importancia de esos factores y se ha añadido la evaluación de una amenaza social como factor desencadenante de la respuesta de estrés en seres humanos[52]. Son diferentes campos en los

---

[LVI] Los glucocorticoides son hormonas catabólicas que se liberan en la corteza suprarrenal ante situaciones estresantes para el sujeto. Estimulan la gluconeogénesis, aumentando la glucemia, favorecen la degradación de proteínas, facilitan efectos termogénicos y catabólicos de las catecolaminas y hormonas tiroides, además de tener actividad inmunosupresora y antiinflamatoria y a nivel del sistema nervioso central pueden producir estados de euforia (si hay una hipersecreción). Los glucocorticoides producidos principalmente en el ser humano son el cortisol, la cortisona y la corticosterona.

cuales la exposición de estrés va a afectar a los procesos de memoria y aprendizaje como vemos a modo de resumen en la figura 4.

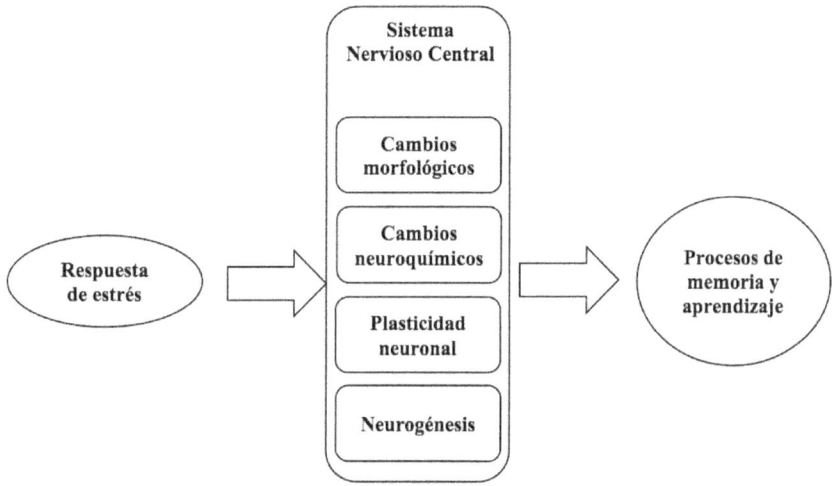

*Figura 4*. Efectos del estrés en el SNC y en los procesos de memoria y aprendizaje.

La importancia de la activación de la respuesta de estrés y la subsecuente liberación de hormonas estresantes como el cortisol tiene un efecto negativo en la memoria declarativa[LVII] de sujetos sanos, como pudo comprobar Lupien et al[53] al evaluar tanto memoria declarativa como no declarativa al igual que la concentración de cortisol (hormona estresante) antes y después de una tarea estresante, que en esta investigación era una exposición en público. Los resultados mostraron como la situación estresante disminuyó el rendimiento de la memoria declarativa, no afectando a la memoria no declarativa. En esta línea también se pudo comprobar como los niveles de cortisol altos crónicamente provocan la muerte de las células cerebrales del hipocampo, que es fundamental para la formación de recuerdos[54].

Es conocido como la exposición crónica a situaciones estresantes, durante semanas o meses, puede perjudicar la comunicación entre las neuronas de la región del cerebro correspondiente al aprendizaje y la memoria. Pero no solo la exposición crónica va a tener efectos negativos en estos procesos, breves períodos de estrés (horas) pueden afectar a la comunicación entre células cerebrales en áreas asociadas con estas dos

---

[LVII] La memoria declarativa o memoria explícita es uno de los dos tipos de memoria a largo plazo que tiene el ser humano. En ella están incluidos los recuerdos que pueden ser recuperados de forma consciente por el sujeto, como pueden ser eventos o hechos acaecidos.

funciones cerebrales tan importantes[55]. Este efecto negativo agudo del estrés tiene su base no en el cortisol, sino en la hormona corticotropina, la cual perturba el proceso por el cual el cerebro recoge y almacena los recuerdos. Se pudo comprobar como la liberación de corticotropina en el hicocampo, uno de los centros principales relacionados con procesos de aprendizaje y memoria en el cerebro, provocó una desintegración de las espinas dendríticas de estas neuronas, lo cual limitó la capacidad para recoger y almacenar recuerdos mediante las sinapsis. Además, si se bloqueaba la interacción entre las moléculas de hormonas que liberan corticotropina, y las moléculas de los receptores, se elimina el daño ocasionado por el estrés sobre las espinas dendríticas en las células del hipocampo que participan en el aprendizaje y la memoria.

Como se marcaba anteriormente, el contexto social que rodea a la persona puede ser un foco de situaciones estresantes, especialmente en edades tempranas. En esta línea, se ha podido comprobar que los niños de todas las edades reaccionan a las discusiones de los adultos fisiológicamente (aumento de la frecuencia cardiaca, presión sanguínea, liberación de cortisol). Además, les supone un mayor esfuerzo regular sus emociones, calmarse a sí mismos y centrar su atención en otros. Si estas situaciones son mantenidas en el tiempo, se pueden producir efectos negativos en los procesos cognitivos importantes para el rendimiento académico y el aprendizaje de competencias necesarias para su desarrollo e integración social posterior[56]. Estos aspectos son fundamentales para poder facilitar los procesos de aprendizaje social o vicario del niño, permitiendo un correcto desarrollo de las representaciones mentales que van a hacer que pueda comprender la imitación a realizar y sean la base de la adquisición y ampliación de sus habilidades en el control del medio. Un contexto o ambiente en el cual el niño no interprete la información externa como aversiva, evitando así la respuesta psicofisiológica de estrés va a provocar que el niño tenga un mejor proceso de atención, retención y posteriormente de reproducción, lo que mejoraría no solo su proceso de aprendizaje, sino también su motivación hacia él.

La exposición a entornos de estrés crónico debilita la capacidad que puede tener un alumno para seleccionar la información importante, además el pensamiento y la memoria se ven afectados bajo estas situaciones de estrés, inhibiendo la memoria a corto plazo y la capacidad para formar recuerdos a largo plazo[57]. En situaciones de estrés se tiende a focalizar la atención y la visión se reduce a los campos centrales, perdiendo visión periférica (conocido como efecto túnel), proceso que va a limitar las capacidades de asimilación de la información y la adquisición de nueva información. Además, la exposición crónica a contextos estresantes afecta también al sistema inmune de los alumnos, haciéndolos más susceptibles a enfermedades ya que su sistema inmunitario se deprime, lo que puede ser origen de un círculo vicioso académico: más estrés en exámenes provoca más enfermedad, menos salud y pérdida de clases, lo que influye negativamente en las calificaciones[58]. El profesor deberá buscar y crear estrategias para que los alumnos perciban la clase como un sitio seguro y cómodo y las tareas de aprendizaje como algo desafiante, valioso y comprensible. En referencia al clima de aprendizaje se deberían desarrollar sentimientos de aceptación, comodidad y orden a través de estrategias como: establecer relación con cada alumno, ser justo y positivo, responder de forma positiva a preguntas falladas o a dificultades en las tareas, potenciar el trabajo colaborativo, enseñando estrategias al alumno para ganar la aprobación de los compañeros, permitir que los alumnos fijen sus estándares de comodidad y orden, comunicar las normar y procedimientos, establecer colaborativamente las reglas, manteniéndose atento a amenazas y malos tratos de los alumnos tomando medidas inmediatas para detenerlos en cuanto aparezcan. Además, frente a la tarea de aprendizaje de nuestro alumno desarrollaríamos la percepción del valor de la tarea, la confianza en sus habilidades para cumplir con la tarea y la claridad y la comprensión a través de estrategias como: dividir las tareas complejas en pequeños pasos, identificar y comunicar las conductas que se espera durante y después de completar la tarea, proporcionando retroalimentaciones positivas, enseñando al alumno conductas de diálogo positivo con el mismo, así como pidiendo a los alumnos que creen tareas relacionadas con sus intereses y metas[59].

Otro factor importante, y más hoy en día con la desgraciada proliferación de casos de *buying*, es la influencia que tiene la posición social del alumno en el contexto social donde se desarrolla. Las relaciones de dominación o sumisión o subordinación van a tener un efecto directo en la arquitectura neuronal del sujeto, ya que se ha podido comprobar en laboratorio como los animales subordinados presentan un menor número de dendritas y más cortas, y los animales dominantes mayor número de dendritas y más largas. Esta misma diferencia se puede observar con neuronas sometidas a contextos estresantes y a contextos no estresantes respectivamente. Esta evidencia pone de manifiesto la importancia de variar el liderazgo en los grupos de la clase[58] y la importancia de los sistemas de aprendizaje colaborativos y cooperativos. En el aprendizaje cooperativo se realza el aprendizaje que se da entre alumnos, se da oportunidad a los alumnos de enseñar y aprender en cooperación, la instrucción no sólo viene de parte del profesor, sino que recae en ellos como participantes activos en el proceso. El alumno al ser parte de un grupo del cual depende su desempeño, asegurará que los otros integrantes del grupo también tengan un buen desempeño. Este tipo de aprendizaje recae en una instrucción compartida, son los propios alumnos los que jugarán roles como ayudantes o tutores. Este enfoque cambia el antiguo rol del profesor de entrega directa de instrucción a un profesor asesor de grupos de trabajo cooperativo y él es responsable de crear las estructuras que llevarán al aprendizaje cooperativo. En el aprendizaje colaborativo nos centramos en la interacción y aporte de los integrantes de un grupo en la construcción del conocimiento, es un aprendizaje que se logra con la participación de partes que forman un todo. El aprendizaje colaborativo es un sistema de interacciones cuidadosamente diseñado que organiza e induce la influencia recíproca entre los integrantes de un equipo. Se desarrolla a través de un proceso gradual en el que cada miembro y todos se sienten mutuamente comprometidos con el aprendizaje de los demás generando una interdependencia positiva que no implique competitividad. Estos nuevos modelos docentes presentan ventajas dentro del aula ya que estimulan habilidades personales, disminuyen los sentimientos de aislamiento, favorecen sentimientos de autoeficiencia, educan en valores de cooperación, solidaridad y generosidad, promueven las relaciones entre estudiantes, desarrollan habilidades interpersonales y estrategias para resolver conflictos al igual que la tolerancia, respeto, flexibilidad y apertura hacia los demás[60].

El efecto del estrés parecería afectar el rango fisiológico de la plasticidad sináptica de manera que favorecería el desarrollo de la depresión sobre la estimulación sináptica en el hipocampo. Estos efectos no son permanentes, sino que la modulación del funcionamiento del hipocampo por el estrés implicaría un proceso dinámico continuo bajo la influencia permanente de la percepción que se tiene del entorno. En este proceso la amígdala desempeña un papel importante, siendo un núcleo fundamental para el aprendizaje emocional y para la manifestación de los efectos relacionados con el estrés tanto a nivel conductual como en el funcionamiento del hipocampo. La inhibición de la amígdala bloquea el efecto modulador de drogas sobre la memoria dependiente del hipocampo y deteriora la potenciación de sinapsis a largo plazo. La amígdala está conectada tanto directamente como indirectamente con diversas regiones del hipocampo, y cada vez es más aceptado que para la expresión completa de los efectos del estrés en el hipocampo se precisa de la coactivación de la amígdala y el hipocampo. Los efectos locales de los neuromoduladores (como los opioides, corticosterona…) actúan en conjunción con las influencias procedentes de la amígdala, para alterar la memoria dependiente del hipocampo y la plasticidad sináptica. De esta forma, si la amígdala está lesionada o se bloquea su activación se produce un deterioro de la memoria y de los procesos de aprendizaje dependientes del hipocampo; sin embargo, si se incrementa la actividad de la misma se produce una potenciación de la memoria [61-63].

## 5. APLICACIONES PRÁCTICAS.

Como se ha mostrado anteriormente, el estrés percibido por el sujeto va a tener una serie de repercusiones orgánicas que pueden tener un efecto negativo para la realización de ciertas tareas o cometidos. Un punto importante es la infraestimación del esfuerzo realizado, lo cual puede poner en serio compromiso la salud del individuo. Muchas de las patologías diagnosticadas por estrés vienen como consecuencia de una sobrecarga orgánica que desemboca en patología o enfermedad. El trabajador sometido a mucho estrés, ya sea por cumplir con unos objetivos, por presión de superiores… va a tener una respuesta orgánica similar a la que marcábamos en el punto anterior. Esta respuesta a nivel agudo, es una respuesta adaptativa, ya que nos permitía evitar o enfrentarnos a una amenaza con todos los recursos orgánicos disponibles para ello. La activación de este sistema de lucha-huida está diseñada para dar respuesta a eventos de forma aguda, cuando esta activación se cronifica en el tiempo, es cuando empiezan a aparecer problemas de salud. A nivel deportivo cuando la carga de entrenamiento sobrepasa la capacidad de asimilación del deportista vamos a tener un cuadro similar, el mantenimiento de esta alta activación va a provocar que no se pueda recuperar y se presenten síntomas de sobreentrenamiento. Por lo tanto, el control de la respuesta orgánica de nuestro deportista se hace fundamental para poder controlar el estado de asimilación de entrenamiento. Dentro de los parámetros a controlar, la respuesta hormonal es uno de los más importantes, evaluando el estado catabólico/anabólico del organismo, esto se puede realizar analizando las hormonas cortisol y testosterona respectivamente. Estos análisis se pueden complementar con evaluaciones psicológicas con cuestionarios específicos como el RESTQ-76 sport[64] o el CSAI-2R[65].

Otro de los puntos más importante que marcábamos era el efecto en la memoria del estrés. Los procesos de almacenamiento y recuperación de información se van a ver directamente afectados por la respuesta de estrés, ya que la liberación de catecolaminas y cortisol provocada por esta alta activación del sistema nervioso simpático va a afectar al hipocampo inhibiendo la fijación de la información obtenida y por lo tanto posteriormente el recobro de esta información será imposible[66]. Este hecho es fundamental a la hora de planificar contextos académicos y docentes, ya que se debería tender a reducir al máximo las situaciones o contextos estresantes para el alumno, ya que esto va a influir muy negativamente tanto en los procesos de fijación y recobro de información, la plasticidad neuronal o el estado bioquímico del cerebro, y por lo tanto en su capacidad total de aprendizaje.

El conocimiento de variables tanto epigenéticas[LVIII] como las filogenéticas van a ser claves a la hora de plantear un contexto favorable para mejorar tanto procesos de entrenamiento como procesos de enseñanza aprendizaje. Propiciando un contexto social inclusivo en el cual el alumno se sienta integrado, no subyugado, en el cual tenga que desempeñar funciones coordinadas de liderazgo y facilite su percepción de seguridad va a influir positivamente en las bases neurofisiológicas del proceso de proceso de aprendizaje del alumno. Del mismo modo el control de la respuesta de estrés del deportista nos permitirá desarrollar acciones y planificar los entrenamientos de una manera más eficaz y eficiente, evitando lesiones y aumentando su rendimiento sin poner en compromiso su integridad física ni psicológica.

## 6. REFERENCIAS BIBLIOGRÁFICAS

1. Amunts, K., Kedo, O., Kindler, M., Pieperhoff, P., Mohlberg, H., Shah, N., Habel, U., Schneider, F. y Zilles, K. (2005). Cytoarchitectonic mapping of the human amygdala, hippocampal region and entorhinal cortex: intersubject variability and probability maps. *Anat Embryol, 210*(5-6), 343-352.

2. Piédrola, G., Montoro, S. y Romero, R. (2003). El estudio del eje hipotálamo-hipófiso-suprarrenal: indicaciones y diagnóstico. *Ciencia, Tecnología y Medicina, 65,* 1693-1699.

3. Pavón Romero, L., Hernández, M.E., Loría Salinas, F. y Sandoval López, G. (2014). Interacciones neuroendocrinoinmunológicas. *Salud Mental, 27*(3), 19-25.

4. Selye, H. (1976). The stress concept. *Can Med Assoc J, 115*(8), 718.

---

[LVIII] Variables relacionadas con el contexto del sujeto que van a tener una influencia en la caracterización y manifestación de su material biológico de origen filogenético.

5. Timmins, F. y Kaliszer, M. (2002). Aspects of nurse education programmes that frequently cause stress to nursing students–fact-finding sample survey. *Nurse Educ Today, 22*(3), 203-211.

6. Matthews, G., Dorn, L. y Glendon, A.I. (1991). Personality correlates of driver stress. *Personality and Individual Differences, 12*(6), 535-549.

7. Zeier, H. (1994). Workload and psychophysiological stress reactions in air traffic controllers. *Ergonomics, 37*(3), 525-539.

8. Roscoe, A.H. (1992) Assessing pilot workload. Why measure heart rate, HRV and respiration? *Biol Psychol, 34*(2), 259-287.

9. Hare, O.A., Wetherell, M.A. y Smith, M.A. (2013). State anxiety and cortisol reactivity to skydiving in novice versus experienced skydivers. *Physiol Behav, 118,* 40-44.

10. Yonelinas, A.P., Parks, C.M., Koen, J.D., Jorgenson, J. y Mendoza, S.P. (2011). The effects of post-encoding stress on recognition memory: examining the impact of skydiving in young men and women. *Stress, 14*(2), 136-144.

11. Kowalczyk, E., Kura, M. y Ciecwierz, J. (2012). Anxiety associated with parachute jumping. *Pol Merkur Lekarski, 33*(194), 97-100.

12. Roth, W.T., Breivik, G., Jørgensen, P.E. y Hofmann, S. (1996). Activation in novice and expert parachutists while jumping. *Psychophysiology, 33*(1), 63-72.

13. Meyer, V.J., Lee, Y., Böttger, C., Leonbacher, U., Allison, A.L. y Shirtcliff, E.A. (2015). Experience, cortisol reactivity, and the coordination of emotional responses to skydiving. *Front Hum Neurosci, 9,* 138.

14. King, F., Heinrich, D.L., Stephenson, R.S. y Spielberger, C.D. (1976). An investigation of the causal influence of trait and state anxiety on academic achievement. *J Educ Psychol, 68*(3), 330.

15. Lazarus, R.S. y Folkman, S. (1984). *Stress, appraisal, and coping.* New York: Springer Press.

16. Mischel, W. (1977). The interaction of person and situation. E. Magnusson y N.S. Endler (Eds.), *Personality at the crossroads: current issues in interactional psychology* (pp. 333-352). Hillsdale, NJ: Lawrence Erlbaum Associates.

17. Endler, N.S. (1977). *The role of person-by-situation interactions in personality theory.* New York: Springer.

18. Kahana, E.A. (1982). A congruence model of person-environment interaction. En M. Lawton, P.G. Windley y T.O. Byerts (Eds.), *Aging and the environment: theoretical approaches* (pp. 97-121). New York: Springer.

19. Peacock, E.J., Wong, P.T. y Reker GT. (1993). Relations between appraisals and coping schemas: Support for the congruence model. *Canadian Journal of Behavioural Science/Revue canadienne des sciences du comportement, 25*(1), 64.

20. Miguel Tobal, J.J. y Cano-Vindel, A. (1986). *Manual del Inventario de Situaciones y Respuestas de Ansiedad-ISRA*. Madrid: TEA.

21. Aglioti, S.M., Cesari, P., Romani, M. y Urgesi C. (2008). Action anticipation and motor resonance in elite basketball players. *Nat Neurosci, 11*(9), 1109-1116.

22. Scott, D.J., Bergen, P.C., Rege, R.V., Laycock, R., Tesfay, S.T., Valentine, R.J., et al. (2000). Laparoscopic training on bench models: better and more cost effective than operating room experience? *J Am Coll Surg, 191*(3), 272-283.

23. Pecena, Y., Keye, D., Conzelmann, K., Grasshoff, D., Maschke, P., Heintz, A., et al. (2013). Predictive validity of a selection procedure for air traffic controller trainees. *Aviat Physiol Appl Hum Factors, 3*, 19-27.

24. Swann, C., Keegan, R,J,, Piggott, D. y Crust, L. (2012). A systematic review of the experience, occurrence, and controllability of flow states in elite sport. *Psychol Sport Exerc, 13*(6), 807-819.

25. Clemente-Suarez, V.J. y Robles-Pérez, J.J. (2015). Acute effects of caffeine supplementation on cortical arousal, anxiety, physiological response and marksmanship in close quarter combat. *Ergonomics, 58*(11), 1842-1850.

26. Clemente-Suarez, V.J. y Robles-Perez, J.J. (2013). Mechanical, physical, and physiological analysis of symmetrical and asymmetrical combat. *J Strength Cond Res, 27*(9), 2420-2426.

27. Clemente-Suárez, V.J. y Robles-Pérez, J.J. (2012). Respuesta orgánica en una simulación de combate. *Sanidad militar, 68*(2), 97-100.

28. Clemente-Suárez, V.J. y Robles-Pérez, J.J. (2012). *Psycho-physiological response in diferent combat situations*. Saarbrücken. Deutschland. Editorial Académica Española.

29. Clemente-Suárez, V.J. y Pérez-Robles, J.J. (2012). Análisis de los marcadores fisiológicos, activación cortical y manifestaciones de la fuerza en una situación simulada de combate. *Arch Med Deporte, 39*(149), 680-686.

30. De Lecea, L., Carter, M.E. y Adamantidis, A. (2012). Shining light on wakefulness and arousal. *Biol Psychiatry, 71*(12), 1046-1052.

31. Clemente-Suárez, V.J., Ramos Campo, D. y Gonzalez-Ravé, J.M. (2011). Modifications to body composition after running an alpine marathon. *International SportMed Journal, 12*(3), 133-140.

32. Clemente-Suárez, V.J., Delgado-Moreno, R., González-Gómez, B. y Robles-Pérez, J.J. (2015). Respuesta psicofisiológica en un salto táctico paracaidista HAHO: caso de Estudio. *Sanidad Militar, 71*(3), 179-182.

33. Clemente-Suárez, V.J., Robles-Pérez, J.J. y Montañez-Toledo, P. (2015). Respuesta psicofisiológica en un salto táctico paracaidista a gran altitud. A propósito de un caso. *Arch Med Deporte, 32*(3), 144-148.

34. Clemente-Suárez, V.J. y Robles-Pérez, J.J. (2013). Psycho-physiological response of soldiers in urban combat. *An Psychol, 29*(2), 598-603.

35. Grossman, D. y Christensen, L.W. (2007). *On combat: The psychology and physiology of deadly conflict in war and in peace.* Belleville, IL: PPCT Research Publications

36. Tanaka, H., Monahan, K.D. y Seals, D.R. (2001). Age-predicted maximal heart rate revisited. *J Am Coll Cardiol, 37*(1), 153-156.

37. Allison, A.L., Peres, J.C., Boettger, C., Leonbacher, U., Hastings, P.D. y Shirtcliff, E.A. (2012). Fight, flight, or fall: Autonomic nervous system reactivity during skydiving. *Personality and Individual Differences, 53*(3), 218-223.

38. Hetland, A. y Vittersø, J. (2012). The feelings of extreme risk: exploring emotional quality and variability in skydiving and BASE jumping. *J Sport Behav, 35*(2), 154-180.

39. De la Cruz Torres, B., López López, C. y Naranjo Orellana, J. (2008). Analysis of heart rate variability at rest and during aerobic exercise: a study in healthy people and cardiac patients. *Br J Sports Med, 42*(9), 715-720.

40. Borg, G. (1970). Perceived exertion as an indicator of somatic stress. *Scand J Rehabil Med, 2*, 92-98.

41. Tanaka, K. y Matsuura, Y. (1984). Marathon performance, anaerobic threshold, and onset of blood lactate accumulation. *J Appl Physiol Respir Environ Exerc Physiol, 57*(3), 640-643.

42. Billat, L.V. (1996). Use of blood lactate measurements for prediction of exercise performance and for control of training. *Sports medicine, 22*(3), 157-175.

43. Flanagan, S.C., Kotwal, R.S. y Forsten, R.D. (2012). Preparing soldiers for the stress of combat. *J Spec Oper Med, 12*(2), 33-41.

44. Weinstein, N. y Ryan, R.M. (2011). A self-determination theory approach to understanding stress incursion and responses. *Stress Health, 27*(1), 4-17.

45. Martens, R., Vealey, R.S. y Burton, D. (1995). *Competitive anxiety in sport.* Champaign, IL: Human kinetics.

46. Telch, M.J., Rosenfield, D., Lee, H. y Pai, A. (2012). Emotional reactivity to a single inhalation of 35% carbon dioxide and its association with later symptoms of posttraumatic stress disorder and anxiety in soldiers deployed to Iraq. *Arch Gen Psychiatry, 69*(11), 1161-1168.

47. Taverniers, J., Van Ruysseveldt, J., Smeets, T. y von Grumbkow, J. (2010). High-intensity stress elicits robust cortisol increases, and impairs working memory and visuo-spatial declarative memory in Special Forces candidates: A field experiment. *Stress: The International Journal on the Biology of Stress, 13*(4), 324-334.

48. Gallego et al (2014). *Efectos del estrés de combate en la memoria operativa del combatiente. Caso de estudio*. 9º Congreso Nacional de Enfermeria de la Defensa.

49. Bremner, J.D. (2005). Effects of traumatic stress on brain structure and function: relevance to early responses to trauma. *Journal of trauma & dissociation, 6*(2), 51-68.

50. Lynch, T.C., Kennedy, C.H. y Zillmer, E.A. (2012). *Military psychology: Clinical and operational applications*. New York: Guilford Press.

51. Gleitman, H., Fridlund, A. y Reisberg, D. (2004). *Psychology (6ª ed)*. New York: W.W. Norton & Company.

52. Dickerson, S.S. y Kemeny, M.E. (2004). Acuete stressors and cortisol responses: A theoretical integration and synthesis of laboratory research. *Psychological Bulletin, 130*(3), 355-391.

53. Lupien, S., Gaudreau, S., Tchiteya, B., Maheu, F., Sharma, S., Nair N, et al. (1997). Stress-induced declarative memory impairment in healthy elderly subjects: Relationship to cortisol reactivity 1. *The Journal of Clinical Endocrinology & Metabolism, 82*(7), 2070-2075.

54. Vincent, J. (1988). *Biología de las pasiones*. Barcelona: Anagrama.

55. Baram, T. (2008). *Short-term stress can affect learning and memory*. Recuperado de Retrieved from http://www.sciencedaily.com/releases/2008/03/080311182434.htm

56. Medina, J. (2011). *Brain Rules: 12 Principles for Surviving and Thriving at Work, Home, and School*. Amazon.

57. Gazzaniga, M.S. (1988). *Mind matters: How mind and brain interact to create our conscious lives*. Boston: Houghton Mifflin.

58. Jensen, E. y Villalba, A. (2003). *Cerebro y aprendizaje: competencias e implicaciones educativas*. Madrid: Narcea.

59. Barrera, M. y Valencia, P. (2008). *Estrategias de manejo conductual en aula.* Recuperado de https://www.orientacionandujar.es/wp-content/uploads/2015/09/RECOPILACION-DE-ESTRATEGIAS-DE-MODIFICACI%C3%93N-DE-CONDUCTA-EN-EL-AULA.pdf

60. García, A.C.M., Saldivia, B.S. y Monzón, G.P. (2014). Un modelo ontológico para el aprendizaje colaborativo en la educación interactiva a distancia. *Educere, 18*(61), 449-460.

61. McEwen, B.S. (2000). Effects of adverse experiences for brain structure and function. *Biol Psychiatry, 48*(8), 721-731.

62. Kim, J.J. y Yoon, K.S. (1998). Stress: metaplastic effects in the hippocampus. *Trends Neurosci, 21*(12), 505-509.

63. Hebb, D.O. (2005). *The organization of behavior: A neuropsychological theory*. New York: John Wiley.

64. Coutts, A.J., Wallace, L.K. y Slattery, K.M. (2007). Monitoring changes in performance, physiology, biochemistry, and psychology during overreaching and recovery in triathletes. *Int J Sports Med, 28*(2), 125-134.

65. Cox, R.H., Martens, M.P. y Russell, W.D. (2003). Measuring anxiety in athletics: The revised competitive state anxiety inventory-2. *Journal of Sport and Exercise Psychology, 25*(4), 519-533.

66. Newcomer, J.W., Craft, S., Hershey, T., Askins, K. y Bardgett, M.E. (1994). Glucocorticoid-induced impairment in declarative memory performance in adult humans. *J Neurosci, 14*(4), 2047-2053.

# EMOCIONES Y MECANISMOS NEUROENDOCRINOS EN EL DEPORTE

**Dr. Manuel Jiménez López** profesor de la Universidad Internacional de La Rioja y de la Universidad de Málaga

*"El éxito permanente es absolutamente imperdonable"*
Groucho Marx

El resultado de los duelos entre rivales importa y precisamente porque importa no somos los mismos al finalizar el encuentro (para bien o para mal). Las percepciones que quedan en nosotros son aquellas que "irritan" nuestras conexiones neuronales y los humanos somos altamente sensibles a la victoria o la derrota, al premio o al castigo, a la dominancia o a la subordinación[1-2]. Cualquier tipo de fluctuación en el medio externo tendrá como consecuencia inmediata una agitación del medio interno (y viceversa). Por suerte, en la mayoría de las ocasiones estos estados emocionales son momentáneos y la conducta "elicitada" revierte gradualmente en las horas posteriores. Definir con exactitud qué factores genéticos, ambientales, biológicos o neuropsicológicos son más determinantes en las respuestas combativas se atisba complejo. Probablemente sea una respuesta multifactorial coordinada por complejos circuitos neuronales desplegados evolutivamente para luchar y vencer. Del mismo modo, existen otros circuitos neuronales cuyo fin último será sortear la confrontación y evitar los impactos físicos y emocionales de una posible derrota. En cualquier caso, la influencia que las estrategias cognitivas de afrontamiento individual tienen en la modulación de las conductas competitivas, incrementan o disminuyen los costes derivados del resultado de la contienda[3-4].

En cualquier caso, es importante señalar la enorme influencia que el éxito o el fracaso tiene sobre nuestra conducta. Los mecanismos cerebrales que vigorizan e impulsan al ser humano a competir unos contra otros, a resultar aversivos para nuestros rivales, motivan al deportista a ser disciplinado y no escatimar esfuerzos para "dominar" a los demás. Estos sistemas cerebrales de la combatividad, de base biológica, fueron diseñados por la evolución para garantizar la lucha por la supervivencia y el control del recurso. El cerebro-mente se erige como el gran mediador de las conductas competitivas, y el diferencial ganancias-pérdidas será la variable principal a introducir en la ecuación. Las competiciones deportivas tienen relevancia, tanto por alcanzar incentivos materiales como por el impacto y reconocimiento social que producen los logros personales del atleta. Los medios de comunicación ceden cada vez más espacio en sus parrillas a las competiciones deportivas, son conscientes que serán sucesos que se saldarán con ganancias o pérdidas y que no sólo afectarán a los propios deportistas sino también a sus seguidores.

## 1. EMOCIÓN Y TOMA DE DECISIONES EN EL DEPORTE

*"Las emociones son una forma muy inteligente de conducir a un organismo hacia ciertos resultados"*
-Antonio Damasio-

Durante varios años, mis compañeros del Instituto de Investigaciones Biomédicas de Málaga y yo, estuvimos caracterizando variables fisiológicas en diferentes deportes, principalmente los deportes de equipo y los deportes de raqueta. Junto a metabolitos como el lactato o medidas de activación simpática como la frecuencia cardíaca, incorporamos un instrumento ampliamente utilizado con anterioridad: la percepción subjetiva de esfuerzo (PSE)[5-6]. Esta escala señala la valoración personal que un deportista hace sobre el esfuerzo que acaba de desarrollar en un período determinado de actividad física. Este instrumento ha mostrado una estrecha relación con las variables fisiológicas más estudiadas en el entrenamiento deportivo (e.g. frecuencia cardíaca o lactato). Sin embargo, lo más sorprendente fue observar una persistente influencia (casi dependencia) del resultado de un evento competitivo sobre la PSE. No solo una mayor tasa cardíaca y producción de lactato se relacionó con puntuaciones más altas de PSE tras la derrota, sino que altas puntuaciones eran referidas también cuando no existían diferencias en dichas variables tras la victoria o la derrota. Muy probablemente los estados afectivos que acompañan al resultado de una competición deportiva es una variable a tener en cuenta cuando se usa la escala de Borg en estudios de campo[7]. Aún no sabemos si la euforia subyacente a una importante victoria vigoriza e impulsa los estados de ánimo positivos reduciendo la sensación de fatiga; o si, por el contrario, la frustración por la derrota suscita un efecto similar, pero en sentido inverso. Lo más probable es que sea una interacción entre ambas. En cualquier caso, hay claros indicios de que la retroalimentación cognitiva del vencedor y del vencido es diferente y con desigual coste psicofisiológico. La percepción del esfuerzo físico desarrollado, cuando comparamos vencedores y vencidos, está altamente influenciada por desajustes de carácter psicológico a la hora de interpretar los estímulos propios e interoceptivos[8-11].

En la alta competición deportiva, la respuesta de estrés, el afrontamiento activo del desafío, el coste psicofisiológico de la lucha y la irreversibilidad del resultado, generan una importante carga emocional. La euforia del triunfo o la frustración por una sonada derrota jugaran un importante papel en la capacidad de adaptación del deportista. Los estados emocionales están modulados por recompensas o castigos, y no debemos olvidar que el éxito o el fracaso lo son. Cuando un deportista entrena con dureza en el fondo está buscando una recompensa esperada (bien a corto bien a medio plazo), su objetivo es alcanzar el triunfo final. Cada vez que el atleta vence, incrementa la probabilidad de que la conducta instrumental que le llevó hasta ella se repita (i.e. entrenar con dureza). Con el tiempo, el estímulo asociado al reforzador (i.e. euforia por el triunfo) incrementará por sí mismo el deseo de repetir la conducta instrumental actuando como un reforzador positivo (i.e. entrenar produce directamente el estado de placer). Por el contrario, si el atleta entrena duro, pero los resultados le son esquivos, el estímulo actuará como un castigo disminuyendo la probabilidad de que la conducta instrumental se repita (i.e. entrenar produce angustia, estados de ánimo negativos y frustración). Las emociones que genera el entrenamiento o la competición se convierten, de algún modo, en una excelente "valoración biomédica" del rendimiento del deportista. Sin embargo, los entrenadores preguntamos frecuentemente a nuestros atletas: "¿cuántas pulsaciones tienes?". Pero muy pocas veces preguntamos: "¿cuáles son tus sensaciones al finalizar el entrenamiento de hoy?"

Desde un punto de vista psicobiológico, varios estudios con animales y humanos sugieren la existencia de un "sistema cerebral de la recompensa" que regula los refuerzos sensoriales, emocionales y homeostáticos, y que está representado por el sistema mesolímbico dopaminérgico[12-13]. Dentro de esta "circuitería" neuronal destaca el núcleo accumbens (i.e. "que yace sobre el septum") como una de las estructuras principales del sistema límbico implicadas en el aprendizaje, la memoria, las emociones de miedo y el estrés. Las conexiones eferentes del núcleo accumbens son la amígdala, las neuronas dopaminérgicas y córtex prefrontal, todas ellas implicadas con mayor o menor intensidad en la toma de decisiones. El nivel de actividad de la corteza prefrontal es muy variable de uno a otro individuo y está vinculada a las funciones ejecutivas (i.e. habilidades de anticipación y establecimiento de metas) y se ubica frente a las áreas motora y premotora del cerebro. Las neuronas dopaminérgicas (como su propio nombre indica) gestionan la producción de dopamina jugando un papel substancial en la motivación (etimológicamente procede del latín *motivus*, que significa "moverse hacia", y del sufijo "ción" que indica acción. Podría ser definido como: "acción de moverse hacia"). Un atleta motivado guiará su propia actividad motora y desarrollará el esfuerzo físico necesario para alcanzar sus metas (e.i. aprendizaje instrumental). Por último, la amígdala interviene notablemente en la toma de decisiones arriesgadas, codificando las señales emocionales y asociándolas a los estímulos del contexto en que se "elicitan".

En su conjunto, las neuronas dopaminérgicas, la amígdala y el córtex prefrontal participan activamente en procesos adaptativos que requieren actividad, motivación y funciones cognitivas o respuestas emocionales complejas. Muchos atletas han percibido estados de euforia tras finalizar carreras de larga distancia (superiores a 25 km). Los estados afectivos positivos están modulados por el efecto que algunos mecanismos de neurotransmisión opiodérgica tienen sobre diferentes áreas cerebrales. En este sentido, podríamos sugerir la existencia de una relación directa entre la euforia percibida por el corredor y la estimulación del sistema límbico, lo que redundaría en la existencia de una estrecha relación entre la actividad de algunas estructuras cerebrales y la motivación de poder también en el ámbito del deporte[14].

Panteleimon Ekkekakis[15], Profesor del Departamento de Kinesiología de la Universidad de Illinois, ha destinado gran parte de sus investigaciones a examinar las respuestas afectivas que acompañan a la intensidad del ejercicio. Existen valencias afectivas (e.g. agrado-desagrado) muy moduladas por el nivel de activación metabólico. Un ligero incremento de la actividad metabólica produce, en la mayoría de nosotros, cambios en la valencia afectiva caracterizados por sensación de felicidad, agrado y bienestar general. Sin embargo, según elevamos la intensidad y nos acercamos a la transición entre metabolismo aeróbico y anaeróbico las sensaciones empiezan a ser menos placenteras, presumiblemente por la tensión muscular y la percepción fisiológica de esfuerzo. A intensidades progresivas y ascendentes de ejercicio físico la valencia afectiva será heterogénea y con un importante componente cognitivo (i.e. proporcionará placer a unos y displacer a otros). Una vez sobrepasado el umbral anaeróbico, la sensación de displacer es homogénea y el componente cognitivo juega un papel secundario a favor de los factores interoceptivos, limitando la intensidad del esfuerzo o motivando su finalización (tabla 1). En los minutos de recuperación tras un ejercicio de intensidad máxima, la valencia afectiva retoma y supera los valores anteriores al inicio de la actividad. Para el Dr. Ekkekakis, gran parte de la varianza de la variable dependiente "abandono de la actividad física" en personas obesas podría muy bien explicarse por el impacto que el esfuerzo físico tiene sobre estados afectivos y emocionales en esta población[16].

Tabla 1. *Valencia afectiva durante la actividad física (adaptado de Ekkekakis et al.[15])*.

| Actividad física por debajo de la transición aeróbica-anaeróbica | Actividad física próxima o ligeramente por encima a la transición aeróbica-anaeróbica | Actividad física que supera sobradamente la transición aeróbica-anaeróbica |
|---|---|---|
| Moderada | Vigorosa | Máxima |
| • Homogénea para todos<br>• Placentera<br>• Baja o moderada influencia de factores cognitivos para mantener la actividad | • Variable (depende de cada persona)<br>• Placentera o displacentera<br>• Alta influencia de factores cognitivos para mantener la actividad | • Homogénea para todos<br>• Displacentera<br>• Alta influencia de factores interoceptivos para mantener la actividad |

Estos mecanismos emocionales son, en el fondo, protectores de la vida y su función podría ser disuadir al deportista de poner en riesgo frecuentemente el equilibrio interno. Es lógico pensar que evitar riesgos innecesarios nos aproxima a la supervivencia con mayor probabilidad que la amenaza. Sin embargo, el deportista profesional desea asegurar el impacto socioeconómico de sus logros, una perspectiva donde se asumen ciertos riesgos podría ser rentable en algunas ocasiones (el dopaje es un claro ejemplo de ello, al igual que lo es el sobreentrenamiento). Nuestra naturaleza y especial perfil psicofisiológico posee cierta capacidad para adaptarse a patrones de exigencia máximos, pero al mismo tiempo hace uso de canales emocionales eficientes para preservarnos de sus costes. El atleta puede presentir que tomando un mayor grado de riesgo o acercándose a la señal de alarma personal, incrementará la probabilidad de imponerse a sus rivales, y así es en la mayoría de los casos. Sin embargo, frecuentemente algunos deportistas suelen hacer caso omiso a esta "modulación afectiva" del rendimiento, generando "tolerancia" a exponerse riesgos innecesarios (e.g. los atletas que se someten a intensidades máximas muy frecuentemente, son entre 3 y 7 veces más propensos a ciertas cardiopatías que la población general).

No sólo los factores fisiológicos son determinantes en el rendimiento de un jugador de equipo o un atleta individual. La toma de decisiones en el deporte es un complejo conglomerado de factores técnicos, tácticos, psicológicos y físicos altamente interaccionados. Una mala técnica impediría tanto una óptima preparación física específica como la disponibilidad de suficientes recursos tácticos ejecutables. En muchas ocasiones nos vemos sorprendidos por la enorme plasticidad de nuestro cerebro para resolver muchos de los problemas que se le presentan. Imaginemos un jugador profesional de bádminton, capaz de impactar el volante a más de 350 km/h y lanzándolo por encima de los 93m/s en la mayoría de sus remates. El tiempo que tarda el móvil desde que es impactado hasta que llega a la zona de defensa del adversario (aproximadamente unos 11 metros de distancia entre ambos) es inferior a 0,2 s. ¿Cómo es posible elegir el desplazamiento más efectivo y la devolución más conveniente para cada uno de los ataques del adversario? En una acción motora cotidiana la información sensorial es procesada en el lóbulo parietal y enviada al área premotora que se encargará de valorar las distintas opciones y elegir la respuesta más acorde a cada situación[17]. El problema para este jugador de bádminton es que el circuito de respuesta más frecuente demora mucho más de 0,2 s. en optar por una alternativa; ¡no es viable! El cerebro-mente ha generado vías alternativas, mucho más inconscientes y rápidas que estas "rutas más frecuentes", para servirse de ellas cuando entrenamos y competimos con la suficiente continuidad. Con el entrenamiento específico adecuado, el lóbulo parietal remitirá la información a una pequeña estructura ubicada en una zona neocortical superior denominada "área motora suplementaria", ordenando a nuestros músculos una conjunción coordinada de contracciones más efectiva (de entre todas las almacenadas) para responder de manera eficaz al ataque del adversario. Una respuesta emocional que brota del inconsciente de manera efectiva y fascinante.

La existencia de este "inconsciente emocional" en la alta competición deportiva juega un papel muy importante en la toma de decisiones "intuitivas". Probablemente, la práctica competitiva y las sesiones de entrenamiento, no sólo mejoran nuestra destreza técnico-táctica sino también diseñan respuestas disruptivas. Es muy importante señalar que el estrés, la ansiedad o la tensión competitiva pueden modular la activación de una vía neuronal de respuesta motora más consciente (i.e. occipital-parietal-área premotora), convirtiendo al más virtuoso de los deportistas en un mero aprendiz. Por el contrario, la relajación, la concentración o el disfrute, podrían estimular una mayor participación del área motora suplementaria en la toma de decisiones. Las emociones positivas y negativas podrían seguir canales neuronales diferentes para su procesamiento. Cuando nos enfrentamos a estímulos agradables, grupos de neuronas especializadas trasladan la información al núcleo accumbens, que registrará la manera de reincidir en la experiencia gratificante. Los estímulos aversivos o desagradables activan grupos de neuronas que proyectan dicha información hacia el núcleo central de la amígdala.

## 2. TESTOSTERONA, LIDERAZGO Y MOTIVACIÓN DE PODER

*"¿Cómo voy a conocer mis niveles de testosterona si ni siquiera acierto a deletrear bien esa palabra?"*
*-Woody Allen-*

En la capacidad de liderazgo, el interés por subir peldaños hacia puestos de responsabilidad dentro de una empresa, la motivación personal por presentarse como candidato de tu partido político a unas elecciones generales o las conductas agresivas intraespecíficas, el vector motivador de origen biológico más presente es la testosterona[18]. Sus efectos anabólicos (e.g. caracteres sexuales secundarios, desarrollo de la masa muscular y densidad ósea, vigorizador del organismo) son importantes para incrementar las expectativas de victoria en la lucha por la supervivencia en gran parte de las especies animales. En el ser humano, la influencia de esta hormona sobre la fisiología y la actividad cerebral puede observarse desde la etapa prenatal. Los andrógenos se filtran a través de la placenta estimulando la masculinización del feto (i.e. entre las 4 y 6 primeras semanas de gestación). También durante el periodo de desarrollo intrauterino, el cerebro fetal se ve impregnado por estos "baños de testosterona", modulando sus células nerviosas. De este modo, juega un factor destacado en la orientación e identidad sexual en los años posteriores al alumbramiento[19], en la capacidad de aprendizaje de las habilidades motrices o en la orientación espacial. La exposición a la testosterona prenatal puede ser también observable en la edad adulta, usando como medida de control el cociente resultante de dividir la longitud del dedo índice entre la longitud del dedo anular. Esta medida es conocida como "Ratio 2D:4D" y cuanto menor sea este diferencial mayor habrá sido la exposición prenatal a la testosterona[20-21]. Estas diferencias son observables a simple vista que en el género masculino destaca la longitud del dedo anular con respecto al dedo índice, y viceversa en el género femenino.

Los mecanismos neuroendocrinos de producción de testosterona están regulados principalmente por el eje Hipotálamo-Pituitario-Gonadal (HPG).

La activación de este eje desencadena una "catarata" hormonal que se inicia con el vertido de gonadotropina al torrente sanguíneo (GnRH) desde el hipotálamo. Esta hormona alcanzará la pituitaria y otros tejidos diana activando la producción de la hormona luteinizante (LH) y la foliculoestimulante (FSH) desde la pituitaria. Ambas hormonas se dirigirán a testículos, ovarios y glándula suprarrenal provocando el incremento de la testosterona circulante. Es interesante destacar esta relación de la LH y la FSH con la testosterona, especialmente porque algunas de las funciones principales de estas hormonas son el crecimiento, la maduración sexual y la estimulación de los procesos reproductivos. Esto explicaría en cierta medida la relación de la testosterona con las conductas agresivas, competitivas y reproductoras en mamíferos, aves y reptiles. La producción de testosterona es sustancialmente mayor en el género masculino que en el femenino (entre tres y siete veces), también la fisiología implicada es diferente para cada género (mayor producción en testículos que en glándula suprarrenal en el masculino y mayor producción en glándula suprarrenal que en ovarios en el femenino). Para algunos autores, estas diferencias fisiológicas determinan, en gran parte, los motivos que impulsan al género masculino a ocupar los puestos de mayor influencia y estatus social en el ámbito económico, político y empresarial[22]. Es probable que estas conclusiones sean perfectamente aplicables a la población general, sin embargo, es posible que muestras seleccionadas de jugadoras de élite (i.e. entre las 10-20 mejores del ranking mundial) de diferentes deportes individuales y colectivos (en especial aquellos que requieren altas demandas físicas) presenten niveles de testosterona circulantes similares a la media de un hombre sano sedentario. También es observable una masculinización fenotípica en el género femenino relacionado con los altos niveles de andrógenos.

En nuestras investigaciones con jugadoras de bádminton de nivel internacional[10,23] pudimos confirmar estos puntos, incluso las concentraciones de testosterona circulante cuando vencían a sus adversarias llegaban a rangos cercanos al percentil 70 en la caracterización previa de hombres sedentarios sanos[24]. También es interesante destacar cómo las concentraciones de testosterona modulan la visión que tenemos de nosotros mismos. Algunos estudios han sugerido que la administración aguda de testosterona incrementa la probabilidad de que elijamos versiones artificialmente masculinizadas de nuestro propio rostro[25]. La testosterona retroalimenta la motivación por la búsqueda y mantenimiento de estatus social, actúa como un reforzador de la conducta competitiva a través del sistema límbico dopaminérgico, vigoriza el organismo, lo prepara

para la lucha, nos impulsa a imponernos a nuestros rivales y se relaciona con estados de ánimo eufóricos, tanto en el género masculino como, muy probablemente, en el género femenino[2,23,26-27].

Las interacciones sociales y la resolución de conflictos han sido bien estudiados en las últimas décadas. Parece evidente la importancia que en el medio natural tiene disfrutar de un mayor derecho de acceso al recurso, es la base sobre la que se sustenta la teoría de la selección natural darwiniana. La jerarquía, el liderazgo, el poder, aseguran importantes ventajas que compensan con creces los costes derivados de la lucha por alcanzarlas y mantenerlas (gasto metabólico, heridas, infecciones, impacto emocional). En el fondo, jerarquía, liderazgo o control del poder, no son más que estrategias evolutivamente estables, permiten que los conflictos entre pares se minimicen, que se reduzcan a desafíos esporádicos sobre el rango inmediatamente superior e intensifiquen la dominancia sobre todos los demás. La testosterona es protagonista en la instauración de las estructuras jerárquicas impulsando la motivación de poder (relación de priming), al mismo tiempo, alcanzar estatus social incrementa la producción de testosterona (relación recíproca) y promueve el interés por enfrentarse a desafíos más difíciles en el futuro. Vencedores y vencidos experimentan cambios neuroendocrinos en función del resultado (incrementos y descensos en las concentraciones de andrógenos, respectivamente) proyectando al triunfador y sometiendo al derrotado. Dos modelos teóricos son los más influyentes para explicar el papel que juega la testosterona en las conductas competitivas y de búsqueda-mantenimiento de estatus social: la "Hipótesis de Desafío"[28] y el "Modelo Biosocial"[29].

La Hipótesis de Desafío se propuso para explicar la flexibilidad observada en los ejes neuroendocrinos cuando un individuo ve peligrar su estatus social, incrementando las concentraciones de andrógenos como respuesta anticipatoria a las probables amenazas de sus rivales directos[28]. Esta flexibilidad ofrecerá una importante ventaja en entornos de supervivencia, limitando los enfrentamientos agresivos cuando se presentan situaciones de desafío vital y reduciendo los combates cuyos incentivos sean inconsistentes. La carga psicofisiológica generada en la lucha es muy alta y quizá por ello la evolución haya dotado de mecanismos neuroendocrinos más flexibles y efectivos para optimizar los patrones de respuesta y ajustar estratégicamente el gasto energético[30]. En este sentido, para los humanos la amenaza percibida puede ser también las situaciones donde el estatus deportivo esté amenazado. La ofensiva por el control del ranking en una modalidad deportiva supone en muchos casos un atentado contra el equilibrio interno de retador y retado (e.g. frustración por los malos resultados, carga de entrenamiento, costes fisiológicos, estados de ánimo negativos). Todo desafío implica un riesgo, la motivación para su afrontamiento es guiada por la disponibilidad de un reforzador exógeno o endógeno adscrito a la resolución efectiva del reto. La evaluación cognitiva, en estos casos, juega un papel crucial, no todas las personas evalúan con el mismo grado los riesgos que asumen o las demandas energéticas y destrezas psicotácticas que deberán invertir en ello. Tampoco el punto de partida será el mismo, las experiencias previas en situaciones similares y los resultados obtenidos condicionarán la pericia de cada deportista.

La desventaja de estas respuestas para el equilibrio de un vestuario profesional en deportes de equipo y el gasto metabólico al que un jugador debería hacer frente serían muy notables. Ni que decir tiene, que también existirían desequilibrios en la relación con los aficionados y cuerpo técnico, aumentando los conflictos internos y dañando el rendimiento general. Si, como sospechamos, la Hipótesis de Desafío es definitivamente confirmada en el ámbito de la competición deportiva, sería factible determinar el nivel de adaptabilidad de un deportista a las diferentes competiciones a través de controles hormonales periódicos. Algunos estudios piloto han sugerido que la optimización neuroendocrina precompetitiva (i.e. altas concentraciones de testosterona y bajas de cortisol) se relacionan con una mayor probabilidad de victoria y, en consecuencia, la rigidez en los patrones de respuesta (i.e. altas niveles de testosterona y cortisol mantenidos a lo largo de toda la jornada competitiva) podrían dificultar seriamente el rendimiento del atleta a corto y medio plazo[10,23].

Durante la lucha por la búsqueda o mantenimiento de estatus social, quedarán claramente definidos ganadores y perdedores. El resultado de las contiendas influirá en las concentraciones endocrinas momentáneas (i.e. hormonas esteroides circulantes) señalando relaciones directas entre andrógenos y rango social (relación recíproca). Estos cambios hormonales pueden producir dos efectos bien diferenciados: motivan las conductas competitivas y vigorizan al deportista para afrontar los retos que se presentan; o por el contrario, descensos relativos en las concentraciones hormonales e inhibición de la búsqueda de estatus social y reducción del brío competitivo. La explicación más aceptada para interpretar estos patrones de respuesta neuroendocrina es el Modelo Biosocial[29]. Según esta hipótesis, cuando afrontamos desafíos de dominancia social, los niveles de testosterona incrementan tras la victoria actuando como un reforzador instrumental e intensifican la retroalimentación afectiva y la predisposición a competir de nuevo. Por el contrario, la derrota actuará en el sentido contrario, disminuyendo las concentraciones circulantes de testosterona, inhibiendo las conductas competitivas y dificultando el aprendizaje de conductas instrumentales. En el ámbito deportivo, los incentivos económicos y el impacto social son muy importantes, las conductas combativas determinan claros ganadores y perdedores, constituyendo un excelente campo de estudio para la endocrinología social. Por este motivo, en los últimos años se está acelerando el estudio de los patrones neuroendocrinos de respuesta en el ámbito del deporte de alta competición.

Mazur y Lamb[31], iniciaron los estudios en competición deportiva sobre una muestra de jugadores de tenis amateurs, incentivando su interés por vencer a sus adversarios con 100 dólares de premio. Observaron que parejas vencedoras incrementaron sus concentraciones de testosterona al ser comparados con los vencidos. Para determinar si dichos cambios eran debidos a imponerse a sus rivales y no a la consecución del premio en metálico, ofrecieron varios premios de 100 dólares en un sorteo al azar entre todos los participantes, no observando los incrementos hormonales esperados en los agraciados al ser comparados con los demás. Para confirmar si el estatus social era la variable más relevante, estudiaron a un grupo de doctorandos antes de la lectura de su tesis y compararon los marcadores biológicos de aquel momento con los obtenidos dos años después de haber alcanzado el grado de doctor. Nuevamente, las concentraciones de testosterona circulante eran notablemente superiores al ser comparados con los valores predoctorales.

Como los incrementos de testosterona pueden estar relacionados con la intensidad y frecuencia del ejercicio físico, algunos estudios han sido consistentes con el modelo biosocial en ausencia de ejercicio físico intenso. En competiciones de ajedrez[32] observaron incrementos en las concentraciones de esta hormona en vencedores a lo largo de los días de competición. Replicando este mismo diseño experimental, dirigí un estudio del doctorando Guillermo Mendoza donde estudiamos una de las limitaciones del estudio inicial de Mazur; nuestros hallazgos más relevantes sugirieron incrementos de T precompetitiva de los participantes sólo cuando afrontaron al jugador mejor clasificado en el ranking[33]. Nuevamente la T se erigía como la gran protagonista en las conductas competitivas incluso en ausencia de esfuerzo físico. Estos patrones neuroendocrinos han sido replicados en años posteriores también en otros muchos deportes individuales y de equipo[23,34]. Algunos estudios han arrojado resultados nulos[35-36], sugiriendo que existe una alta influencia de factores cognitivos en el afrontamiento de las situaciones competitivas que pueden afectar a la variabilidad de los ejes neuroendocrinos[4].

Destacar que no sólo la participación activa en la competición social y deportiva ha alcanzado a reproducir el Modelo Biosocial, también los procesos vicariantes o la afiliación política se pueden vincular a cambios hormonales momentáneos. Algunos estudios han observado incrementos marcados de testosterona en los fans cuando ven a sus equipos vencer[37], descensos en afiliados al partido político perdedor en las elecciones a la Presidencia de los Estados Unidos[18], e incluso diferencias significativas en las concentraciones hormonales entre los propios jugadores de un equipo de hockey al visualizar un vídeo de ellos mismos jugando un partido que se saldó con victoria al ser comparadas con las obtenidas a la finalización de un vídeo neutral[38]. Para poder confirmar que una hormona se relaciona con una conducta humana determinada es preciso que incremente la probabilidad de que una conducta determinada se manifieste tras la administración aguda sobre un grupo experimental[39]. En este sentido, los estudios de laboratorio han señalado que los efectos de la testosterona producen disminución de la empatía, aumento de la motivación para actuar, aumento de la activación del núcleo accumbens, aumento de las decisiones arriesgadas, incremento de la respuesta de la amígdala a caras amenazantes, reducción de la respuesta de estrés, incremento de la sensibilidad por la recompensa y disminución de la sensibilidad al castigo. En definitiva, la testosterona se relaciona con todas aquellas conductas que implican la necesidad de tener impacto sobre los demás, de las conductas exploratorias y la agresividad, además de actuar como reforzador en la búsqueda de dominancia social[40]. La testosterona es la "gasolina" que impulsa en la motivación de poder.

En el medio natural, la dominancia social ofrece una ventaja evolutiva (i.e. elección de la pareja, prevalencia de la progenie, acceso al recurso), en el ámbito deportivo no es diferente. Los deportistas de élite obtienen importantes incentivos sociales y económicos si consiguen someter a sus rivales. Muchos de ellos alcanzan cotas de popularidad e influencia social extraordinarias, en algunos casos muy por encima de ministros, artistas, investigadores o catedráticos. También es importante destacar las enormes inversiones que los comités olímpicos de cada país emplean en elevar el nivel competitivo de sus representantes, el deporte tiene un componente identitario y político muy arraigado en la sociedad actual. Los macroeventos deportivos (e.g. olimpiadas, campeonatos mundiales de fútbol) o las grandes ligas (e.g. NBA, NFL, Premier League) son seguidas por millones de espectadores en los cinco continentes, los medios de comunicación pagan cantidades extraordinarias de dinero por hacerse con los derechos de emisión, alcanzando los logros deportivos de cada atleta dimensiones planetarias. "El prestigio se gana y se pierde en los Campeonatos Mundiales", comentó el Seleccionador de Fútbol de Argentina tras perder la final con Alemania. Todos los deportistas son conscientes del impacto social y económico que adquieren sus éxitos o fracasos, en consecuencia, una victoria o una derrota es emocionalmente percibida como un evento vital definitivo e irreparable. La incertidumbre del resultado, acompañada de la tensión física y psicológica propia de la lucha física, podrían desatar respuestas afectivas negativas en el atleta dificultando el rendimiento, afectando a las expectativas de resultado y al nivel de confianza en sí mismo.

## 3. CORTISOL, ESTRÉS Y ANSIEDAD PRECOMPETITIVA

*"La naturaleza de la naturaleza humana es no estar condicionados por nuestra propia naturaleza"*
*-Robert Sapolsky-*

Los deportistas de alta competición son agasajados como auténticos héroes nacionales, se ubican en los primeros puestos del ranking de las personas más influyentes de un país y alcanzan un alto poder adquisitivo. Sus opiniones son seguidas por cientos de miles de personas con mayor interés que las publicaciones científicas de nuestros más eminentes catedráticos, que las investigaciones posdoctorales de nuestros centros públicos o que los ensayos de nuestros mejores filósofos. Su comportamiento es ejemplo de conducta para muchas personas y modulan el pensamiento de gran parte de sus seguidores. Lo mismo ocurre cuando consultamos la prensa rosa, en ella se presentan los problemas personales, afectivos y emocionales de las personas que causan admiración por su poder económico o por deslumbrar a una parte significativa de la opinión pública. Estas revistas son seguidas por un número considerable de personas que estudian con detenimiento de qué modo uno u otro famoso ha resuelto sus desdichas, como buscando una referencia, un modelo sobre el cual construir una estrategia óptima para resolver los contratiempos propios. Hay un seguimiento directo, una observación sistemática, una admiración personal, una influencia emocional, ¡un impacto social inevitable! Sin embargo, no todas las experiencias que el atleta deberá afrontar serán agradables, muchas de ellas serán altamente aversivas y mantenidas regularmente a lo largo de los años y de sus experiencias competitivas.

El eje Hipotálamo-Pituitario-Adrenal (HPA) será el encargado de gestionar las respuestas a estímulos aversivos. Cuando el córtex sensorial detecta una amenaza, lanza esa información al tálamo y desde allí tres rutas diferentes se abrirán camino dependiendo de la interpretación y evaluación que cada organismo hace de dicho desafío; por tanto, la conducta observable estará organizada desde diferentes circuitos neuronales. La ruta hacia el córtex prefrontal activará el córtex motor y desencadenará una respuesta defensiva. La ruta amigdalaria activará el complejo dorsovagal y parabraquial aumentando la frecuencia cardíaca y respiratoria. Por último, la ruta hipocampal excitará el área hipotalámica anterior activando la respuesta del eje HPA[41]. La actividad psiconeuroendocrina del eje HPA que se inicia desde el núcleo paraventricular del hipotálamo con la secreción al torrente sanguíneo de corticotropina (CHR). Cuando esta hormona alcanza la glándula pituitaria se desencadena un incremento progresivo de adenocorticotropa (ACTH) que será la encargada de estimular la segregación de glucocorticoides desde la corteza adrenal. Uno de los glucocoticoides más destacados por su especial relación con la actividad física de alta intensidad y con las respuestas afectivas es el cortisol.

Los grandes avances tecnológicos en los métodos de inmunoensayo enzimático han permitido usar procedimientos poco invasivos para registrar los cambios momentáneos en las concentraciones de hormonas esteroides a través de una simple muestra de saliva (imagen 1). Este fluido es un buen transportador de hormonas que son filtradas con rapidez a través de las capas lipofílicas de los capilares sanguíneos y las células epiteliales. Es importante señalar que los esteroides no se unen a las proteínas en este medio, permitiendo un control muy fiable de la testosterona, el cortisol o la oxitocina circulante. En este sentido, los picos hormonales máximos son observados entre 30 y 40 minutos después de la exposición al estímulo estresante o al ejercicio físico de alta intensidad. Existen muy pocos errores de medida, especialmente si se realiza por duplicado (i.e. se inmunoensaya la muestra dos veces seguidas) y las muestras han seguido un protocolo básico de fácil aprendizaje, especialmente a aspectos propios de la recolección (contaminación de la muestra con restos de comida o de sangre procedente de las encías) y a los procesos de conservación y almacenamiento (i.e. temperatura de conservación o tiempo de espera hasta su inmunoensayo).

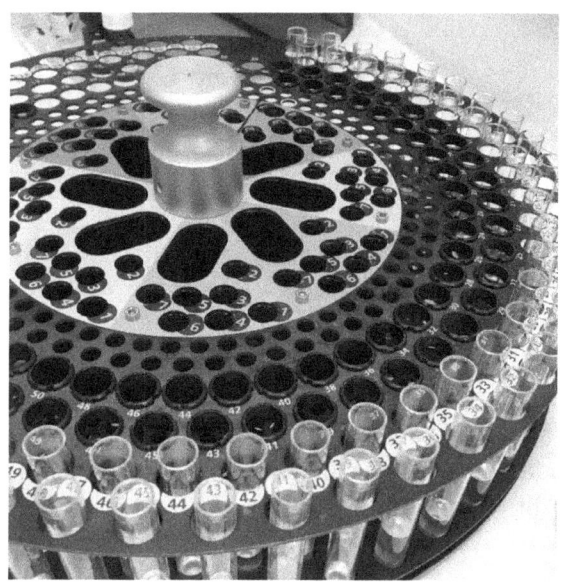

Imagen 1. Carrusel del inmunoanalizador Triturus® de Grifols con muestras de saliva de deportistas profesionales para iniciar un test ELISA (imagen del autor).

Cuando percibimos un estímulo estresante que requiere una respuesta enérgica para su afrontamiento, el cortisol juega un papel determinante, entre otros, para la movilización de la glucosa hacia el músculo esquelético. Su fundamento evolutivo es muy eficaz cuando se trata del afrontamiento de eventos de corta duración (e.g. huir de un perro agresivo, un riesgo vital aislado), pero altamente dañino cuando son crónicos o recurrentes (e.g. violencia de género, riesgo de exclusión social, shock postraumático). El término "estrés" aparece por primera vez en textos académicos a mediados del Siglo XX para definir un fenómeno no específico de alarma cuando se exponía al sujeto experimental a diferentes estímulos amenazantes[42-43]. En el Síndrome General de Adaptación se registraron tres fases bien definidas: una reacción de alarma inicial caracterizada por alteraciones en las variables fisiológicas (i.e. incremento de la presión arterial, frecuencia cardíaca, tensión muscular), una fase intermedia de resistencia donde el organismo se opone y lucha por mantener el equilibrio interno adaptándose a los cambios y, finalmente, una fase de agotamiento de las reservas energéticas y un debilitamiento del equilibrio homeostático[44]. La paradoja del estrés es que puede ser asociado a situaciones desadaptativas con consecuencias perturbadoras muy perjudiciales, pero simultáneamente puede ser entendido como un mecanismo adaptativo natural que permite acomodar la enorme variabilidad de eventos vitales a los que un organismo puede verse expuesto a lo largo del ciclo vital[45].

Marius Tausk (citado por Korte et al.[46]) propuso la "metáfora del bombero" para explicar el funcionamiento dual de la respuesta de estrés. Cuando un bombero se enfrenta a un incendio, el caudal de agua usado puede ser regulado para ajustarlo a las características propias del siniestro. Si el caudal usado está por encima de las necesidades reales, los daños que el agua puede acusar sobre los cimientos y encofrados de la construcción pueden ser más dañinos que el propio incendio. Por el contrario, si el caudal resulta insuficiente el fuego consumirá definitivamente el edificio haciendo infructuosa la lucha para su control. Sólo cuando el caudal es regulado con exactitud y su flujo oscila en proporción a las necesidades reales, las llamas serán extinguidas con eficiencia. Del mismo modo, cuando nos vemos envueltos en rutinas de supervivencia los cambios fisiológicos para su afrontamiento (i.e. niveles de ph, temperatura corporal, saturación de oxígeno, tasa cardíaca) pueden causar desórdenes en los sistemas de producción energética por hipo o hiperactivación. Los procesos cognitivos, las estrategias de afrontamiento y la flexibilidad en los patrones de respuestas psiconeuroendocrinas determinarán si estos mecanismos serán una ventaja o una desventaja adaptativa.

Uno de los factores más interesantes relacionados con la producción de cortisol es el estatus social. La dominancia ha sido especialmente estudiada en las interacciones sociales en primates[47] observándose niveles más altos de glucocorticoides en los miembros subordinados de una manada al ser comparados con los rangos superiores. Estas concentraciones elevadas se relacionaban con una mayor probabilidad de inhibición de las conductas exploratorias, exponiendo con mayor frecuencia a los primates subordinados a enfermedades y situaciones de exclusión social (e.g. relaciones abusivas, parasitación por falta de acicalamiento, infecciones y heridas producto de las agresiones continuadas). Bajo estas condiciones de vida los costes energéticos y emocionales derivados de la supervivencia son muy altos y consecuentemente ser dominado resulta claramente aversivo (y me atrevería a decir que también deletéreo) para los estratos sociales más desfavorecidos del grupo. Trasladando estos indicios a la sociedad contemporánea, también se ha sugerido un impacto importante sobre las variables fisiológicas, la calidad de vida y la salud de las personas con bajos ingresos o en riesgo de exclusión social al ser comparadas con las clases socioeconómicas más acomodadas[48]. Los factores psicosociales y socioeconómicos influyen en la activación del eje HPA, quizá con mayor intensidad y de manera más continuada que los esfuerzos físicos. Los ejes neuroendocrinos batallan por mantener el equilibrio homeostático afectivo-emocional con la misma firmeza que lo hacen para mantener el fisiológico. Es lógico pensar que, del mismo modo que poseer una habilidad que es valorada positivamente por los demás incrementa la autoestima y vigoriza al individuo para afrontar retos de mayor envergadura, verse expuesto a situaciones de rechazo social afectará emocional y físicamente (i.e. Teoría de Autopreservación Social[49]).

La exposición continuada al estrés tiene un profundo impacto sobre la toma de decisiones y sobre la motivación. Existe mucha evidencia de la existencia de crisis físicas consecuencia de una activación del estrés meramente psicológica (i.e. imprevisibilidad de los acontecimientos, incapacidad para el control de una situación, aislamiento social). Los efectos que el estrés produce en el cerebro y en la conducta del deportista dependerán de la naturaleza del estímulo, su intensidad y el tiempo de exposición, sus consecuencias pueden desencadenar síndromes que afectarán a su rendimiento (i.e. burnout, sobreentrenamiento). Un atleta que compromete sistemáticamente su equilibrio interno, asediando su propia capacidad de adaptación, expondrá la plasticidad sináptica de su hipocampo a una dura prueba difícilmente superable[50]. Esta estructura subcortical dispone de gran cantidad de receptores de glucocorticoides y, por tanto, puede quedar dañada si las concentraciones de estas hormonas son muy altas y mantenidas a lo largo del tiempo.

El hipocampo es una de las estructuras cerebrales que mantiene activa la neurogénesis a lo largo de los ciclos vitales, especialmente en el giro dentado, el estrés crónico ralentiza o paraliza la generación de nuevas neuronas y nuevas conexiones neuronales (las neuronas generadas presentan menos axones). Algunos estudios han observado reducciones del volumen hipocampal en veteranos de guerra, personas bajo los efectos de un shock postraumático, depresión, e incluso adscritos a estrés fisiológico en personas insulinoresistentes. El aprendizaje y la memoria son procesos cognitivos especialmente relevantes para la práctica deportiva de alta competición y el hipocampo es una de las regiones cerebrales más activas durante estos procesos. El impacto que el estrés competitivo crónico puede tener sobre el cerebro del deportista está aún por determinar, pero podemos especular que memoria y aprendizaje espacial, adquisición de nuevas tareas o memoria prospectiva podrían verse notablemente afectadas por la exposición a estímulos estresantes de alta intensidad con el paso de los años (figura 1).

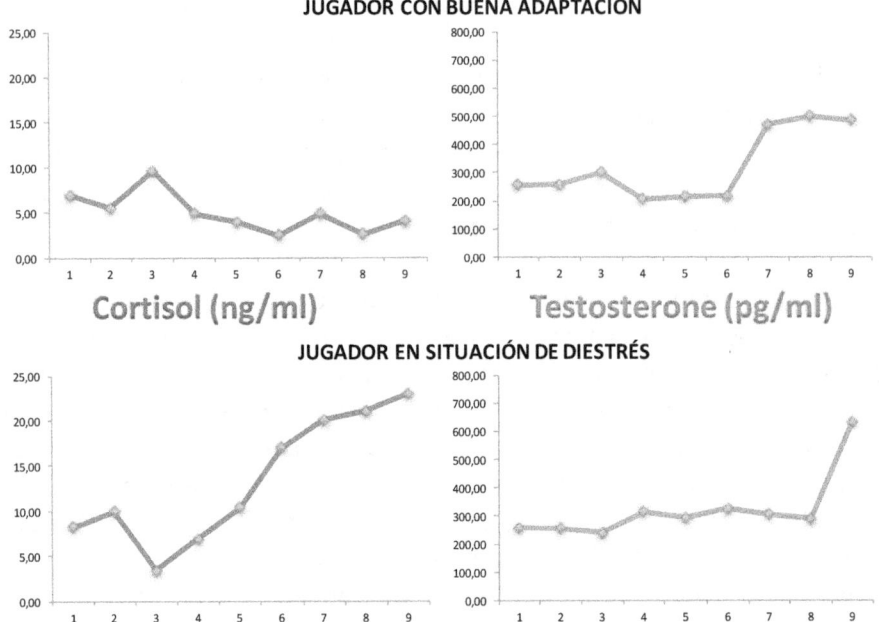

Figura 1. Concentraciones hormonales en saliva de dos jugadores de fútbol profesional de la Liga BBVA durante nueve meses de la temporada 2015-2016 (elaboración propia).

## Respuesta del cortisol al despertar

*"Todas las precauciones son pocas cuando se trata de combatir enemigos"*
-Oscar Wilde-

La respuesta de nuestro cerebro a los estímulos estresantes es muy compleja, incluye múltiples mediadores que lo exponen a una importante carga alostática (i.e. costes derivados de mantener el equilibrio psicofisiológico a través de los cambios en el medio interno). Varias regiones cerebrales juegan un papel crucial en la regulación de la respuesta del eje HPA como moduladora de la conducta y del afrontamiento activo en contextos de estrés físico y psicosocial: amígdala, córtex prefrontal y, como ya se ha comentado, el hipocampo. El hipocampo es fundamental para recordar quiénes somos en base a cada uno de los acontecimientos pasados, ayudándonos a hacer continuas predicciones sobre contingencias futuras, comparando lo que ocurre en ese momento con lo que estimamos que va a ocurrir a continuación[51]. El hipocampo podría, así mismo, ser modulador del número de episodios de sueño REM (i.e. fase del sueño más consciente) a lo largo de la noche. Las oscilaciones de sueño REM-No REM influyen en la actividad del eje HPA y serán un modulador muy importante de los ciclos circadianos, incrementando las concentraciones de cortisol a lo largo de la noche hasta alcanzar su pico máximo al despertar. A partir de este punto, las concentraciones van descendiendo progresivamente hasta alcanzar los niveles más bajos al caer la noche. Este pico máximo de cortisol 30 minutos después de levantarse de la cama es un fenómeno conocido como Respuesta del Cortisol al Despertar (CAR, *cortisol awakening response*) y es un excelente biomarcador de la potencial reactividad al estrés observable en más del 75% de la población[52-53].

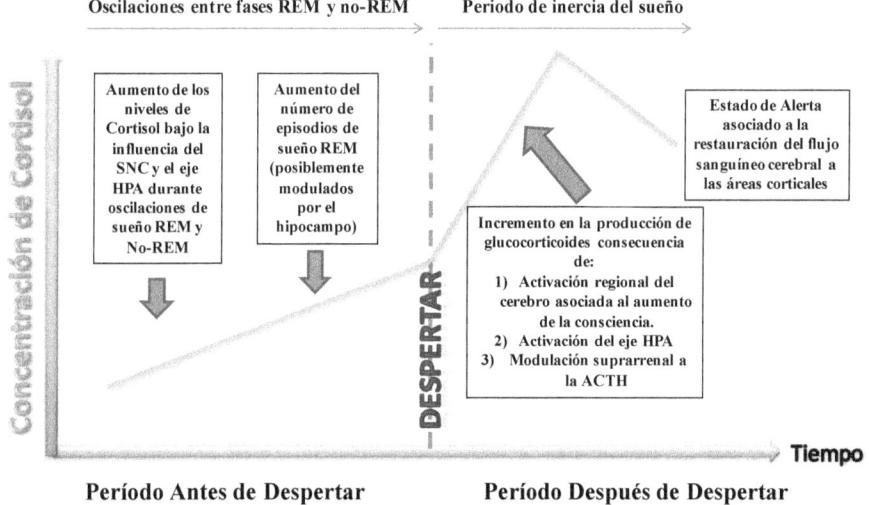

*Figura 2.* Modelo de la Respuesta del Cortisol al Despertar (adaptado de Clow et al.[66]).

En este sentido, la memoria prospectiva (basándose en eventos anteriores hace una previsión de las expectativas futuras) puede impulsar al deportista a incrementar la actividad de sueño consciente a lo largo de la noche anterior a una competición e incluso varios días antes, incrementando la CAR en día del evento[54-56]. En la mañana de la competición deportiva de alto nivel es posible que los atletas que pierden con mayor regularidad (o se sienten menos competentes para afrontar desafíos de semejante calibre) muestren una CAR aún más grande que los deportistas más seguros de sí mismos. La hiperactivación del eje HPA generará un coste energético muy notable, incrementará la tensión y dificultará una preparación efectiva. Este enorme gasto energético puede producir un deterioro en la aptitud del jugador para imponerse a sus rivales, y por tanto, puede ser un factor predictivo de su rendimiento a lo largo de la jornada competitiva[10]. Si la CAR señala la probabilidad de ganar o perder el día que debe competir, los beneficios serían muchos, especialmente para los equipos deportivos profesionales. Supongamos que un entrenador duda entre elegir uno u otro lateral izquierdo para un trascendental partido, donde uno de los adversarios más poderosos del equipo contrario pondrá a prueba el vigor competitivo de dicho lateral. Supongamos, así mismo, que un simple control de estos marcadores biológicos pudieran aportar una valiosa información al cuerpo técnico sobre cuál de los dos laterales disponibles se encuentra en mejor predisposición para frenar las acometidas del delantero adversario. Así mismo, se podrían diseñar una intervención del psicólogo deportivo o del propio entrenador en la preparación y optimización de las estrategias de afrontamiento activo del lateral izquierdo seleccionado, si sus marcadores biológicos así lo aconsejaran. Todo ello redundaría en un mejor rendimiento del equipo a corto y medio plazo, la optimización de la elección del jugador que debe entrar en el equipo titular basada en marcadores biológicos estables, una mejor respuesta competitiva de todo el equipo y un incremento en la probabilidad de superar los desafíos obteniendo incentivos, crecimiento económico y deportivo.

**Ansiedad precompetitiva**

*"El peso de la ansiedad es mayor que el del mal que la provoca"*
*-Daniel Defoe-*

Cuando nos enfrentamos a un estímulo amenazante, la respuesta emocional resultante puede contribuir en la inhibición de la conducta de aproximación o de afrontamiento activo del desafío. La ansiedad sería la respuesta derivada de la búsqueda de equilibrio en la resolución del conflicto aproximación vs evitación. El diferencial entre la motivación de un organismo por sondear la presencia de incentivos provechosos y la motivación por evitar desenlaces potencialmente desagradables, estaría sintonizado por logros previos en situaciones similares y por la intensidad del estímulo[57]. Cuando un atleta se enfrenta a un desafío competitivo, la incertidumbre sobre el resultado final puede suscitar sensaciones de temor, cambios musculares, sensación de pérdida de control o alteraciones vegetativas. La activación arousal acompaña en numerosas ocasiones a la ansiedad precompetitiva y, aunque los coeficientes de correlación entre la percepción subjetiva y la activación fisiológica periférica real no suelen ser muy altos, es posible medir con mucha exactitud la conductancia electrotérmica, la variabilidad de la frecuencia cardíaca, el aumento de la presión arterial, del tono muscular y de la frecuencia respiratoria.

Para Martens et al.[58], la ansiedad en contextos deportivos de alta competición requiere el establecimiento de un lenguaje común que permita a los actores (i.e. entrenadores, atletas, psicólogos deportivos) una comunicación fluida y eficiente para la óptima evaluación de los factores cognitivos, fisiológicos y motores que la componen. Las expectativas negativas de resultados y la percepción contradictoria de las propias capacidades fueron definidas en su cuestionario autoadministrable como "ansiedad cognitiva"; por otro lado, la percepción fisiológica de aumento de la frecuencia cardíaca, respiración entrecortada, manos sudorosas y tensión muscular, como "ansiedad somática". Esta herramienta, ha sido muy utilizada en las últimas décadas en estudios de campo. Sin embargo, hay que ser prudentes a la hora de interpretar sus resultados debido a algunas limitaciones. Este autoinforme es más fiable cuando es cumplimentado pocos minutos antes del momento competitivo y menos fiable si se administra con mucho tiempo de antelación. Por otro lado, la percepción que cada deportista tiene de un mismo desafío es variable y depende de la probabilidad objetiva de alcanzar un resultado favorable y de su propia valoración subjetiva del contexto competitivo. Estas limitaciones pueden ofrecer resultados inconsistentes entre las puntuaciones de ansiedad percibida (especialmente, la ansiedad somática) y las concentraciones reales de cortisol circulante.

La Teoría de la Activación Cognitiva del Estrés (CAST, *cognitive activation of stress theory*) sugiere que la respuesta de estrés no estará exclusivamente vinculada a la presencia real de estresores ambientales (i.e. factores desencadenantes de estrés), también dependerá de las expectativas adquiridas como resultado de la exposición previa a dichos estresores[59]. La alarma saltará cuando existan discrepancias entre lo que debería ser una situación competitiva para el deportista y lo que realmente es en ese mismo instante. La respuesta de estrés posee, en este caso, una dependencia necesaria de factores psicológicos personales. La CAST activará comportamientos específicos que permitan afrontar activa o pasivamente el desafío, que puede estar causado por estímulos, experiencias o retroalimentación. El estrés causado por estímulos (e.g. agradables o desagradables) dependerá siempre de la evaluación individual de la situación competitiva. Esta evaluación se verá muy condicionada por las experiencias previas y las expectativas de resultado, pudiendo ser percibidos como aversivos, moderados o leves. La CAST también puede ser activada por las experiencias de estrés, el cerebro filtra los estímulos, los evalúa y genera una carga emocional resultante que activa la señal de alarma. En la etapa final del proceso, la retroalimentación de cada uno de los cambios periféricos se dirige a los tejidos diana y es interpretada por el cerebro-mente sumándose a la sensación de estar estresado.

Cuando el rendimiento de un deportista se acerca al nivel de experto, los entrenamientos se vuelven más densos, estereotipados y rutinarios, con cargas e intensidades muy altas. La dirección que tomen sus emociones y la evaluación cognitiva del desafío serán muy importantes para desarrollar y afrontar con eficacia las tareas encomendadas. Los deportistas suelen responder más positivamente cuando se genera un clima centrado en el desarrollo y la mejora personal que cuando su rendimiento es valorado exclusivamente por los resultados competitivos. Los sentimientos subjetivos sobre ser capaz de ejecutar la tarea asignada reducirán su respuesta de estrés e incrementará la probabilidad de superar el desafío que se le presenta. Por ejemplo, un deportista con confianza en sus capacidades para realizar con solvencia un trabajo de equipo, alcanzará antes el nivel óptimo para entrar en la convocatoria y defender con solvencia a su club en un partido de competición. Por el contrario, la presión de la grada ante sus errores, las exigencias del entrenador o los sentimientos de ineficacia lastrarán su rendimiento actual y su rendimiento próximo. En todas aquellas situaciones donde se perciben discrepancias, se producirá la activación y mantenimiento de la alarma hasta que desaparezcan o cambien los estímulos que excitaron el conflicto interno.

Existen momentos en los que el cerebro encuentra dificultades para asociar correctamente una respuesta emocional a un acontecimiento, especialmente cuando el deportista se encuentra en rachas negativas de resultados. En estos casos, es posible que ante una victoria no se sienta especialmente satisfecho incluso experimentando un resultado que habitualmente se relaciona con valencias afectivas positivas. Parece evidente pensar en la interacción multifactorial de estrés, ansiedad y emoción en el rendimiento de los atletas. Muchas de las variables que caracterizan las respuestas psicofisiológicas están evolutivamente relacionadas y lo más probable es que podamos observar y cuantificar alternativamente unas u otras dependiendo de la variabilidad inter e intrasujetos. De lo que cada vez hay menos dudas es de la influencia que los estados afectivos tienen sobre el éxito o el fracaso competitivo. Posiblemente este sea uno de los puntos de mayor interés por parte de los profesionales del deporte en la actualidad y quizá sea una de las materias de estudio más productiva en las próximas décadas. Las emociones intervienen en la toma de decisiones y guían nuestra conducta como un modelo general de adaptación biológica con base evolutiva. La capacidad del deportista para imponerse a sus rivales estará en todos los casos muy influenciada por las emociones, ofreciendo una ventaja o una desventaja dependiendo de su contingencia, de su capacidad de respuesta y de la intensidad del estímulo. Todo ello es bien conocido por atletas y entrenadores, quienes responderán afirmativamente a la pregunta: "¿considera que sus estados emocionales afectan al resultado de sus encuentros?". En este sentido, Valdano comentó: "el fútbol es, sin duda, un estado de ánimo".

**Interacciones psiconeuroendocrinas en competición deportiva**

*"Andan el pesar y el placer tan apareados, que es simple el triste que se desespera y el alegre que se confía" -Miguel de Cervantes-*

El ratio entre cortisol y testosterona será una de las cuestiones principales que debemos tener en cuenta a la hora de evaluar el rendimiento de un atleta o de un equipo a través del control de variables psicofisiológicas. La Hipótesis de Desafío señala que ambas hormonas esteroides incrementan sus concentraciones circulantes momentos antes de enfrentar el reto: la testosterona vigorizará y el cortisol movilizará la glucosa para afrontar con efectividad la amenaza. Por otro lado, la Hipótesis del Modelo Biosocial sugiere que vencer o fracasar en la lucha tiene un efecto recíproco sobre las concentraciones de andrógenos produciendo cambios dependientes del propio resultado. Es importante señalar que el cortisol podría tener una relación antagonista con la motivación de poder, obstaculizando algunos neuroreceptores e inhibiendo la acción de la testosterona sobre los tejidos diana. La actividad de los ejes HPA y HPG conforman una unidad motivacional-emocional conjunta a múltiples niveles, dificultando las conductas de búsqueda de estatus social[60] y jugando un papel fundamental en el mantenimiento del equilibrio homeostático del organismo[61]. En entornos carcelarios se ha observado que las conductas agresivas se relacionan con altos concentraciones de T pero sólo cuando los reos presentaban bajas concentraciones de cortisol. Cuando las concentraciones de cortisol eran altas, los presos no reaccionaban de manera violenta independientemente de sus concentraciones de testosterona[62].

Existen claras evidencias de una relación dual testosterona-cortisol en la competición social y deportiva. En la Universidad de Austin, los doctores Mehta y Josephs[60] comprobaron la viabilidad de esta Hipótesis Hormonal-Dual en 100 alumnos de Grado, en uno de los estudios más interesantes que han analizado estas interacciones hormonales en situaciones de desafío social. Los participantes cumplimentaron una tarea de laboratorio asumiendo roles de liderazgo y obediencia sucesivamente. Los líderes de cada grupo se dirigían mediante instrucciones verbales a sus compañeros indicando el diseño de resolución del desafío que previamente había recibido de los propios investigadores. Al terminar la tarea, los participantes valoraban el nivel de dominancia que habían percibido en cada líder, al tiempo que cada líder valoraba su propio interés por volver a completar el desafío si la resolución por parte del grupo había sido infructuosa. Los resultados sugirieron que los líderes con bajo cortisol y alta testosterona incrementaban su dominancia sobre el grupo y elegían mayoritariamente competir de nuevo si fracasaban en la tarea encomendada. Por el contrario, en los líderes con alto cortisol se observó una relación inversa de la testosterona con la dominancia social, además de elegir no repetir la tarea en caso de fracasar. Cuando los investigadores analizaron los cambios porcentuales en las concentraciones hormonales antes y después de enfrentarse a resolver una tarea como líderes de grupo, observaron que los participantes con alto cortisol precompetitivo descendían notablemente sus concentraciones de testosterona poscompetitivas al ser superados por el reto. Otros estudios han sugerido menor percepción subjetiva de empatía en estudiantes de MBA o una mayor tendencia a asumir riesgos solo cuando los participantes presentaban altas concentraciones de testosterona y bajas concentraciones de cortisol basal[63].

La Hipótesis Hormonal-Dual sugiere que el papel que juega la testosterona en la modulación de la conducta competitiva se verá afectada por las concentraciones de cortisol, que como hemos visto es una hormona que se libera en situaciones de estrés físico y psicológico. Los deportistas con altas concentraciones de cortisol circulante podrían sufrir, en gran parte, un efecto de desajuste psicofisiológico durante la competición independientemente de sus concentraciones de testosterona. En varios estudios piloto que hemos realizado sobre muestras pequeñas pero muy seleccionadas dentro del ranking nacional (i.e. corredores de fondo internacionales de la selección nacional de atletismo y jugadores profesionales de bádminton) hemos observado relaciones inversas entre las concentraciones de cortisol precompetitivo y cambios en la testosterona al finalizar sus concursos satisfactoriamente. Estos estudios previos no son suficientemente firmes como para poder garantizar la consistencia de la Hipótesis Hormonal-Dual en competiciones cara a cara. Sin embargo, sí parecen existir indicios suficientes para sugerir e impulsar trabajos más profundos y con muestras mayores en la alta competición deportiva.

Relacionada con el resultado de un evento, la Hipótesis Hormonal-Dual ha sido probada en entornos controlados de competición social (i.e. laboratorio) pero, hasta el momento, no en estudios de campo aleatorizados. En estudios con manipulación experimental en laboratorio se han observado respuestas más agresivas relacionadas con resultados desfavorables en participantes con concentraciones altas de testosterona y bajas de cortisol. También algunos rasgos de personalidad patológica (i.e. inestabilidad emocional, conductas violentas) presentaron una mayor manifestación de dichos comportamientos en individuos con alta testosterona y bajo cortisol, pero no en individuos con alta testosterona y alto cortisol. En cualquier caso, los mecanismos neuronales que modulan estas interacciones psiconeuroendocrinas están aún por estudiar. La administración aguda de algunas hormonas esteroides han activado estructuras como la amígdala (e.g. ante expresiones faciales de amenaza), estructuras del sistema límbico se han relacionado ciertos andrógenos y algunas regiones del córtex prefrontal (e.g. orbitofrontal) con la toma de decisiones en situaciones de estrés. Sin embargo, no existe suficiente evidencia de la forma en la que estas y otras estructuras cerebrales interaccionan, las rutas neuronales podrían seguir canales muy diferentes dependiendo de la evaluación, interpretación y respuesta en cada individuo.

Varios estudios han sugerido la asociación de la motivación del jugador y su implicación voluntaria en el entrenamiento con las concentraciones circulantes de T. Cook et al.[64] obtuvieron fuertes correlaciones de esta hormona con las cargas de trabajo voluntario en entrenamiento y competición. Los cambios transitorios en la T circulante impulsan al jugador a incrementar su interés por los desafíos competitivos y es un excelente motivador para vencer en sus encuentros, la selección de las cargas de trabajo y las mejoras observadas en muchos estudios del desarrollo de la fuerza y la adaptación neuromuscular. Los niveles de T preentrenamiento han correlacionado muy notablemente con la ganancia de fuerza muscular y la resistencia al esfuerzo físico, aunque sus correlaciones con la intensidad de trabajo no están demostradas hasta la fecha. El C por el contrario, correlaciona muy débilmente con la elección voluntaria de las cargas de trabajo y el desempeño de las tareas de entrenamiento encomendadas, pero su aportación en los procesos adaptativos son importantes especialmente como mediador de la gluconeogénesis y la glucogenólisis, así como su influencia sobre otras hormonas esteroides y catecolaminas. Por este motivo, es importante el control dual de ambas hormonas y ser interpretadas sus interacciones para alcanzar unas conclusiones válidas y fiables de los procesos adaptativos del jugador al entrenamiento y la alta competición deportiva. Estudios previos sugieren que existen respuestas anticipatorias que podrían tener influencia sobre las respuestas orgánicas[65].

## 4. CONSIDERACIONES FINALES

En conclusión, podríamos encontrarnos ante la necesidad de buscar programas de entrenamiento deportivo que aumenten la testosterona y reduzcan las concentraciones de cortisol en nuestros deportistas para mejorar su rendimiento deportivo, impulsar su motivación por vencer a sus rivales e incrementar su estatus social y deportivo. En este sentido, sería necesario el control de las cargas, intensidades y densidades de entrenamiento, la dieta, el apoyo psicológico especializado y el control periódico de las concentraciones hormonales a lo largo de cada temporada. Optimizar las respuestas hormonales y la interacción entre hormonas esteroides, bajo un estricto control biomédico de la actividad de los ejes HPG y HPA permitiría tener información rigurosa y privilegiada para intervenir en la dirección correcta para reducir los conflictos internos de un vestuario, incrementar la probabilidad de obtener buenos resultados deportivos y vigilar el bienestar y el equilibrio emocional del deportista profesional.

Los efectos que el estrés tiene sobre el sustrato psicobiológico de la motivación y la toma de decisiones en el deporte son muy notables y complejos, sin embargo, parece existir una aceptación generalizada de que todo deportista tiene que generar estrés en competición. Cuando los resultados no son los esperados, en muy contadas ocasiones se considera responsables del rendimiento a la intensidad y duración de la exposición al estrés físico y emocional o la baja competencia del atleta para someterlo a control. En modo alguno no debemos olvidar que la motivación, el control espacial y la memoria instrumental se ven muy afectadas por el estrés, del mismo modo que la probabilidad de lesión es mayor cuando dominan las conductas reactivas o estamos hiperactivados. La memoria prospectiva juega un papel muy marcado en la percepción subjetiva del jugador para superar el reto, y un jugador que duda de sus posibilidades disminuirá la probabilidad de salir victorioso en ese y otros desafíos posteriores. "Puedo, porque creo que puedo" decía la campeona del mundo Carolina Marín tras derrotar en la final a la campeona olímpica y número uno del ranking, la china Li Xuerui. Esta gran campeona participó en un estudio que desarrollamos en el Torneo Internacional de España en el año 2010 junto con otros deportistas de élite internacional. En aquel estudio quedó de manifiesto que los jugadores con alta testosterona y bajo cortisol basal vencían en dos de cada tres enfrentamientos, sugiriendo que la flexibilidad de los ejes neuroendocrinos se relacionaba con una mayor habilidad para imponerse a sus adversarios.

## 5. REFERENCIAS BIBLIOGRÁFICAS

1. Mazur, A., y Booth, A. (1998). Testosterone and dominance in men. *Behavioral and Brain Sciences, 21, 353-397.*

2. Oliveira, T., Gouveia, M.J., y Oliveira, R.F. (2009). Testosterone responsiveness to winning and losing experiences in female soccer players. *Psychoneuroendocrinology, 34, 1056-1064.*

3. Salvador, A. (2005). Coping with competitive situations in humans. *Neuroscience and Biobehavioral Reviews, 29, 195-205.*

4. Salvador, A., y Costa, R. (2009). Coping with competition: neuroendocrine responses and cognitive variables. *Neuroscience and Biobehavioral Reviews, 33, 160-170.*

5. Borg, G.A.V. (1973). Perceived exertion: a note on "history" and methods. *Medicine and Science in Sports, 5, 90-93.*

6. Borg, G.A.V. (1982). Psychophysical basis of perceived exertion. *Medicine and Science in Sports and Exercise, 14; 371-381.*

7. Jiménez, M., Torres-Luque, G., y Alvero-Cruz, J.R. (2015). Is the outcome the most important rating of perceived effort modulator in badminton players? *Book of Actas, V World Racquet Sport Congress, april 23-25$^{th}$, Suzhou (China).*

8. Hall, E.E., Ekkekakis, P., y Petrezzuello, J. (2005). The relationship of RPE to psychological factors intensity-dependent? *Medicine and Science in Sports and Exercise, 37, 8, 1365-1373*

9. Alvero-Cruz, J.R., Barrera, J., Mesa, A., y Cabello D. (2009). Correlation of physiological responses in squash players during competition. En A. Lees, D. Cabello-Manrique y G. Torres (eds.), *Science and Racket Sports IV* (pp. 64-69). New York: Routledge.

10. Jiménez. M (2011). Respuesta psicofisiológica de los jugadores de bádminton de nivel nacional e internacional en competición oficial. *Tesis Doctoral, Departamento de Fisiología Humana y de la Educación Física y Deportiva. Facultad de Medicina, Universidad de Málaga.*

11. Alvero-Cruz, J.R., Jiménez, M., y Torres-Luque, G., (2015). Blood lactate, rate of perceived exertion and mean heart rate can predict sucess in squash players. *Book of Actas, V World Racquet Sport Congress, april 23-25$^{th}$, Suzhou (China).*

12. Berridge, K.C. (2004). Motivation concepts in behavioral neuroscience. *Physiology and Behavior, 81,* 179-209.

13. Wood, R.I. (2004). Reinforcing aspects of androgens. *Physiology and Behavior, 83,* 279-289.

14. Boecker, H., Sprenger, T., Spilker, E., Henriksen, G., Koppenhoefer, M., Wagner, K.J. et al. (2008). Runner´s high: opioidergic mecanisms in the human brain. *Cortex, 18,* 2523-2531.

15. Ekkekakis, P., Hall, E.E., y Petruzzello, S.J. (2005). Variation and homogeneity in affective response to physical activity of varying intensities: and alternative perspective on dose-response based on evolutionary considerations. *Journal of Sports Sciences, 23*(5), 477-500.

16. Ekkekakis, P., Vazou, S., Buxby, W.R., y Georgiadis, E. (2016). The mysterious case of the public health guide line that is (almost) estirely ignored: Call for a research agenda on the causes of the extreme avoidance of physical activity in obesity. *Obesity Reviews, 17,* 313-329.

17. Di, X., Zhu, S., Jin, H., Wang, P., Ye, Z., Zhou, K et al. (2011). Altered resting brain function and structure in professional badminton players. *Brain Connectivity, 2*(4), 225-233.

18. Stanton, S.J., y Schultheiss, O.C. (2011). Power and testosterone. En K. Dowding (Ed.), *Encyclopedia of power* (pp. 662-664). Thousand Oaks, CA: Sage.

19. Swaab, D.F., y García-Falgueras, A.G. (2010). Sexual differentiation of the human brain in relation to gender identity and sexual orientation. *Progress in Brain Research, 186,* 41-62.

20. Manning, J.T. (2002). The ratio of 2nd to 4th digit length and performance in skiing. *J. Sports Med. Phys. Fitness, 42,* 446-450.

21. Manning, J.T., y Taylor, R.P. (2001). Second to fourth digit ratio and male ability in sport: implications for sexual selection in humans. *Evolution and Human Behavior, 22,* 61-69.

22. Schultheiss, O.C., Wirth, M.M., y Stanton, S. (2004). Effects of affiliation and power motivation arousal on salivay progesterone and testosterone. *Hormones and Behavior, 46*(5), 592-599.

23. Jiménez, M., Aguilar, R., y Alvero-Cruz, J.R. (2012). Effects of victory and defeat on testosterone and cortisol response to competition: evidence of same response patterns in men and women. *Psychoneuroendocrinology, 37,* 1577-1581.

24. Brambilla, D.J., Matsumoto, A.M., Araujo, A.B., y McKinlay, J.B. (2009). The effect of diurnal variation on clinical measurement of serum testosterone and other sex

hormone levels in men. *The Journal of Clinical Endocrinology and Metabolism, 94*(3), 907-913.

25. Welling, L.M., Moreau, B.J., Brid, B.M., Hansen, S., y Carré, J.M. (2016). Exogenous testosterone increases men´s perceptions of their own physical dominance. *Psychoneuroendocrinology, 64, 136-142.*

26. Van Honk, J., Schutter, D.J., Hermans, E.J., Putman, P., Tuiten, A., y Koppeschaar, H. (2004). Testosterone shifts the balance between sensitivity for punishment and reward in healthy young women. *Psychoneuroendocrinology, 29,* 937-943.

27. Geniole, S.N., Bird, B.M., Ruddick, E.L., y Carré, J.M. (2016). Effects of competition outcome on testosterone concentrations in humans: an updated meta-analysis. *Hormones and Behavior, 92,* 37-50.

28. Wingfield, J.C., Hegner, R.E., Dufty Jr, A.M., y Ball, G.F. (1990). The "challenge hypothesis": theoretical implications for patterns of testosterone secretion, mating systems, and breeding strategies. *The America Naturalist, 136,* 829-846.

29. Mazur, A. (1985). A biosocial model of status in face-to-face primate groups. *Social Forces, 64,* 377-402.

30. Archer, J. (2006). Testosterone and human aggression: an evaluation of the challenge hypothesis. *Neuroscience and Biobehavioral Reviews, 30,* 319-345.

31. Mazur, A., y Lamb, T.A. (1980). Testosterone, status, and mood in human males. *Hormones and Behavior, 14*(3), 236-246.

32. Mazur, A., Booth, A., y Dabbs, J.M. (1992). Testosterone and chess competition. *Social Psychology Quartely, 55*(1), 70-77.

33. Mendoza, G., Alvero-Cruz, J.R., García-Romero, J., García-Coll, V., Rivilla, I., y Jiménez, M. (2018). Challenging to the top player: Testosterone and cortisol response to an official chess tournament. *Plos One, In press.*

34. Aguilar, R., Jiménez, M., y Alvero-Cruz, J.R. (2013) Testosterone, cortisol and anxiety in elite field hockey players. *Physiology and Behavior, 119,* 18-32.

35. González-Bono, E., Salvador, A., Ricarte, J., Serrano, M.A., y Arnedo, M. (2000). Testosterone and attribution of successful competition. *Aggressive Behavior, 26,* 235-240.

36. Salvador, A., Suay, F., González-Bono, E., y Serrano, M.A. (2003). Anticipatory cortisol, testosterone and psychological responses to judo competition in young men. *Psychoneuroendocrinology, 28,* 364,375.

37. Bernhardt, P.C., Dabbs, J.M., Fielden, J.A., y Lutter, C.D. (1998). Testosterone changes during vicarious experiences of winning and losing among fans at sports events. *Physiology and Behavior, 65*, 59-62.

38. Carre, J.M., y Putnam, S.K. (2010). Watching a previous victory produces an increase in testosterone among elite hockey players. *Psychoneuroendocrinology, 35*, 475-479.

39. Bos, P.A., Panksepp, J., Bluthé, R.M., y Honk, J.V. (2012). Acute effects of steroid hormones and neuropeptides on human social-emotional behavior: a review of single administration studies. *Frontiers of Neuroendocrinology, 33*(1), 17-35.

40. Van Anders, S.M., y Watson, N.V. (2006). Social neuroendocrinology: effects of social contexts and behaviors on sex steroids in humans. *Human Nature, 17*, 212-237.

41. Calhoon, G. y Tye, K.M. (2015) Resolving the neural circuits of anxiety. *Nature Neuroscience, 18*(10), 1394-1404.

42. Selye, H. (1936). A syndrome produced by diverse nocuous agents. *Nature, 138*, 32.

43. Selye, H. (1950). Stress and general adaptation syndrome. *British Journal of Medicine, 1, 4667*, 1383-1392.

44. Selye, H. (1956). *The Stress of Life*. New York: McGrawn Hill.

45. McEwen, B. y Wingfield, J. (2003). The concept of allostasis in biology and biomedicine. *Hormones and Behavior, 43*, 2-15.

46. Korte, S.M., Koolhaas, J.M., Wingfield, J.C. y McEwen, B.S. (2005). The Darwinian concept of stress: benefits of allostasis and costs of allostatic load and the trade-offs in health and disease. *Neurocience and Behavioral Reviews, 29*, 3-38.

47. Virgin, C.E. y Sapolsky, R.M. (1997). Style of male social behavior and their endocrine correlates. *American Journal of Primatology, 42*(1), 25-39.

48. Sapolsky, R.M. (2004). Social status and health in humans and other animals. *Annual Review of Anthropology, 33*, 393-418.

49. Kemeny. M.E. (2009). Psychobiological response to social threat: evolution of a psychological model in psychoneuroimmunology. *Brain, Behavior and Immunology, 23*(1), 1-9.

50. Sapolsky, R.M. (2015). Stress and the brain: individual variability and the inverted-U. *Nature Neuroscience, 18*(10), 1344-1346.

51. Fries, E., Dettenborn, L., y Kirschbaum, C. (2009) The cortisol awakening response (CAR): facts and future directions. *International Journal of Psychophysiology, 72*, 67-73.

52. Pruessner, J.C., Wolf, O.T., Hellhammer, D.H., Buske-Kirschbaum, A., von Auer, K., Jobst, S., Kaspers, F., y Kirschbaum, C. (1997). Free cortisol levels after awakening: a reliable biological marker for the assessment of adrenocortical activity. *Life Sciences, 61,* 2539-2549.

53. Clow, A., Thorn, L., Evans, P., y Hucklebridge, F. (2004). The awakening cortisol response: methodological issues and significance. *Stress, 7,* 29-37.

54. Rohleder, N., Beulen, S.E., Chen, E., Wolf, J.M., y Kirschbaum, C. (2007). Stress on the dance floor: the cortisol stress response to social-evaluative threat in competitive ballroom dancers. *Personality and Social Psychology Bulletin, 33,* 69-84.

55. Stalder, T., Evans, P., Hicklebridge, F., y Clow, A. (2010). Associations between psychosocial state variables and the cortisol awakening response in a single case study. *Psychoneuroendocrinology 35,* 209-214.

56. Jiménez, M., Hidalgo, J., y García-Romero, J.C. (2013). *Respuesta del cortisol al despertar en atletas de élite en competición oficial.* Trabajo Fin de Máster, Facultad de Medicina, Málaga: Universidad de Málaga.

57. McNaughton, N. y Corr, P.J. (2004). A two-dimensional neuropsychology of defense: fear/anxiety and defensive distance. *Neuroscience and Behavioral Reviews, 28,* 285-305.

58. Martens, R., Vealey, R. y Burton, D. (1990). *Competitive Anxiety in Sport.* Illinois: Human Kinetics.

59. Eriksen, H., Murison, R., Pensgaard, A. y Ursin, H. (2005). Cognitive activation theory of stress (CATS): From Fish brains to the Olympics. *Pyschoneuroendocrynology 30,* 933-938.

60. Mehta, P.H. y Josephs, R.A. (2010). Testosterone and cortisol jointly regulate dominance: evidence for a dual-hormone hypothesis. *Hormones and Behavior, 58,* 898-906.

61. Viau, V. (2002). Functional cross-talk between the hypothalamic-pituitary-gonadal and -adrenal axes. *Journal of Neuroendocrinology, 14,* 506-513.

62. Popma, A., Vermeiren, R., Geluk, C. A., Rinne, T., van den Brink, W., Knol, D. L., et al. (2007). Cortisol moderates the relationship between testosterone and aggression in delinquent male adolescents. *Biological psychiatry, 61*(3), 405-411.

63. Mehta, P.H. y Prasad, S. (2015). The dual-hormone hypothesis: a brief review and future research agenda. *Current Opinion in Behavioral Sciences, 3,* 163-168.

64. Cook, C.J., Crewther, B.T., y Kilduff, L.P. (2013) Free testosterone and cortisol concentrations associated with Training motivation in elite male athletes? *Psychology of Sport and Exercise, 14,* 882-885.

65. Schlotz, W., Hellhammer, J., Schulz, P., y Stone, A.A. (2004). Perceived work overload and chronic worrying predict weekend-weekday differences in the cortisol awakening response. *Psychosomatic Medicine, 66,* 207-214.

66. Clow, A., Hucklebridge, F., Stalder, T., Evans, P., y Thorn, L. (2010) The cortisol awakening response: More than a measure of HPA axis function. *Neuroscience and Behavioral Reviews, 35*(1), 97-103.

# LA INTELIGENCIA DE MOVERSE: LA NEUROPSICOLOGÍA EN LA EDUCACIÓN FÍSICA

**Dr. Daniel Navarro Ardoy** profesor de Educación Física y docente del Máster de Neuroeducación y Educación Física, Universidad CEU Cardenal Herrera. Grupo de investigación PROFITH (*PROmoting FITness and Health through Physical Activity*), Universidad de Granada.

*"La Educación es mucho más que Educación Física, pero es muy poco sin ella"*[LIX]

Observando a un grupo de adolescentes en un parque con sus teléfonos móviles en la mano, a un niño de ocho años desplazándose con su patinete eléctrico o un cartel de prohibido jugar al balón en la esquina de una plazoleta, es fácil entender que la sociedad y las formas de jugar, de divertirse y de ocupación del tiempo libre de los niños y adolescentes, está cambiando. La Educación Física actual no solo tiene un valor pedagógico, sino también sanitario, actuando como factor de prevención de primer orden a nivel físico, social, mental y emocional. Las últimas investigaciones en neurociencia, han demostrado múltiples beneficios del ejercicio físico sobre el cerebro a nivel molecular, estructural y funcional. Uno de los más destacados es el incremento de BDNF, una molécula que favorece la neurogénesis y la creación de nuevas sinapsis, entre otras funciones. A nivel estructural también contribuye al aumento del volumen de ciertas estructuras relacionadas con el aprendizaje y la memoria, como la corteza cerebral, la amígdala o el hipocampo. La actividad física mejora el flujo sanguíneo del cerebro, segrega moléculas y neurotransmisores relacionados con el aprendizaje y en definitiva, provoca una mayor actividad cerebral, por tanto, una mejora de todas las funciones cognitivas del cerebro, incluidas las que más se utilizan en el aula.

En este capítulo se analizará desde un punto de vista científico y pedagógico cómo influye la Educación Física en escolares a nivel neurocognitivo. Para ello, es conveniente aclarar en primer lugar y desde un prisma estrictamente científico, el significado de ciertos términos asociados a esta asignatura. También daremos respuesta a preguntas como si la Educación Física puede mejorar el rendimiento académico de los escolares, dónde es mejor situar las clases de Educación Física en los horarios escolares o qué tipo de actividad física es la recomendable para un desarrollo motriz y cognitivo adecuado. Acaso es igual para el cerebro de un niño hacer *sprints*

---

[LIX] Hammeleck, Ommo Gruppe (1976): "Teoría pedagógica de la Educación Física".

en solitario en una pista de atletismo que jugar al pañuelo en grupo, saltar a la comba para crear una coreografía grupal o practicar baloncesto en situaciones reducidas de juego. Desde un punto de vista neuroeducativo ¿es igual recibir a un grupo de alumnos sentados en la silla del profesor o en el centro de la pista con los brazos entrecruzados, que en la puerta del aula o del pabellón, dándoles la mano uno a uno, dándoles la bienvenida, con música actual o tocando un instrumento? Todas estas cuestiones tienen hoy día respuesta científica y aplicación práctica.

## 1. UNA APROXIMACIÓN A LA EDUCACIÓN FÍSICA ACTUAL

La **Educación Física** es una parte obligatoria de los programas escolares en la mayoría de países, entre ellos España. Además de proporcionar oportunidades para la práctica de actividad física, esta asignatura siempre ha perseguido objetivos que no necesariamente han estado relacionados de forma directa con el concepto de salud física. Entre ellos encontramos ciertos aspectos cognitivos, así como el fomento y la promoción de la salud social y emocional, alimentación, higiene postural, habilidades y destrezas deportivas, trabajo en equipo, respeto, afán de superación, práctica de actividad física en el medio natural, cuidado del medio ambiente, expresión corporal y creatividad, entre otros, siendo el juego en su más amplio significado, una de las principales herramientas y estrategias metodológicas para el desarrollo de estos contenidos.

Según el Real Decreto 1105/2014, de 26 de diciembre, por el que se establece el currículo básico de la Educación Secundaria Obligatoria y del Bachillerato en España (B.O.E. de 3 de enero de 2015)[1], la Educación Física tiene como finalidad principal el desarrollo de la **competencia motriz**, entendida como la integración de los conocimientos, los procedimientos, las actitudes y los sentimientos vinculados sobre todo a la conducta motora. Sin embargo, son muchos los estudios e investigaciones en los que se pone de manifiesto que esta asignatura no solo contribuye al correcto desarrollo de la competencia motriz o salud física de los estudiantes, también influye en aspectos psicosociales, emocionales y neurocognitivos.

*"Los diferentes aspectos que ofrece la neurociencia para ser personas sanas (a todos los niveles), son inherentes a la materia de Educación Física. La neurociencia acaba de abalar lo que siempre habíamos intuido: que la Educación Física es una materia que reporta innumerables beneficios al ser*

*humano, por ejemplo, que es crucial para el desarrollo armónico del cerebro*"[2].

Hoy en día, los niños tienen menos oportunidades de ser activos e independientes, especialmente en las grandes ciudades de los países desarrollados. La poca actividad desplegada en el actual sistema de vida está provocando que la actividad física y con ella la Educación Física, adquiera cada vez mayor importancia, contribuyendo a la conservación y mejora de la salud, prevención de determinadas enfermedades, mantenimiento del equilibrio psicofísico, mental, emocional y a combatir el habitual sedentarismo de la sociedad actual. Dado que los estudiantes pasan una gran cantidad de su tiempo en la escuela, hay un gran potencial para aumentar sus niveles de actividad física dentro del horario escolar. Sin embargo, el tiempo de actividad física escolar en España es muy escaso. En la mayoría de centros de enseñanza obligatoria españoles, de los 6 a los 16 años, edad clave para asentar hábitos y estilos de vida futuros, tan solo se dedican dos sesiones de Educación Física a la semana de menos de una hora (55 minutos), a lo sumo 3 sesiones de 45 minutos, de los cuales, casi la mitad se dedica al traslado del aula a la instalaciones, aseo personal y otras actividades de carácter organizativo, como pasar lista o recoger el material de clase, lejos de los 60-90 minutos de actividad física diaria recomendada[LX]. Por consiguiente y considerando los datos publicados recientemente en el informe Eurydice de 2013[LXI] en el que se indica que más del 80% de niños y niñas españoles en edad escolar únicamente practican actividad física en la escuela, dicha actividad física es insuficiente para conseguir un óptimo desarrollo neuromotriz.

La Educación Física diaria ha sido recomendada por numerosas entidades como estrategia de prevención de enfermedades cardiovasculares, promoción de salud pública en general[3-6] y para asegurar la salud del cerebro, retrasando así su envejecimiento (reserva cognitiva)[7]. Dicha asignatura podría desempeñar un papel importante en la prevención de sobrepeso en niños y mejora del rendimiento cognitivo y académico. Parece que ha llegado el momento de reconsiderar el papel más amplio que podría tener la Educación Física dentro del marco escolar, no sólo desde un punto de vista pedagógico, sino también sanitario, favoreciendo el aprendizaje y potenciando las habilidades mentales tales como la memoria, la resolución de problemas, toma de decisiones, la motivación y la atención.

---

[LX] www.hhs.gov/news. Departamento de Salud Pública de los Estados Unidos.
[LXI] Informe Eurydice. La Educación física y el deporte en los centros escolares europeos. http://eacea.ec.europa.eu/education/eurydice/documents/thematic_reports/150ES.pdf

La Educación Física tanto en los centros de enseñanza primaria (de 6 a 12 años) como en los de secundaria (de 12 a 17 años), podría convertirse en el elemento central de un sistema comunitario que garantice a los estudiantes (100% de niños y adolescentes) la participación en la actividad física recomendada para desarrollar estilos de vida saludables. En este sentido, la Educación Física actual (figura 1) no solo tendría un valor pedagógico, sino también socio-sanitario, mental y emocional, actuando como factor de prevención de primer orden.

Esto convierte a la Educación Física actual en la asignatura más importante del currículo actual, dado que actúa como medicina natural para el buen funcionamiento de nuestro organismo y preventiva para enfermedades cardiovasculares y mentales, pudiendo además contribuir a la mejora del rendimiento cognitivo y académico de nuestros escolares, los adultos del mañana. Ya lo decía el poeta latino Juvenal (siglo I d.C.) en una de sus sátiras: *"Mens sana in corpore sano"*; expresión que acogió con agrado el Barón Pierre de Coubertin, fundador del Comité Olímpico Internacional (1890) como lema del Olimpismo moderno.

**Salud y actividad física**

El concepto de **salud integral** es definido por la Organización Mundial de la Salud en su Carta Magna o Carta Constitucional (1946)[8] como *"el estado completo de bienestar físico, mental y social, y no solamente la ausencia de enfermedad"*. La profesora Irene Pellicer Royo habla del concepto de salud integral como el conjunto de las cinco dimensiones que la integran: salud física, mental, emocional, interior y social, todas ellas trabajadas directa o indirectamente en la Educación Física actual, como así refleja en su libro *"NeuroEF. La revolución de la Educación Física desde la neurociencia"*[2].

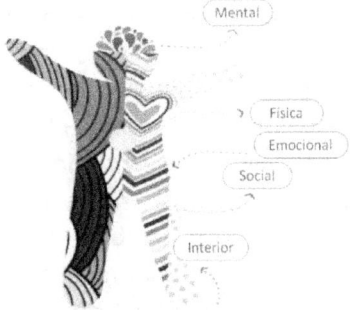

*Figura 1.* Salud integral (modificado de Pellicer et al. 2015)[2].

Hablamos de **actividad física** cuando nos referimos a cualquier movimiento corporal producido por los músculos esqueléticos que requiere un gasto energético adicional al basal[9]. La actividad física incluye casi todo lo que una persona puede hacer, es una conducta, mientras que la condición física es un estado. La **inactividad** es, por el contrario, el tiempo empleado en los comportamientos que aumentan muy poco el gasto de energía más allá del propio basal. Los niveles de inactividad física en España son muy elevados, datos procedentes del estudio AVENA (Alimentación y Valoración del Estado Nutricional de los Adolescentes Españoles)[LXII] y HELENA (Healthy Lifestyle in Europe by Nutrition in Adolescence)[LXIII] ponen de manifiesto el bajo o patológico nivel de forma física de nuestros adolescentes por los bajos niveles de actividad física[10,11].

### Sedentarismo y obesidad

La Educación Física debe tener una presencia importante en los currículos educativos actuales si se quiere ayudar a paliar el **sedentarismo**[LXIV], que es uno de los factores de riesgo identificados que influyen en algunas de las enfermedades más extendidas en la sociedad actual. La Ley Orgánica 8/2013, de 9 de diciembre, para la mejora de la calidad educativa (LOMCE) se hace eco de estas recomendaciones, promoviendo la práctica diaria de deporte y ejercicio físico por parte de los alumnos durante la jornada escolar[12]. Sin embargo, en la mayoría de las concreciones curriculares a nivel autonómico y de centros, no se recogen estas recomendaciones e incluso se ha llegado a incrementar la carga lectiva de otras asignaturas como Matemáticas, Lengua Castellana y Literatura, Inglés o Ciencias de la Naturaleza, en detrimento de la Educación Física, en un esfuerzo por mejorar los resultados de las pruebas externas nacionales e internacionales. Algo que no parece muy razonable si tenemos en cuenta los últimos hallazgos en neurociencia en los que se pone de manifiesto la relación entre actividad física y mejor funcionamiento neurocognitivo[13].

Por otro lado, es un hecho constatado, que el sedentarismo junto con la **obesidad**[LXV], suponen un elevado coste económico y reduce la esperanza

---

[LXII] www.estudioavena.es
[LXIII] www.helenastudy.com
[LXIV] El **sedentarismo** es el estilo de vida que incluye poca actividad o ejercicio físico. Suele aumentar el riesgo de enfermedad y problemas de salud, especialmente la obesidad y enfermedades cardiovasculares
[LXV] La **obesidad** es una enfermedad crónica de origen multifactorial prevenible, la cual se caracteriza por la acumulación excesiva de grasa o tejido adiposo en el cuerpo. Cuando la reserva natural de energía (almacenada en forma de grasa corporal) se incrementa hasta un punto en que pone en riesgo la salud o la vida de la persona. La obesidad forma parte del síndrome metabólico y es un factor de riesgo conocido

de vida de las personas hasta 10 años. A nivel mundial, gracias a un estudio publicado en 2012 en la prestigiosa revista *Lancet*, se demostró como si la inactividad física disminuyera entre un 10% o 25%, más de 533.000 y entre 1 - 3 millones de muertes, respectivamente, se podrían evitar cada año[14]. Y desde una perspectiva económica ¿cuánto coste acarrea a la sanidad estas enfermedades? Otro grupo de investigadores se han hecho esta misma pregunta, publicando sus resultados en la misma prestigiosa revista. Desde una perspectiva conservadora la inactividad física le costó a los sistemas de salud 53,8 billones de dólares en todo el mundo en 2013[15], datos sorprendentes y alarmantes si tenemos en cuenta que este tipo de enfermedades serían paliadas con una práctica regular de actividad física. En Europa, los datos son igual de sorprendentes. Un estudio realizado por investigadores de la Universidad de Cambridge informa que el sedentarismo provoca el doble de muertes que la obesidad y que en Europa más de 300.000 muertes al año son atribuidas a ella. Por consiguiente, estaríamos hablando que más de medio millón de muertes al año se producen en Europa por inactividad física (sedentarismo)[16]. Según este mismo estudio, la actividad física podría reducir hasta un 30% las posibilidades de morir de forma prematura. En España se calcula que las enfermedades derivadas del sedentarismo representan el 7% del gasto sanitario total, según datos recogidos en la pasada década[17] y extraídos de investigaciones referidas a la Estrategia NAOS (Nutrición, Actividad Física y Prevención de la Obesidad)[LXVI].

Sabemos también gracias a las últimas investigaciones neurocientíficas, que la actividad física se relaciona con ciertas funciones cognitivas y a su vez con el volumen de ciertas estructuras cerebrales relacionadas con el aprendizaje y memoria como son los ganglios basales, la amígdala o el hipocampo[2,13]. Por lo que un bajo nivel de actividad física o sedentarismo se relaciona inversamente con el rendimiento cognitivo, por consiguiente, también con el académico.

El Doctor Bernard Gutin, profesor de Medicina de la Universidad de Nueva York y uno de los investigadores más prestigiosos a nivel internacional

---

para enfermedades cardiovasculares, diabetes mellitus tipo 2, apnea del sueño, ictus y osteoartritis, arteriosclerosis, algunos tipos de cáncer, padecimientos dermatológicos y gastrointestinales, entre otros. Es considerara en los países desarrollados, la pandemia del siglo XXI y cada vez está aconteciendo a edades más tempranas, por la inactividad de la sociedad actual orientada hacia el confort y ocio sedentario. El riesgo de presentar obesidad a los 35 años es superior al 80% en niños y niñas que en la infancia y adolescencia presentaron exceso de peso.

[LXVI] http://www.aecosan.msssi.gob.es/AECOSAN/web/nutricion/seccion/estrategia_naos.htm

sobre obesidad infantil, afirma que ésta se podría reducir con actividad física vigorosa en lugar de restricciones de la ingesta calórica en las dietas[18].

**Ejercicio físico, deporte y condición física**

Otro término relativo a la Educación Física es el de **ejercicio físico**, definido como un subconjunto de la actividad física pero que debe ser planificada, estructurada y sistemática, con un propósito e intencionalidad clara[9]. El **ejercicio invisible**, parte integrante del ejercicio físico, es un nuevo concepto que incluye todas las actividades de la vida diaria que se pueden realizar con las características propias del ejercicio pero sin que sean percibidas como tal por un observador externo. Por ejemplo, sistemáticamente usar las escaleras en lugar del ascensor o subir esas escaleras de dos en dos, utilizar la bicicleta u otra forma de desplazamiento activo para ir al trabajo, colegio o instituto, andar a marcha rápida, permanecer de pie en el metro o autobús urbano en lugar de ir sentado o bajarse varias paradas antes de llegar al lugar de destino. Esta actividad como forma de vida activa se suma a la actividad física de la vida diaria y a la actividad física de carácter laboral, académica o curricular (Educación Física).

El **deporte** es, por su parte, aquel ejercicio físico que se realiza de acuerdo a una normativa y reglamentación estipulada (fútbol, baloncesto, voleibol, tenis, etc.). En el ámbito escolar, se debe entender como situación motriz de competición (o no) reglada, adaptada a las necesidades educativas, psicosociales y fisiológicas del niño y/o adolescente, con un claro objetivo pedagógico. En Educación Física, el docente adapta el reglamento para atender a la diversidad de su alumnado, convirtiendo la enseñanza del deporte en juegos adaptados, predeportivos y alternativos, para que los estudiantes aprendan los fundamentos técnicos y tácticos, aspectos relacionados con el ataque y la defensa, toma de decisiones en situaciones de colaboración, oposición y colaboración-oposición, así como otros contenidos asociados a aprendizajes actitudinales como respeto, deportividad, cooperación o trabajo en equipo, entre otros. Estos contenidos son evaluables y muy tenidos en cuenta por el profesorado de Educación Física y no tanto por los entrenadores y monitores de los clubes y escuelas deportivas, donde suele ser prioritario el resultado, los aspectos técnicos y la competición.

Finalmente, la **condición física** es un conjunto de cualidades relacionadas con la capacidad de una persona para realizar actividad física y se determina por una combinación de actividad física regular y la habilidad heredada genéticamente[9]. Es uno de los contenidos que mayor presencia curricular tiene en Educación Física, junto con los Juegos y deportes. Su evaluación constituye una medida integrada de todas las funciones y estructuras que intervienen en la realización de actividad física o ejercicio. Estas funciones son la músculo-esquelética, cardio-respiratoria, hemato-circulatoria, endocrino-metabólica y **psico-neurológica**. Un alto nivel de condición física implica una buena respuesta fisiológica de todas ellas. Por el contrario, tener un bajo nivel de condición física de alguno de sus componentes, podría indicar un mal funcionamiento de una o varias de esas funciones. Esta es en esencia la explicación fisiológica que sostiene la fuerte y consistente asociación observada en adultos entre nivel de condición física, morbi-mortalidad[19-21] y envejecimiento cerebral[7].

La condición física relacionada con la salud, o *health-related physical fitness,* incluye la capacidad cardiorrespiratoria o aeróbica, la fuerza y la resistencia muscular, la flexibilidad y la composición corporal (especialmente la adiposidad), y en niños, también la velocidad y la agilidad, conocidas en la literatura científica como capacidades propias del subconjunto motor de la condición física (del inglés *motor fitness*). Revisiones sistemáticas recientes indican que existe relación evidente entre la salud cardiovascular en los adultos que cuando eran jóvenes poseían mejor capacidad aeróbica[22]. La velocidad y la agilidad también han sido asociadas a factores de riesgo cardiovascular, fundamentalmente como predictores de riesgo en la infancia y adolescencia. Concretamente, Twisk y colaboradores[23] encontraron una asociación entre presión arterial sistólica y un índice de capacidades físicas neuromotoras compuesto por fuerza muscular, flexibilidad, velocidad de movimiento y coordinación; y con la suma de cuatro pliegues subcutáneos. Datos procedentes de un estudio longitudinal realizado durante quince años mostró, además, cómo el nivel de las capacidades neuromotoras (*motor fitness skills*) en la adolescencia, se relacionaba positivamente con la densidad mineral ósea en la edad adulta[24]. Lo que sugiere que el bajo nivel de velocidad y agilidad en la adolescencia, además de estar relacionadas con ciertos factores de riesgo cardiovascular, también se asocian a problemas óseo-articulares en edad adulta, haciendo por tanto necesario la inclusión de estas capacidades en los programas destinados a la promoción de la salud.

La flexibilidad es la única capacidad que involuciona con el crecimiento de la persona y es evidente que es muy importante para el bienestar y calidad de vida en la edad adulta. No es una capacidad que se asocie directamente con marcadores de salud cardiovascular; sin embargo, existe evidencia científica que muestra relación entre la falta de flexibilidad en la infancia y la adolescencia con un mayor riesgo de sufrir dolor de espalda en la edad adulta[25], siendo una de las principales causas de baja laboral en adultos. Aragunde y Pazos informan que más del 70% de los niños con dieciséis años aseguran haber sufrido dolores de espalda y de estos, el 80% volverán a sufrirlos en edad adulta[26].

Estudios longitudinales han constatado que el nivel de condición física y la presencia de factores de riesgo cardiovascular en la edad adulta están directamente relacionados con el grado de condición física que se tuvo en la adolescencia. Aunque las manifestaciones clínicas de la enfermedad cardiovascular aparecen habitualmente durante la edad adulta, su origen patogénico hay que buscarlo en etapas como la adolescencia e incluso la infancia[27,28]. La existencia de una relación directa entre bajo nivel de forma física y diferentes factores de riesgo cardiovascular tales como obesidad, diabetes o síndrome metabólico tanto en edad adulta como en la infancia y adolescencia, hoy día es una evidencia científica[10,11,22,29]. El rol que adquiere una baja forma física como factor de riesgo cardiovascular, supera incluso al de otros factores bien establecidos tales como dislipidemia, hipertensión u obesidad[19]. Por tanto, los bajos o patológicos niveles de condición física en la infancia y adolescencia deben ser considerados un importante problema de salud pública.

En nuestro país, datos del estudio AVENA indican que uno de cada cinco adolescentes españoles tienen riesgo de sufrir una enfermedad cardiovascular por su bajo o patológico nivel de forma física, siendo este excesivamente bajo en comparación con adolescentes de otros países[10,11]. Si a estos datos añadimos los recientemente encontrados sobre la relación entre actividad física, condición física y rendimiento cognitivo en niños y adolescentes[13], parece que la Educación Física, como única experiencia relacionada con la actividad física de un alto porcentaje de la población española en edad escolar (concretamente el 80% según datos procedentes del informe Eurydice de 2013), empieza a adquirir dimensiones socioeconómicas y sanitarias muy importantes y preocupantes.

Todo ello nos deja claro que la condición física es un factor de riesgo tanto de enfermedades cardiovasculares como óseo-articulares, así como un factor beneficioso para el óptimo funcionamiento del cerebro, pero además, recientemente se ha constatado como también posee relación con enfermedades mentales como la depresión, el trastorno afectivo bipolar, las discapacidades intelectuales, etc., con enfermedades neurodegenerativas como el Parkinson, la enfermedad de Alzheimer o la enfermedad de Huntington, entre otras. Uno de los datos más impactantes encontrados en la última década, como consecuencia de un estudio longitudinal realizado con más de un millón de suecos (N = 1.136,527), es la asociación del bajo nivel de capacidad cardiorrespiratoria de estos sujetos a los 18 años de edad con un mayor riesgo de intento o muerte por suicidio en la edad adulta[30].

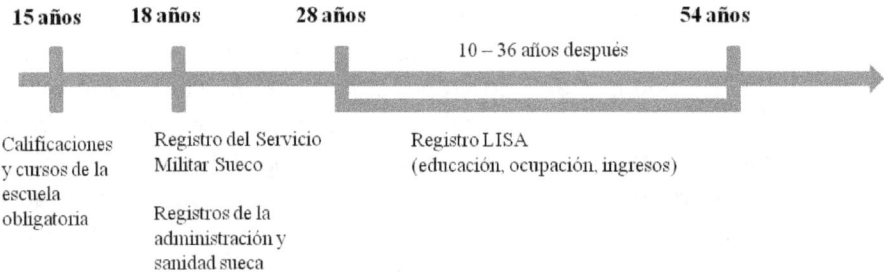

*Figura 2.* Diseño del estudio (adaptado y traducido de Åberg et al., 2014)[30].

Y es que sabemos que el suicidio es la primera causa de muerte en el mundo. La O.M.S. asegura que unas 3.000 personas se suicidan a diario en el mundo y 1,1 millones al año, lo que significa que cada tres segundos alguien se quita la vida. Pero estos datos podrían ser aún más escalofriantes ya que por cada persona que se quita la vida, 20 o más han intentado hacerlo. Según la O.M.S., el promedio de suicidios se ha incrementado en un 60% en los últimos 50 años, en particular en los países en desarrollo. Asimismo, la O.M.S. pone énfasis en que cada suicidio o tentativa provoca una devastación emocional entre familiares y amigos, un impacto que puede perdurar muchos años. La lectura científica de estos resultados no es que tener bajo nivel de condición física sea equivalente a un intento de suicidio (efecto-causa), sino que este puede estar asociado a ciertos problemas o trastornos futuros relacionados con la salud social, psicológica, mental o física, que pueden llevar a la persona a tomar esta desdichada solución.

Con esta misma muestra y diseño experimental (figura 2), en otro estudio se observó una relación positiva en los sujetos que a los 18 años tenían un mejor nivel de condición física con mejores logros académicos, situaciones socioeconómicas y ocupación laboral en edad adulta. Este estudio ha demostrado la incidencia directa de la condición física sobre lo que se ha llamado reserva cognitiva. Los datos obtenidos no solo sugieren que las mejoras físicas entre los 15 y los 18 años de edad predicen la capacidad intelectual años después (figura 3), sino también que el nivel de capacidad aeróbica o cardiorrespiratoria durante la adolescencia guarda una relación directa y positiva con el nivel socioeconómico y los logros académicos en la edad adulta (mejores empleos y mayor probabilidad de obtener títulos universitarios). Independientemente de que siguieran realizando ejercicio o no, aquellos que en su juventud tenían un buen nivel de condición física, mostraron años después mejores capacidades cognitivas[31].

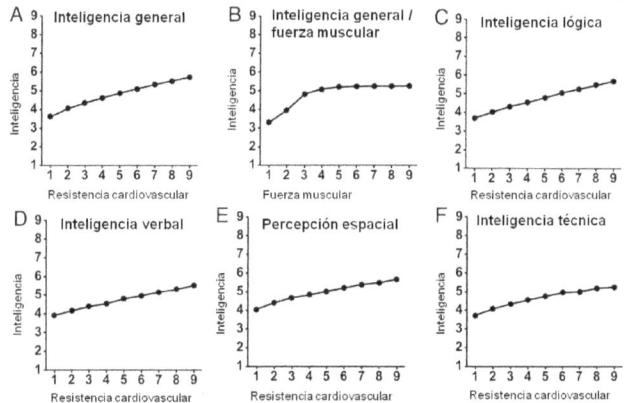

*Figura 3.* Correlación entre la capacidad cardiorrespiratoria (resistencia cardiovascular), fuerza muscular y capacidad intelectual (adaptada y traducida de Åberg et al., 2009)[31].

## 2. EDUCACIÓN FÍSICA Y RENDIMIENTO ACADÉMICO

La actividad física regular en niños y adolescentes además de tener un considerable impacto en la salud pública, también lo tiene a nivel académico. Resultados de recientes revisiones y meta-análisis indican una asociación positiva entre la actividad física, condición física y rendimiento cognitivo y académico en niños y adolescentes[13,32-39]. La actividad física diaria a través de la Educación Física podría ser una buena y sencilla solución para incrementar los niveles de forma física de nuestros escolares, mejorando así su rendimiento cognitivo y pudiendo influir positivamente en su rendimiento académico.

**Estudios de intervención**

Estudios de intervención en la escuela (en inglés *"school-based intervention"*) han llevado a cabo programas de promoción de la actividad física en contextos escolares para reducir el factor de riesgo cardiovascular e intentar mejorar el rendimiento cognitivo y académico de los estudiantes. Varias revisiones, resumen muchos de estos estudios[6,36,40-42]. Todos los programas fueron de carácter multidisciplinar, centrados principalmente en la actividad física extraescolar y en la Educación Física. Entre ellos destacan por su tamaño muestral y calidad científica los siguientes (tabla 1).

Tabla 1. *Estudios de intervención realizados en ámbito escolar orientados hacia la mejora del rendimiento cognitivo y/o académico con programas donde se incrementó la actividad física en horario escolar o extraescolar*[LXVII].

| Nombre del estudio | Referencias |
|---|---|
| CATCH study *(Child and Adolescent Trial for Cardiovascular Health)*[LXVIII] | - McKenzie, T.L. et al., 2001. Effects of the CATCH physical education intervention: teacher type and lesson location. Am. J. Prev. Med. 21, 101-109. |
| CHIC study *(Cardiovascular Health in Children)* | - Harrell, J.S. et al., 1996. Effects of a school-based intervention to reduce cardiovascular disease risk factors in elementary-school children: the Cardiovascular Health in Children (CHIC) study. J. Pediatr. 128, 797-805. |
| Go for Health | - Simons-Morton, B.G. et al., 1994. Observed levels of elementary and middle school children's physical activity during physical education classes. Prev. Med. 23, 437-441. |
| LEAP study *(Lifestyle Education for Activity Program)* | - Pate, R.R. et al., 2005. Promotion of physical activity among high-school girls: a randomized controlled trial. Am. J. Public Health. 95, 1582-1587. |

---

[LXVII] Tabla extraída y modificada de la Tesis Doctoral de Ardoy, D.N. (2012). Universidad de Granada. https://hera.ugr.es/tesisugr/20757748.pdf.
[LXVIII] www.catchtrial.org.uk

| | |
|---|---|
| M-SPAN study *(Middle School Physical Activity and Nutrition)* | - McKenzie, T.L. et al., 2004. Evaluation of a two-year middle-school physical education intervention: M-SPAN. Med. Sci. Sports Exerc. 36, 1382-1388. |
| *Pathways study* | - Davis, S.M. et al., 2003. Pathways curriculum and family interventions to promote healthful eating and physical activity in American Indian schoolchildren. Prev. Med. 37, S24-34. |
| SPARK study *(Sports, Play, and Active Recreation for Kids)*[LXIX] | - Sallis, J.F. et al., 1999. Effects of health-related physical education on academic achievement: project SPARK. Res. Q. Exerc. Sport. 70, 127-134. |
| TAAG study *(Trial of Activity for Adolescent Girls)* | - Stevens, J. et al., 2005. Design of the Trial of Activity in Adolescent Girls (TAAG). Contemp Clin Trials. 26, 223-233. |
| *FitKid Project*[LXX] | - Yin, Z. et al., 2005. The Medical College of Georgia Fitkid project: the relations between program attendance and changes in outcomes in year 1. Int. J. Obes. (Lond). 29 Suppl 2, S40-45. |
| ABC study *(Activity Bursts in the Classroom)* | - Katz, D.L. et al., 2010. Putting physical activity where it fits in the school day: preliminary results of the ABC (Activity Bursts in the Classroom) for fitness program. Prev Chronic Dis. 7, A82. |
| KISS study *(Kinder-Sportstudie)* | - Kriemler, S. et al., 2010. Effect of school based physical activity programme (KISS) on fitness and adiposity in primary schoolchildren: cluster randomised controlled trial. BMJ. 340, c785. |
| *Healthy study*[LXXI] | - Foster, G.D. et al., 2010. A school-based intervention for diabetes risk reduction. N. Engl. J. Med. 363, 443-453. |

En la siguiente tabla (tabla 2) se presentan los principales estudios de intervención centrados en la mejora del rendimiento cognitivo y/o logros académicos al incrementar el tiempo de Educación Física. El diseño de todos ellos fue RCT (*randomized controlled trial*) o estudios de intervención controlados en contexto escolar, donde se comparaban grupos control y experimental, tras un periodo de intervención.

---

[LXIX] www.sparkpe.org
[LXX] www.fitkids.org
[LXXI] http://www.healthystudy.org/

Tabla 2. *Estudios de intervención realizados en ámbito escolar orientados hacia la mejora del rendimiento cognitivo y/o académico con programas específicos de incremento de Educación Física, publicados en revistas científicas de alto impacto y por consiguiente, alto rigor científico.*

| Nombre del estudio y autor | Muestra | Intervención | Variables de estudio |
|---|---|---|---|
| Daily physical activity on the health. (Dwyer et al. 1983) | 500 escolares (10 años) | 75 min/día de un programa de entrenamiento de la resistencia, durante 14 semanas. | Condición física, %grasa y rendimiento académico (notas) en Lengua y Matemáticas. |
| AS! BC Action School! BC. (Ahamed et al. 2007) | 287 escolares (10.2±0,6 años) | 47 min/semana más de lo habitual de actividades variadas durante 16 meses | Rendimiento académico en el test estandarizado *Canadian Achievement Test* (CAT-3). |
| PE and Activity levels on Academic Achievement. (Coe et al. 2006) | 214 escolares (11.5±0,4 años) | 55 min/día de EF durante 6 meses (en el currículo ordinario en este estado es de 19 min/día) | Evaluaciones en el aula y las pruebas de rendimiento estandarizadas a nivel nacional. |
| MUGI, habilidades motoras como base para el aprendizaje. (Ericsson, 2008)[LXXII] | 251 escolares (7 años) | Cinco sesiones de EF y AF/semana, y una sesión adicional/semana de 45 minutos de entrenamiento motor con el modelo MUGI de Ericsson (1985) durante 3 años. | Pruebas de desarrollo de lectura, pruebas externas nacionales del Lenguaje (el sueco) y Matemáticas. Atención y habilidades motoras. |
| Linwood Project. (Pollatschek and O'Hagan, 1989) | 222 escolares (10 años) | EF diaria (45-60 minutos por sesión, de lunes a viernes). | Rendimiento académico medido con GAPADOL test (*McLeod and Anderson, 1973*), un test de comprensión lectora y matemática y habilidades afectivas (actitudes en la escuela). |

---

[LXXII] www.mugi.se

| | | | |
|---|---|---|---|
| SPARK, Sports-Play-and-Active-Recreation-for-Kids. (Sallis et al. 1999)[LXXIII] | 754 escolares (9.5±0,43 años) | Programa diseñado para promover la AF dentro y fuera de la escuela con varios componentes: EF para promover altos niveles de AF para mejorar la condición física (3 días/semana), conceptos y habilidades para el cuidado de la salud (30 min/semana). | Pruebas en Lenguaje, Lectura, Matemáticas y cuestionario estandarizado sobre conocimientos curriculares (Test de rendimiento o logro "*Metropolitan achievement tests*" MAT6 y MAT7, *Psychological Testing Corporation*, 1990). |
| Estudio EDUFIT, EDUcation for FITness. (Ardoy et al. 2014)[LXXIV] | 67 escolares (13±1 años) | Programa que consistió por un lado en duplicar la carga lectiva de EF por semana (4 sesiones en lugar de 2) y por otro, además la intensidad (4 sesiones de EF/semana más intensidad), durante 16 semanas. | Condición física, perfil lipídico-metabólico, rendimiento cognitivo (IGF Test) y académico (calificaciones de todas las materias curriculares por separado y promedio de las mismas, excluyendo la EF). |

AF: actividad física; EF: Educación Física.

Actualmente, la Universidad de Granada está desarrollando un proyecto I+D+i que lleva por nombre ActiveBrains[LXXV]. Un proyecto coordinado por el Doctor Francisco B. Ortega en el que se pretende analizar el efecto de la actividad física sobre el cerebro en una muestra de un centenar de niños con sobrepeso entre 8 y 11 años, mediante pruebas objetivas como resonancia magnética o electroencefalografía (EEG), que mide la actividad de diferentes regiones del cerebro. Todo ello junto a los métodos más avanzados de medición de la actividad física y condición física. En resultados preliminares se ha observado que los niños con mejor condición física, especialmente con mejor capacidad aeróbica, tienen más desarrolladas regiones del cerebro relacionadas con el aprendizaje, además de un mejor rendimiento cognitivo y académico[43]. Los primeros resultados de este estudio están ahora viendo la luz y servirán, entre otros, para demostrar de

---

[LXXIII] www.sparkpe.org
[LXXIV] https://sites.google.com/site/efedufit/
[LXXV] http://profith.ugr.es/activebrains

forma concluyente, la asociación positiva entre actividad física y desarrollo cerebral.

En el primer estudio que se muestra en la tabla 2, llevado a cabo por Dwyer y colaboradores[44], las ganancias en rendimiento tanto en Inglés (lengua nativa) como en Matemáticas no fueron significativas. Sin embargo, tras dos años de intervención no hubo evidencia de ninguna pérdida de rendimiento académico según las pruebas estandarizadas externas, a pesar de haber tenido de 45 a 60 minutos menos de tiempo de enseñanza formal cada día. Por su parte, en el estudio AS! BC (Action School! BC)[45] los estudiantes que recibieron el programa tuvieron una ligera tendencia hacia la mejor puntuación, sin ser esta diferencia significativa. En el estudio realizado por Coe y colaboradores[46], se incrementó el tiempo de Educación Física de 19 a 55 minutos al día durante seis meses. No hubo cambios significativos, tampoco los hubo negativos. Lo que sí quedó demostrado en los anteriores estudios es que los niveles de actividad física se incrementaron notablemente, acercándose a los niveles recomendados para adolescentes por las instituciones gubernamentales médicas para prevenir enfermedades cardiovasculares, de sesenta a noventa minutos de actividad física diaria con ejercicios de intensidad moderada y vigorosa[3].

El progreso y logros académicos de los estudiantes que participaron en el programa de Educación Física diaria del *"Linwood Project"*[47] fueron superiores que los escolares que recibieron el tiempo curricular de Educación Física (grupo control). Resultados similares se hallaron en otro estudio realizado en Suecia[48], encontrando un efecto positivo sobre las habilidades motoras, la atención y los logros académicos en Lengua nativa (Sueco) y Matemáticas.

Sallis y colaboradores[49] estudiaron los efectos de un programa de Educación Física de dos años de duración orientado a la mejora de la salud sobre el rendimiento académico en pruebas estandarizadas. El grupo experimental de alumnos recibió casi 45 minutos de Educación Física adicional por semana en detrimento de otras materias. El hallazgo principal es que a pesar de disminuir el tiempo lectivo en otras materias, no hubo ningún efecto negativo sobre los resultados académicos en general en las pruebas estandarizadas a nivel estatal. Además, en algunas pruebas incluso se encontraron efectos significativos en los resultados académicos favorables al grupo experimental.

Resultados sorprendentes se obtuvieron en otro estudio realizado en nuestro país, en el que se analizó el efecto de un programa de Educación Física sobre el rendimiento cognitivo y académico en escolares matriculados en primer curso de la E.S.O. en un centro educativo público de Murcia. El programa consistió en duplicar la carga lectiva de esta materia, por un lado, y duplicar la carga e intensidad de las sesiones, por otro (figura 4).

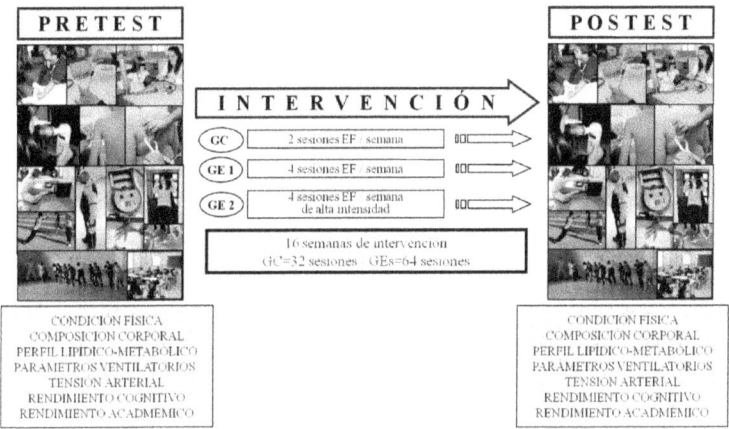

*Figura 4.* Diseño del estudio EDUFIT (Educación para el Fitness)[50].

Todas las variables relacionadas con el rendimiento cognitivo (razonamiento verbal, razonamiento abstracto, capacidad espacial y capacidad numérica), excepto el razonamiento verbal, aumentaron significativamente en el grupo que incrementó la carga lectiva e intensidad de las sesiones de Educación Física. El rendimiento académico calculado mediante el promedio de las notas en las asignaturas cursadas, exceptuando la materia de Educación Física para no sesgar los resultados, también mejoró notablemente[50]. Las mejoras en las calificaciones fueron más importantes en asignaturas como Matemáticas, Educación Plástica o Ciencias Naturales, pero no en Lengua, lo que podría explicar la probable asociación de la materia de Educación Física con el mayor desarrollo cerebral de las zonas destinadas al razonamiento matemático, resolución de problemas y percepción espacial, entre otras. Estos resultados apoyan la importancia de aumentar la *"dosis"* de Educación Física en términos de volumen e intensidad.

La mayoría de las investigaciones mostradas en la tabla 2 estaban sujetas a programas de intervención puntuales, de varios meses o años, dadas las limitaciones y dificultades presupuestarias y organizativas a nivel de centro.

La pregunta que habría que hacerse es ¿qué pasaría si estos programas se aplicaran durante toda la etapa de escolarización obligatoria (de 6 a 16 años)? Hallazgos de este tipo, sugieren los efectos beneficiosos de la Educación Física sobre la salud y rendimiento académico dentro de los planes de estudio de las escuelas. Los centros educativos proporcionan una oportunidad única para influir en la salud física y mental de nuestros jóvenes, puesto que toda la población infantil y adolescente tiene que asistir por ley a la escuela de forma obligatoria y gratuita hasta los 16 años. Sin embargo, los centros educativos se enfrentan a crecientes desafíos en la asignación del tiempo dedicado a la Educación Física y por tanto a la actividad física durante la jornada escolar.

Entre todos los estudios analizados centrados en incrementar el tiempo de actividad física curricular o Educación Física sobre el rendimiento cognitivo y académico (tablas 1 y 2), en la mayoría se encontraron resultados a favor de los grupos que realizaban más tiempo de esta asignatura. En otros, no se encontraron diferencias en rendimiento académico, pero sí a nivel fisiológico en ciertos indicadores de salud como condición física, composición corporal o perfil lipídico-metabólico, lo que sugiere que a pesar de no incrementar el rendimiento académico, los grupos de estudiantes con mayor carga lectiva en Educación Física, incrementaron su nivel de forma física y por consiguiente, todas las funciones y estructuras del organismo, incluida la **neuropsicológica.** No obstante, en una reciente revisión sistemática se ha puesto de manifiesto la fuerte y consistente asociación entre actividad física, condición física y rendimiento cognitivo y académico en niños[13].

Ciertas políticas educativas están tratando de aumentar el tiempo lectivo en otras materias consideradas como *"más importantes"*, troncales o instrumentales (Matemáticas, Lengua, Inglés o Ciencias de la Naturaleza), en un esfuerzo por conseguir mejores resultados en pruebas estandarizadas, creyendo que así se podrían incrementar los niveles de éxito escolar. Como resultado de ello, la carga lectiva de asignaturas como Educación Física y otras que desarrollan la creatividad (Música o Educación Plástica y Visual), suele verse disminuida durante la jornada escolar. El hecho de recibir más horas de una asignatura no quiere decir que el resultado académico final sea mejor. Parece que la calidad de esas horas y la predisposición del estudiante (motivación, niveles de atención, relajación, etc.) pueden llegar a tener mayor influencia para reducir los índices de fracaso escolar y conseguir la excelencia académica.

La neurociencia ha demostrado, que la actividad física favorece la actividad cerebral en aquellas zonas del cerebro donde mayor relación hay con las funciones ejecutivas o aquellas consideradas como las más complejas de todas las funciones cognitivas del ser humano (figura 5).

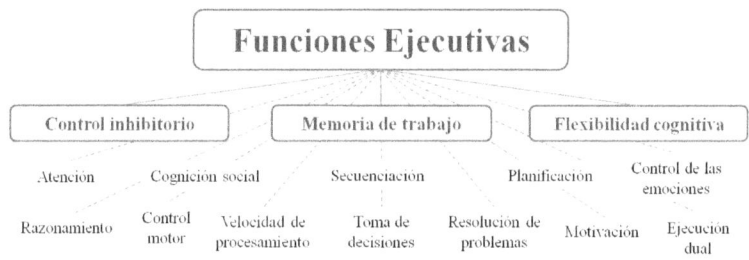

*Figura 5.* Funciones ejecutivas.

En esta línea, la Doctora Adele Diamond (una de las pioneras en el campo de la neurociencia cognitiva del desarrollo), sugiere que las tareas que provocan la mayor mejora de las funciones ejecutivas (funciones fundamentales en los procesos de aprendizaje para conseguir exitosos resultados académicos) son aquellas que las trabajan de forma indirecta, incidiendo en aquello que las perjudica como el estrés, la tristeza, la soledad o una mala salud, provocando mayor felicidad, mejor condición física y un sentido de pertenencia al grupo o lo que es lo mismo, fomentar el bienestar emocional, social y físico[51]. ¿Y cuáles son estas estrategias? Jesús Guillén, en su libro "*Neuroeducación en el aula. De la teoría a la práctica*"[52] lo deja claro. Estas estrategias serían introducir el juego dentro del aula como herramienta de aprendizaje, por ejemplo con la gamificación. También podríamos hablar del aprendizaje basado en el juego, el aprendizaje por retos o por proyectos. Cualquier tipo de metodología activa es favorecedora del mejor desarrollo de estas funciones cognitivas. El movimiento, también sería vital, cuanto más tiempo de Educación Física mejor para el cerebro. En caso de no poder ampliar el tiempo de esta materia, se podría introducir el movimiento en otras asignaturas o en incluso en los recreos, fomentando proyectos interdisciplinares prácticos como *clinics* o talleres físico-deportivos, semanas de promoción deportiva, batukadas, just dance, *Master Class* de baile u otras actividades donde no haya límite de participación y puedan ser controladas por el o los especialistas del centro educativo (los especialistas puede ser los propios alumnos del centro).

Aquellas asignaturas relacionadas con las artes, también deberían potenciarse, con ellas, trabajamos la creatividad de forma específica. Y por último, la cooperación; todo lo referido al aprendizaje cooperativo o metodologías que favorezcan la pertenencia a un grupo para conseguir un reto común o resolver un problema, estimulan las funciones ejecutivas del cerebro. De forma más clara y concisa, nada mejor para facilitar un aprendizaje eficiente y real que promover la educación física, el juego, la educación artística y la educación socioemocional[52]. Nada mejor para el cerebro de un niño y adolescente que una Educación Física de calidad y de lunes a viernes.

## 3. ¿POR QUÉ LA EDUCACIÓN FÍSICA PUEDE MEJORAR EL RENDIMIENTO ESCOLAR?

La posible explicación científica de obtener mejores resultados académicos al incrementar el tiempo de Educación Física puede encontrarse en los resultados de recientes investigaciones en neurociencia, en las que se ha demostrado que la actividad física mejora el funcionamiento cognitivo[13,34,53], gracias entre otros, al incremento de la producción de BDNF (*Brain Derived Neurotrophic Factor)*, molécula que favorece la creación de nuevas conexiones neuronales (sinaptogénesis) y nuevas neuronas (neurogénesis)[13,54,55]. Estudios previos realizados con animales en condiciones de laboratorio, en concreto con ratones, han demostrado múltiples efectos beneficiosos de la actividad física sobre ciertas estructuras cerebrales que sabemos que tienen relación con el aprendizaje, la memoria y la resolución de problemas. Se ha demostrado como el volumen del hipocampo, considerada la región del cerebro encargada del aprendizaje y la memoria, es mayor en aquellos ratones que practicaban ejercicio físico regular, frente a los que llevan un estilo de vida más sedentario. Otros experimentos consistían en comparar el comportamiento de estos roedores ante diferentes situaciones, observando como los ratones que practicaban actividad física eran más resolutivos que los sedentarios. Se pudo observar, por ejemplo, como los ratones entrenados encontraban la salida de un laberinto mucho antes que los no entrenados o como los primeros salían de su madriguera para conseguir alimento, a pesar del pelo de gato que se ponía junto al mismo, mientras que los no entrenados no eran capaces de salir de su madriguera por miedo, ante el olor a gato, llegando incluso a morir de hambre.

Trabajos similares se han realizado en cadáveres, diseccionando el cerebro y estudiando el volumen y forma de diferentes regiones, comparando los cerebros de los cadáveres que en vida practicaban actividad física de forma regular, frente a los que eran sedentarios. Los resultados han sido concluyentes, observando como aquellos pertenecientes a personas que en vida tenían mejor nivel de condición física, el volumen de ciertas regiones asociadas a procesos cognitivos, como el hipocampo (memoria) eran mayores que en los cadáveres de sujetos que eran sedentarios.

Recientemente, gracias a la neuroimagen, se están realizando también estudios en personas adultas y niños para analizar y estudiar el cerebro, mediante resonancia magnética y electroencefalografía (EEG). En la actualidad, los dos proyectos mundiales con mayor impacto son el *Human Brain Project* a nivel europeo y *"The Brain Initiative"* de los Estados Unidos, ambos para entender mejor el funcionamiento del cerebro. Gracias a la neuroimagen se ha demostrado de forma contundente como las personas con mejor condición física tienen un mayor volumen del hipocampo, además de otras estructuras cerebrales también relacionadas con el aprendizaje. Posiblemente esto podría explicar el efecto positivo del ejercicio físico sobre el factor neurotrófico derivado del cerebro (BDNF), incrementando las conexiones neuronales o sinapsis y posibilitando la creación de nuevas neuronas, haciendo con ello que aumente la plasticidad cerebral, influenciando positivamente en el aprendizaje, en las funciones ejecutivas, en la toma de decisiones, en el pensamiento y en la memoria.

La neuroimagen también ha demostrado como la plasticidad cerebral se ve reducida, en cierta medida, con la edad. Sin embargo, también sabemos que el ejercicio físico puede generar de nuevo esa capacidad plástica en el cerebro y en definitiva, capacidad de adaptarse a las nuevas situaciones (lo que algunos teóricos denominan inteligencia). Por lo tanto, con la actividad física el cerebro gana forma y aumenta su capacidad de aprendizaje a nivel estructural y funcional[34,35,56-60].

Por el contrario, cuando dejamos de hacer ejercicio, al igual que ocurre con la musculatura esquelética de nuestro cuerpo, la producción de BDNF y por tanto la plasticidad cerebral, decaen. Así, la práctica regular de actividad física deja huella en el cerebro, de manera que si abandonamos el ejercicio físico durante un tiempo y luego lo retomamos, nuestras neuronas recuperan rápidamente los niveles de BDNF. Es como si el cerebro guardara un recuerdo de nuestro nivel de forma física, lo que los expertos llaman *"reserva cognitiva"*. Por ello, cuando sufrimos algún tipo de enfermedad cerebral, si tenemos llena nuestra *"reserva de plasticidad cerebral"*, será más fácil y rápida la recuperación. Estos beneficios solo se producen si la actividad física es regular y continua.

Como en cualquier otra parte del cuerpo, mientras realizamos actividad física aumenta la capilarización y el flujo sanguíneo a nivel cerebral, aportando oxígeno y glucosa adicional al cerebro, facilitando así su óptimo funcionamiento. También sabemos que la actividad física favorece la liberación de endorfinas, hormonas que producen sensación de felicidad y euforia. Bisquerra[61] las llama *"analgésicos naturales"*, y es que pueden llegar a ser hasta veinte veces más efectivos que los medicamentos contra el dolor. Además de ser inhibidores del dolor, las endorfinas actúan en el cerebro produciendo experiencias subjetivas como sensación de bienestar, disminución de la ansiedad, mejora de la autoestima y estado de ánimo, provocando un efecto de placer y relajación. Los estudios han demostrado que incluso pueden aliviar los síntomas de una depresión.

No solo se sabe que mientras realizamos actividad física aumenta la oxigenación cerebral y liberación de endorfinas, sino que se genera una respuesta hormonal y de determinados neurotransmisores como la noradrenalina, serotonina, oxitocina y dopamina. Compuestos químicos que desarrollan un papel muy importante en los procesos cognitivos, en especial en la atención. En concreto, cuando estamos distraídos los niveles de noradrenalina suelen ser bajos. Esta hormona puede moderar la respuesta del cerebro al estrés, por tanto, también contribuirá a la mejora de las funciones ejecutivas del cerebro.

Según el análisis realizado por la profesora Irene Pellicer sobre salud emocional, la serotonina, es otro neurotransmisor liberado con la actividad física que produce calma, control de uno mismo, adaptabilidad y humor estable[2]. Se sabe que cuando nuestros músculos trabajan, liberan ácidos grasos a la sangre, que en acción conjunta con el triptófano (aminoácido esencial) incitan la producción de serotonina, la cual, es estimulada por el incremento de BDNF, secretado al movernos[62].

La oxitocina es una hormona y neuropéptido involucrado en la formación de relaciones de confianza y generosidad, al que también se es muy sensible en la adolescencia, lo que hace tan gratificante las relaciones sociales en esta edad[2]. Una forma sencilla de generar oxitocina en nuestros alumnos es recibiéndoles en la puerta de nuestra aula o antes de entrar a la pista polideportiva, dándoles la mano a todos y preguntándoles por su estado de ánimo. Una simple palmada en la espalda con la pregunta ¿cómo te sientes? puede hacer que los alumnos comiencen a *"emocionarse"* con nuestros contenidos: adhesión a la actividad física y cuidado de su salud.

Otro neurotransmisor producido por la actividad física es la norepinefrina, estudiada para entender el humor, y que tiene un efecto potenciador de la atención, la percepción, la motivación y la excitación[62]. La actividad física regular mejora la imagen de uno mismo, por consiguiente la autoestima y con ella, las relaciones sociales. Independientemente de la edad, el sexo o características antropométricas, el ejercicio físico puede elevar la percepción positiva del atractivo de uno mismo, y en consecuencia, hacer que te valores más. A medida que la percepción de uno mismo mejora (salud psicológica), la salud emocional también lo hace, así como las relaciones sociales y por tanto la salud social. Con la práctica de actividad física favorecemos nuestra salud desde todas sus dimensiones, máxime cuando la realizamos en grupo y dirigida por especialistas que controlan todas las contingencias pedagógicas que pueden acontecerse durante la práctica. Muy importante para el aprendizaje, casi imprescindible, es la salud emocional. El docente de Educación Física no solo es conocedor de los métodos y medios de desarrollo motor, juegos y actividades físico-deportivas saludables para mejorar la forma física, sino que también es pedagogo y conocedor del amplio espectro de estilos de enseñanza y estrategias metodológicas para trabajar la salud emocional en sus alumnos, muchas veces mermada por la falta de cariño o atención, y en otras ocasiones por sobreprotección. Durante las clases de Educación Física, los estudiantes deben moverse en un espacio amplio, individual, en grupos y en parejas, tomar decisiones, comunicarse y resolver problemas; situaciones idóneas para trabajar la educación emocional, esencial para el aprendizaje. En palabras de Francisco Mora[63]: *"Si no hay emociones no hay aprendizaje", "Solo se puede aprender aquello que se ama", "La curiosidad, lo que es diferente y sobresale en el entorno, enciende la emoción. Y con ella, con la emoción, se abren las ventanas de la atención, foco necesario para la creación de conocimiento"*.

La dopamina es otro beneficioso neurotransmisor que se produce con la actividad física. Se relaciona con el buen humor y regula la motivación, provocando una mayor perseverancia para conseguir un reto, un objetivo o una meta. Es la hormona de la recompensa, lo que nos hace volver a repetir un comportamiento. Por ejemplo cuando comemos al tener la sensación de hambre o cuando logramos un objetivo tras correr un riesgo. Si el objetivo es educativo y conseguimos generar más dopamina en nuestros discentes a través de la actividad físico-deportiva o el juego, podríamos conseguir que aumentara la motivación del alumnado y por tanto la atención en el aula; en definitiva su rendimiento académico. Sabemos también que mientras se juega, al igual que sucede cuando se realiza ejercicio físico, también se libera dopamina debido a la incertidumbre y posterior recompensa cerebral, favoreciendo con ello la transmisión de información entre el hipocampo y la corteza prefrontal, promoviendo así la memoria. Por tanto, si unimos actividad física y juego, es decir Educación Física, estos efectos se ven favorecidos.

## 4. ¿DÓNDE UBICAR LAS SESIONES DE EDUCACIÓN FÍSICA EN LOS HORARIOS DE LOS ESCOLARES?

Sabemos por la literatura científica, que la capacidad de los escolares para estar atentos se incrementa después de una sesión de actividad físico-deportiva. Por ello, parece que una buena estrategia educativa podría ser ubicar las sesiones de Educación Física al inicio de la jornada escolar o tras el recreo. Por contra, no parece acertado ubicar las sesiones de Educación Física al final de la jornada escolar, creyendo que si se ubican otras materias más memorísticas como Ciencias Naturales, Lengua o Matemáticas antes que la Educación Física, los alumnos estarían más atentos y obtendrían mejores resultados. Sin duda, este último sería un planteamiento en contra de la neurociencia, con él estaríamos perdiendo la potencialidad del cerebro tras una práctica físico-deportiva para resolver problemas, estar más atentos y memorizar más conceptos. Relacionado con esto, en un estudio en el que participaron adolescentes de entre 13 y 15 años, se observó como aquellos que tenían las clases de Educación Física a primera hora obtenían mejores resultados en una prueba matemática, mientras que los que la tenían a última hora obtenían los peores[64]. En otro estudio realizado con universitarios deportistas, se comprobó que tras tres minutos de *sprints*, aprendían palabras un 20% más rápido que aquellos que no realizaban nada y sus niveles de BDNF también eran mayores[65].

Algunos estudios realizados dentro del marco escolar sugieren como la realización de una serie de ejercicios antes de empezar la clase, algo parecido al calentamiento previo a una práctica deportiva, no solo prepara física y psicológicamente a los estudiantes para la actividad académica posterior, fomentando una mayor motivación y atención hacia la misma, sino que además podría ocasionar mejores resultados académicos, mejorar su comportamiento, su concentración durante las tareas y su disposición para el aprendizaje en el inicio de la jornada escolar[66]. En esta línea, el desplazamiento activo al colegio, conocido como el uso de medios activos tales como andar o ir en bicicleta principalmente, hacia y/o desde el colegio, proporciona una oportunidad para incrementar los niveles de actividad física diaria en los jóvenes, mejorar su salud cardiovascular y el rendimiento cognitivo[67]. También se sabe, gracias a un estudio realizado en la Universidad de Granada, que los niños que van andando al colegio llegan menos estresados al aula, por tanto, son menos reticentes a recibir al profesor, además, obtienen mejores resultados académicos[68] y mejoran su salud mental, concretamente su autonomía y autoconfianza[69].

Otra solución educativa podría ser diseñar y poner en práctica talleres y juegos de actividad físico-deportiva durante los periodos de recreo, para *"masajear"* el cerebro de nuestros escolares y prepararles para otras actividades académicas posteriores que requieran mayor atención, concentración y asimilación de nuevos conceptos. Para que estas actividades tengan éxito deben ser organizadas, de lo contrario podrían no tener buena acogida entre el alumnado que motrizmente no destaca y entre el profesorado, puesto que podrían no ser educativas y no favorecer la convivencia del centro. De no ser actividades supervisadas por un experto (profesor de Educación Física), podrían producirse altercados durante el juego, conflictos entre jugadores-alumnos-espectadores; al no haber control del tiempo, seguramente se producirían pérdidas de tiempo indeseadas al regresar al aula. El riesgo de accidentes deportivos y lesiones se incrementaría, los cuales podrían evitarse con calentamientos previos, indumentaria adecuada y vueltas a la calma; sin contar con las múltiples situaciones de riesgo que podrían producirse sin esta organización.

En algunos centros educativos se suelen organizar torneos deportivos que en lugar de favorecer la integración y la práctica físico-deportiva del alumnado que más lo necesita, hacen partícipes solo a los alumnos mejor dotados motrizmente y más integrados, con lo que este tipo de programas no son los deseados desde un punto de vista neuroeducativo. Experiencias educativas previas han demostrado que cuando estas actividades son dirigidas, organizadas y la oferta es variada, la participación es mayor y mejora la convivencia del centro[70]. Sin embargo, esta propuesta en ningún caso abarcaría a la totalidad del alumnado del centro, como así sería si el incremento de actividad física escolar proviniera del aumento del tiempo de Educación Física.

## 5. RECOMENDACIONES DE ACTIVIDAD FÍSICA ESCOLAR

Los estudios y las investigaciones actuales en neurociencia recomiendan realizar entre sesenta y noventa minutos de actividad física al día para un mejor funcionamiento del cerebro y rendimiento cognitivo en las personas de cualquier edad, especialmente en la infancia y adolescencia. Si esta actividad es mediante juegos y deportes en los que hay que resolver problemas y tomar decisiones (ocupación de espacios, conseguir un reto común o meta, pasar a un compañero mejor situado, etc.), dirigida por especialistas en pedagogía con conocimientos para controlar contingencias de carácter social y emocional, atendiendo a la diversidad del grupo y otros elementos de carácter trasversal como la igualdad de género, el respeto, la deportividad o el compañerismo, sin excluir por sexo o nivel de condición física, es decir, la Educación Física, sin duda, este tiempo de movimiento o compromiso motor es de mayor calidad desde una perspectiva neuroeducativa, que si la actividad se realiza fuera del contexto escolar.

Estos niveles de actividad física ya han sido recomendados gracias a estudios epidemiológicos previos para combatir el sobrepeso, la obesidad y otras enfermedades cardiovasculares como la hipertensión, hiperlipidemia (hipercolesterolemia), arteriosclerosis y diabetes tipo II, entre otras. Enfermedades que cada vez están apareciendo a edades más tempranas por la inactividad física y mala alimentación de nuestros jóvenes. Este tipo de investigaciones, que hasta hace unos años solo se desarrollaban desde la biomedicina, hoy en día son más comunes y multidisciplinares, interviniendo profesionales de la actividad física, psicólogos, educadores y neurólogos. Con esto, se ha visto que la práctica puntual y moderada de actividad física no es suficiente para provocar mejorías a nivel físico y mental. Esta debe ser regular y realizada a intensidad, volumen, frecuencia y calidad adecuada. Para crear adhesión a la actividad física, además sabemos que debe realizarse en contextos agradables para crear recuerdos también agradables. De lo contrario, es probable que el abandono de la actividad física se produzca pronto, incluso antes del final de la escolarización obligatoria (16 años). La carencia de diversión en las clases de Educación Física duplica la probabilidad de abandono de la actividad física tanto dentro como fuera de las aulas[71].

Desde una perspectiva neurocientífica, no basta con prescribir ejercicio físico a nuestro organismo y cerebro; habría que indicarle cuánto, cómo, dónde y con qué material, procurar que este sea agradable, en contextos divertidos y durante la práctica, que el sujeto (niño, adolescente o adulto) tenga que resolver problemas, tomar decisiones y conseguir retos en grupo. A la hora de planificar un programa adecuado de neuroeducación física, debemos considerar estas premisas.

Pongamos por caso que a un niño con sobrepeso el médico le prescribe andar todos los días una hora. Esta actividad siempre será de peor calidad y más aburrida que realizar actividades lúdicas en grupo. Por tanto, en ese niño se creará rechazo, incluso odio, porque entiende como un "castigo" el hecho de tener que salir todos los días a andar, en lugar de algo placentero como es jugar con sus amigos. Lo normal es que a este niño termine por no gustarle la actividad física, la verá aburrida y trivial.

La recomendación de actividad física en niños y adolescentes según el Departamento de Salud Pública de los Estados Unidos[LXXVI], es realizar una hora o más de actividad física aeróbica al día de intensidad moderada o intensa, incluyendo actividad física de alta intensidad al menos tres días por semana. Actividades aeróbicas de intensidad moderada son, por ejemplo, caminar a paso rápido o carrera suave, patinaje, ciclismo o actividades lúdico-deportivas. Cualquier actividad físico-deportiva practicada en clase de Educación Física podría entrar dentro de este grupo. A los anteriores ejemplos incluimos los juegos de persecución, juegos predeportivos, cooperativos, deportes alternativos y populares, carreras de orientación o juegos de pistas, actividades de expresión corporal y actividades realizadas en el medio natural, entre otras. Y como actividades aeróbicas de alta intensidad, por ejemplo, montar en bici con tramos de montaña o cuestas, saltar a la comba, ejercicios de tonificación muscular en circuito (muy adecuado su uso en el marco escolar), correr de forma más rápida y realizar deportes de competición como el tenis, el fútbol o el baloncesto, donde hay que realizar carreras explosivas en ciertos momentos del juego. En estas actividades se deben incorporar ejercicios o juegos para mejorar la fuerza muscular y la velocidad, al menos tres días por semana, como escalada o trepa por las espalderas, abdominales, flexiones, fondos de piernas, juegos de fuerza individuales, por parejas o en grupo, transporte de objetos, autocargas, entrenamiento con gomas elásticas o en suspensión, carreras de velocidad, progresiones o *sprints*, juegos de persecución, cambios de ritmo, circuitos de agilidad, coordinación o multisaltos, entre otros.

La riqueza pedagógica de estas actividades puede incrementar notablemente con la combinación de estos ejercicios para crear actividades

---

[LXXVI] www.hhs.gov/news

de enseñanza-aprendizaje o tareas competenciales donde el alumnado debe resolver problemas, enigmas o superar retos individuales o en grupo. Esto es posible gracias al conocimiento del especialista en pedagogía de la actividad física, el maestro/profesor de Educación Física. Un ejemplo claro lo podemos poner con el sencillo juego del "pañuelo" para mejorar la velocidad. Esta actividad siempre será más divertida que hacer *sprints* en solitario en una pista de atletismo. Y si a esto unimos la realización previa de una operación matemática mentalmente antes de conocer el número que debe salir (en lugar de gritar directamente el número 3, por ejemplo se dice 10 menos 7), la actividad será más divertida y mejor a nivel neurocognitivo.

A pesar de la evidencia científica, parece no existir un consenso unánime entre los diferentes currículos de educación internacionales, en los cuales existe una gran disparidad de tiempo dedicado a la actividad física curricular, siendo España uno de los países europeos con menos horas de Educación Física. Esto puede ser la razón por la que España es uno de los países de Europa con mayor índice de obesidad infantil y más bajos niveles de condición física en niños y adolescentes[10,11]. Concretamente, el International Obesity Task-Force, (IOTF-grupo internacional de trabajo sobre obesidad) sitúa a España en la segunda posición del ranking europeo en cuanto a prevalencia de niños con sobrepeso/obesidad. Si a esto añadimos los resultados de las pruebas externas PISA (Programa para la Evaluación Internacional de Alumnos), que también sitúan a nuestros jóvenes escolares en los puestos más bajos del ranking, parece evidente y necesario un cambio en nuestro sistema educativo, que bien podría girar en torno a la actividad física curricular por sus más que evidenciados beneficios a nivel físico, psicológico, emocional, mental, social y neurocognitivo.

## 6. CONCLUSIÓN Y REFLEXIÓN

Dado que la cognición o capacidad cognitiva de una persona es la facultad para procesar información a partir de la percepción, del conocimiento adquirido (experiencia) y de las características subjetivas que permiten valorar la información, podríamos decir que el rendimiento cognitivo de un sujeto, en este caso de un estudiante, consiste en realizar de la forma más óptima posible procesos cognitivos como el aprendizaje, el razonamiento, la atención, la memoria, la resolución de problemas, la toma de decisiones o el procesamiento de la información, entre otros.

El profesor Howard Gardner de la Universidad de Harvard, habla de inteligencias múltiples, en concreto nueve, siendo la inteligencia existencial la última de la que nos habla[72]. Las ocho restantes son la lingüístico-verbal, lógico-matemática, viso-espacial, musical, corpóreo-cinestésica, intrapersonal, interpersonal y naturalista. Para Gardner, la inteligencia es un potencial biopsicológico de procesamiento de información que se puede activar en uno o más contextos culturales para resolver problemas o crear productos que tienen valor para dichos contextos. Es imposible atribuir un único factor a estos procesos cerebrales, relacionados directamente con los mejores o peores resultados académicos de los niños y adolescentes. Las funciones cerebrales son muy complejas, influyendo en ellas la genética y lo mucho o poco que hagamos trabajar nuestras neuronas. Sabemos que la actividad física y el juego hacen trabajar de forma muy saludable al cerebro, favoreciendo positivamente dichos procesos mentales, su oxigenación, neurogénesis (creación nuevas neuronas), sinaptogénesis (creación nuevas conexiones entre neuronas), angiogénesis (formación de vasos sanguíneos) y segregación de neurotransmisores asociados a diferentes funciones cognitivas, emociones y estados de ánimo, como el control inhibitorio, memoria, flexibilidad cognitiva, atención, buen estado de humor y motivación, entre otros, en definitiva contribuye a mejorar la plasticidad cerebral, por tanto su capacidad de aprendizaje. No obstante, debemos tener claro que si practicamos mucho ejercicio físico pero no estimulamos nuestro cerebro, es como abonar mucho la tierra sin sembrar semillas. De ahí que si practicamos actividad física jugando (por ejemplo en una clase de Educación Física), estaremos favoreciendo ambos procesos simultáneamente (siembra y abono).

Si el cerebro de un niño fuera un árbol y sus ramas, hojas y frutos, las neuronas; el juego y la actividad física recomendada harían que ese árbol pareciera estar siempre en primavera. Mientras que si ese mismo niño fuera sedentario e instruido en su colegio con metodologías basadas en la instrucción directa, el árbol (su cerebro) estaría casi sin ramas, con pocas hojas y frutos, sería como ver un árbol de hoja caduca en otoño (figura 6).

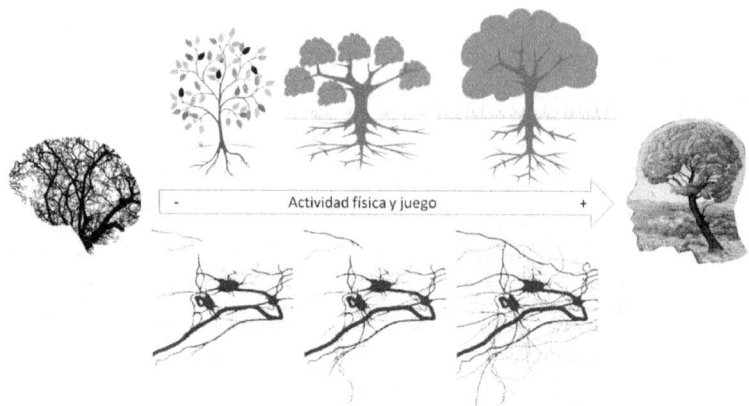

*Figura 6.* Metáfora del cerebro con un árbol en otoño o en primavera.

La Educación Física actual además de favorecer los procesos cognitivos, también favorece la eliminación de estrés y ansiedad, estado psicológico de bienestar o *well-being*, relajación, relaciones interpersonales, construcción del carácter y mejora la autoestima, factores que ayudan al cuidado y mejora de la salud psíquica y emocional de nuestros jóvenes. El suicidio es la primera causa de muerte en el mundo. Así, los beneficios mentales y neurocognitivos de llevar un estilo de vida activo en los niños y adolescentes tienen una consecuencia directa tanto en la salud pública como a nivel educativo. Por tanto, los proyectos educativos que deseen tener en consideración la actividad cerebral deben fomentar enfoques que incluyan el movimiento y la actividad física regular y dirigida en sus planes de estudios, según las instituciones de salud internacionales y las últimas investigaciones en neuroeducación. Al menos sesenta minutos al día, con actividades aeróbicas moderadas e intensas, con ejercicios de fuerza y velocidad donde los estudiantes deban resolver problemas, memorizar jugadas, reglas, coreografías o guiones de teatro. Si además estas actividades se desarrollan a través de juegos, retos o resolución de problemas en contextos pedagógicamente óptimos, como son las clases de Educación Física, los efectos beneficiosos para el cerebro se multiplican.

Si nuestro cerebro fuera un coche de carreras y la resolución de un problema una carrera de Fórmula 1, se podría decir que aquellas personas que realizan actividad física regular y adecuada, dispondrán de mejores coches (cerebros) para completar la carrera (resolver un problema). Una persona físicamente activa empieza a formarse desde edades tempranas. Por ello, es conveniente que el recuerdo con la actividad física durante la infancia y adolescencia sea placentero. Ello pasa por tener experiencias divertidas y agradables en Educación Física, tanto en la infancia como en la adolescencia, sin necesidad de asistir a actividades extraescolares para divertirse. Sabemos que a este tipo de actividades y a estas edades no todas las familias se lo pueden permitir tanto por cuestiones económicas como organizativas (disponibilidad de los padres para el traslado del alumno a las instalaciones, muchos alumnos se desplazan a sus colegios en transporte escolar y por las tardes este no está operativo) o aquellos que motrizmente están mejor dotados, quedando fuera de esta población un número muy elevado de niños y adolescentes, según el informe Eurydice[73], el 80%, que es el porcentaje de niños y niñas en edad escolar que afirman realizar actividad física únicamente en la escuela. Por consiguiente, solo el 20% de niños y adolescentes realizarían el volumen de actividad física recomendada, aunque de este 20% habría que preguntarse cómo es, si es adecuada en intensidad, si fomenta valores como la cooperación, el trabajo en equipo, el respeto, el juego limpio, la solidaridad, la igualdad de género o la interculturalidad, entre otros, valores que en una clase de Educación Física no solo están omnipresentes, sino que además deben ser enseñados y calificados.

Resulta, por tanto, imprescindible disponer de tiempo suficiente en Educación Física (única actividad física escolar obligatoria para el 100% de niños y adolescentes) para que el alumnado consiga unos aprendizajes significativos y fundamentales relacionados con la actividad físico-deportiva, que aseguren continuidad, hábito y un nivel óptimo de forma física que les permita divertirse mientras practican actividad física. Esta reflexión es primordial, precisamente en este momento en el que el Gobierno actual está confeccionando un pacto por la educación. Y es que según este informe europeo (Eurydice)[73] España es uno de los países que dedica menos tiempo a la Educación Física dentro del currículo escolar. Francia, por ejemplo, destina en educación secundaria, el 14% del currículo a esta asignatura, mientras que en España es solo del 3%-4%.

Además, la Educación Física juega un papel muy importante en la prevención de obesidad y factores de riesgo cardiovascular. También es vital para potenciar el aprendizaje de nuestros escolares, motivarles hacia estos aprendizajes y para contribuir a un mejor desarrollo cerebral; por consiguiente, para mejorar sus resultados académicos, como así ha quedado demostrado en numerosos estudios de intervención controlados en el marco escolar, revisiones y meta-análisis. No parece ser una buena idea dedicar el mínimo tiempo posible a la Educación Física, cuando sabemos que mejora la salud física, social, emocional, mental y neurocognitiva de nuestros escolares y podría contribuir a la mejora de sus resultados académicos. En definitiva, lo que es bueno para el sistema cardiocirculatorio, respiratorio y aparato locomotor es bueno para el cerebro.

## 7. REFERENCIAS BIBLIOGRÁFICAS

1. Boletín Oficial del Estado de 3 de enero de 2015, Real Decreto 1105/2014, de 26 de diciembre, por el que se establece el currículo básico de la Educación Secundaria Obligatoria y del Bachillerato.

2. Pellicer Royo, I., López González, L., Mateu Serra, M., Mestres Pastor, L., Meritxell;, M.H., Ruiz Omeñaca, J.V. (2015). *NeuroEF. La revolución de la Educación Física desde la Neurociencia.* Barcelona: Inde.

3. Healthy People (2010). *Leading health indicators (electronic material).* Available from: http://www.healthypeople.gov/.

4. Katz, D.L., O'Connell, M., Njike, V.Y., Yeh, M.C., Nawaz, H. (2008). Strategies for the prevention and control of obesity in the school setting: systematic review and meta-analysis. *International Journal of Obesity (Lond), 32,* 1780-1789.

5. Lee, S.M., Burgeson, C.R., Fulton, J.E., Spain, C.G. (2007). Physical education and physical activity: results from the School Health Policies and Programs Study. *Journal of School Health, 77,* 435-463.

6. Pate, R.R., Davis, M.G., Robinson, T.N., Stone, E.J., McKenzie, T.L. y Young, J.C. (2006). Promoting physical activity in children and youth: a leadership role for schools: a scientific statement from the American Heart Association Council on Nutrition, Physical Activity, and Metabolism (Physical Activity Committee) in collaboration with the Councils on Cardiovascular Disease in the Young and Cardiovascular Nursing. *Circulation, 114,* 1214-1224.

7. Mora, F. (2010). *¿Se puede retrasar el envejecimiento del cerebro? 12 claves.* Madrid: Alianza editorial.

8. Constitución de la Organización Mundial de la Salud, aprobada en la Conferencia Internacional de Salud de 1946, y que entró en vigor el 7 de abril de 1948. *Glosario de Promoción de la Salud.* Traducción del Ministerio de Sanidad. Madrid (1999).

9. Caspersen, C.J., Powell, K.E. y Christenson, G.M. (1985). Physical activity, exercise, and physical fitness: definitions and distinctions for health-related research. *Public Health Reports, 100,* 126-131.

10. Ortega, F.B., Ruiz, J.R., Castillo, M.J., Moreno, L.A., González-Gross, M., Warnberg, J. y Gutiérrez, A. (2005). [Low level of physical fitness in Spanish adolescents.

Relevance for future cardiovascular health (AVENA study)]. *Revista Española de Cardiología, 58,* 898-909.

11. Ortega, F.B., Artero, E.G., Ruiz, J.R., Espana-Romero, V., Jimenez-Pavon, D., Vicente-Rodriguez, G., et al. (2011). Physical fitness levels among European adolescents: the HELENA study. *British Journal of Sports Medicine, 45,* 20-29.

12. Boletín Oficial del Estado de 10 de diciembre de 2013, Ley Orgánica 8/2013, de 9 de diciembre, para la mejora de la calidad educativa.

13. Donnelly, J.E., Hillman, C.H., Castelli, D.M., Etnier, J.L., Lee, S.M., Tomporowski, P., Lambourne, K. y Szabo-Reed, A.N. (2016). Physical activity, fitness, cognitive function, and academic achievement in children: A systematic review: American College of Sports Medicine Position Stand. *Medicine and Science in Sports and Exercise, 48,* 1197–1222.

14. Lee, I.M., Shiroma, E.J., Lobelo, F., Puska, P., Blair, S.N., Katzmarzyk, P.T., Lancet Physical Activity Series Working Group. (2012). Effect of physical inactivity on major non-communicable diseases worldwide: an analysis of burden of disease and life expectancy. *Lancet, 380*(9838), 219-29.

15. Ding, D., Lawson, K.D., Kolbe-Alexander, T.L., Finkelstein, E.A., Katzmarzyk, P.T., Van Mechelen, W. y Pratt, M. (2016). The economic burden of physical inactivity: a global analysis of major non-communicable diseases. *Lancet, 24,* 388(10051), 1311-24.

16. Ekelund, U., Ward, H.A., Norat, T., Luan, J., May, A.M., Weiderpass, E., et al. (2015). Physical activity and all-cause mortality across levels of overall and abdominal adiposity in European men and women: the European Prospective Investigation into Cancer and Nutrition Study (EPIC). *The American Journal of Clinical Nutrition, 101,* 613-621.

17. Ballesteros Arribas, J.M., Dal-Re Saavedra, M., Perez-Farinos, N. Y Villar Villalba, C. (2007). [The Spanish strategy for nutrition, physical activity and the prevention of obesity (NAOS Strategy)]. *Revista Española de Salud Publica, 81,* 443-449.

18. Gutin, B., 2008. Child obesity can be reduced with vigorous activity rather than restriction of energy intake. *Obesity (Silver Spring), 16,* 2193-2196.

19. Myers, J., Prakash, M., Froelicher, V., Do, D., Partington, S. y Atwood, J.E. (2002). Exercise capacity and mortality among men referred for exercise testing. *The New England Journal of Medicine, 346,* 793-801.

20. Ruiz, J.R., Sui, X., Lobelo, F., Morrow, J.R., Jr., Jackson, A.W., Sjöström, M., y Blair, S.N. (2008). Association between muscular strength and mortality in men: prospective cohort study. *British Medical Journal, 337.*

21. Sui, X., LaMonte, M.J., Laditka, J.N., Hardin, J.W., Chase, N., Hooker, S.P. y Blair, S.N. (2007). Cardiorespiratory fitness and adiposity as mortality predictors in older adults. *Journal of the American Medical Association, 298*, 2507-2516.

22. Ruiz, J.R., Castro-Pinero, J., Artero, E.G., Ortega, F.B., Sjostrom, M., Suni, J. y Castillo, M.J. (2009). Predictive validity of health-related fitness in youth: a systematic review. *British Journal of Sports Medicine, 43*, 909-923.

23. Twisk, J.W., Kemper, H.C. y van Mechelen, W. (2000). Tracking of activity and fitness and the relationship with cardiovascular disease risk factors. *Medicine and Science in Sports and Exercise, 32,* 1455-1461.

24. Kemper, H.C., Twisk, J.W., van Mechelen, W., Post, G.B., Roos, J.C. y Lips, P. (2000). A fifteen-year longitudinal study in young adults on the relation of physical activity and fitness with the development of the bone mass: The Amsterdam Growth And Health Longitudinal Study. *Bone, 27,* 847-853.

25. Chillon, P., Castro-Pinero, J., Ruiz, J.R., Soto, V.M., Carbonell-Baeza, A., Dafos, J., Vicente-Rodríguez, G., Castillo, M.J. y Ortega, F.B. (2010). Hip flexibility is the main determinant of the back-saver sit-and-reach test in adolescents. *Journal of Sports Science, 28,* 641-648.

26. Aragunde Soutullo, J.L. y Pazos Couto, J.M. (2000). *Educación Postural.* Barcelona: Inde.

27. Berenson, G.S., Srinivasan, S.R., Bao, W., Newman, W.P., 3rd, Tracy, R.E., Wattigney, W.A. (1998). Association between multiple cardiovascular risk factors and atherosclerosis in children and young adults. The Bogalusa Heart Study. *New England Journal of Medicine, 338,* 1650-1656.

28. Strong, J.P., Malcom, G.T., McMahan, C.A., Tracy, R.E., Newman, W.P., 3rd, Herderick, E.E., et al. (1999). Prevalence and extent of atherosclerosis in adolescents and young adults: implications for prevention from the Pathobiological Determinants of Atherosclerosis in Youth Study. *Journal of the American Medical Association, 281,* 727-735.

29. Ortega, F.B., Ruiz, J.R., Castillo, M.J., Sjöström, M. (2008). Physical fitness in childhood and adolescence: a powerful marker of health. *International Journal of Obesity (Lond), 32,* 1-11.

30. Åberg, M.A., Nyberg, J., Torén, K., Sörberg, A., Kuhn, H.G. y Waern, M. (2014). Cardiovascular fitness in early adulthood and future suicidal behaviour in men followed for up to 42 years. *Psychological Medicine, 44*(4), 779-788.

31. Åberg, M. A., Pedersen, N. L., Torén, K., Svartengren, M., Bäckstrand, B., Johnsson, T., Cooper-Kuhn, C. M., Aberg, N. D., Nilsson, M. y Kuhn, H. G. (2009). Cardiovascular fitness is associated with cognition in young adulthood. *Proceedings of the National Academy of Sciences, 106.*

32. Chomitz, V.R., Slining, M.M., McGowan, R.J., Mitchell, S.E., Dawson, G.F. y Hacker, K.A. (2009). Is there a relationship between physical fitness and academic achievement? Positive results from public school children in the northeastern United States. *Journal of School Health, 79,* 30-37.

33. Fox, C.K., Barr-Anderson, D., Neumark-Sztainer, D. y Wall, M. (2010). Physical activity and sports team participation: associations with academic outcomes in middle school and high school students. *Journal of School Health, 80,* 31-37.

34. Hillman, C.H., Erickson, K.I. y Kramer, A.F. (2008). Be smart, exercise your heart: exercise effects on brain and cognition. *Nature Reviews Neuroscience, 9,* 58-65.

35. Hillman, C.H., Buck, S.M., Themanson, J.R., Pontifex, M.B. y Castelli, D.M. (2009). Aerobic fitness and cognitive development: Event-related brain potential and task performance indices of executive control in preadolescent children. *Developmental Psychology, 45,* 114-129.

36. Rasberry, C.N., Lee, S.M., Robin, L., Laris, B.A., Russell, L.A., Coyle, K.K. y Nihiser, A.J. (2011). The association between school-based physical activity, including physical education, and academic performance: a systematic review of the literature. *Preventive Medicine, 52* Suppl 1, S10-20.

37. Sibley, B.A. y Etnier, J.L. (2003). The relationship between physical activity and cognition in children: a meta-analysis. *Pediatric Exercise Science, 15,* 243–256.

38. Tomporowski, P.D., Davis, C.L., Miller, P.H. Y Naglieri, J.A. (2008). Exercise and Children's Intelligence, Cognition, and Academic Achievement. *Educational Psychology Review, 20,* 111-131.

39. Trudeau, F. Y Shephard, R.J. (2008). Physical education, school physical activity, school sports and academic performance. *International Journal of Behavioral Nutrition and Physical Activity, 5,* 10.

40. Dobbins, M., De Corby, K., Robeson, P., Husson, H. Y Tirilis, D. (2009). School-based physical activity programs for promoting physical activity and fitness in children and adolescents aged 6-18. *Cochrane Database of Systematic Reviews,* CD007651.

41. Janssen, I. Y Leblanc, A.G. (2010). Systematic review of the health benefits of physical activity and fitness in school-aged children and youth. *International Journal of Behavioral Nutrition and Physical Activity, 7,* 40.

42. Ribeiro, I.C., Parra, D.C., Hoehner, C.M., Soares, J., Torres, A., Pratt, M., Legetic, B., Malta, D.C., Matsudo, V., Ramos, L.R., Simoes, E.J. y Brownson, R.C. (2010). School-based physical education programs: evidence-based physical activity interventions for youth in Latin America. *Global Health Promotion, 17,* 5-15.

43. Ortega, F.B., Campos, D., Cadenas-Sanchez, C., Altmäe, S., Martínez-Zaldívar, C., Martín-Matillas, M., Catena, A., Campoy, C. (2017). Physical fitness and shapes of subcortical brain structures in children. *British Journal of Nutrition, 27*, 1-10.

44. Dwyer, T., Coonan, W.E., Leitch, D.R., Hetzel, B.S. y Baghurst, R.A. (1983). An investigation of the effects of daily physical activity on the health of primary school students in South Australia. *International Journal of Epidemiology, 12*, 308-313.

45. Ahamed, Y., Macdonald, H., Reed, K., Naylor, P.J., Liu-Ambrose, T. y McKay, H. (2007). School-based physical activity does not compromise children's academic performance. *Medicine and Science in Sports and Exercise, 39*, 371-376.

46. Coe, D.P., Pivarnik, J.M., Womack, C.J., Reeves, M.J. y Malina, R.M. (2006). Effect of physical education and activity levels on academic achievement in children. *Medicine and Science in Sports and Exercise, 38,* 1515-1519.

47. Pollatschek, J.L. y O'Hagan, F.J. (1989). An investigation of the psycho-physical influences of a quality daily physical education programme. *Health Education Research, 4*, 341–350.

48. Ericsson, I. (2008). Motor skills, attention and academic achievements: an intervention study in school years 1-3. *British Educational Research Journal, 34*, 301–313.

49. Sallis, J.F., McKenzie, T.L., Kolody, B., Lewis, M., Marshall, S., Rosengard, P. (1999). Effects of health-related physical education on academic achievement: project SPARK. *Research Quarterly for Exercise and Sport, 70,* 127-134.

50. Ardoy, D.N., Fernandez-Rodriguez, J.M., Jimenez-Pavon, D., Castillo, R., Ruiz, J.R., Ortega, F.B. (2014). A physical education trial improves adolescents' cognitive performance and academic achievement: the EDUFIT study. *Scandinavian Journal of Medicine & Science in Sports, 24*, e52-61.

51. Diamond A. (2014). Executive functions: Insights into ways to help more children thrive. *Zero to Three, 35*(2), 9-17.

52. Guillén, J.C. (2017). *Neuroeducación en el aula. De la teoría a la práctica*. Poland: Amazon.

53. Voelcker-Rehage, C., Niemann, C. (2013). Structural and functional brain changes related to different types of physical activity across the life span. *Neuroscience & Biobehavioral Reviews, 37,* 2268-2295.

54. Wrann, C.D., White, J.P., Salogiannnis, J., Laznik-Bogoslavski, D., Wu, J., Ma, D., et al. (2013). Exercise induces hippocampal BDNF through a PGC-1alpha/FNDC5 pathway. *Cell Metabolism, 18,* 649-659.

55. Xu, B. (2013). BDNF (I)rising from exercise. *Cell Metabolism, 18,* 612-614.

56. Chaddock, L., Erickson, K.I., Prakash, R.S., Kim, J.S., Voss, M.W., Vanpatter, M., Pontifex, M.B., Raine, L.B., Konkel, A., Hillman, C.H., Cohen, N.J. y Kramer, A.F. (2010). A neuroimaging investigation of the association between aerobic fitness, hippocampal volume, and memory performance in preadolescent children. *Brain Research, 1358,* 172-183.

57. Chaddock, L., Erickson, K.I., Prakash, R.S., Vanpatter, M., Voss, M.W., Pontifex, M.B., Raine, L.B., Hillman, C.H. y Kramer, A.F. (2010). Basal ganglia volume is associated with aerobic fitness in preadolescent children. *Developmental Neuroscience, 32,* 249-256.

58. Hillman, C.H., Erickson, K.I. y Hatfield, B.D. (2017). Run for your life! Childhood physical activity effects on brain and cognition. *Kinesiology Review, 6,* 12-21.

59. Erickson, K.I., Hillman, C.H. y Kramer, A.F. (2015). Physical activity, brain, and cognition. *Current Opinion in Behavioral Sciences, 4,* 27–32.

60. Esteban-Cornejo, I., Cadenas-Sanchez, C., Contreras-Rodriguez, O., Verdejo-Roman, J., Mora-Gonzalez, J., Migueles, J.H., Henriksson, P., Davis, C.L., Verdejo-Garcia, A., Catena, A. y Ortega, F.B. (2017). A whole brain volumetric approach in overweight/obese children: Examining the association with different physical fitness components and academic performance. The ActiveBrains project. *Neuroimage, 5;*159:346-354.

61. Bisquerra, R. (2009). *Psicopedagogía de las emociones.* Madrid: Síntesis.

62. Ratey, J. (2008). *Spark: The revolutionary new science of exercise and the brain.* New York: Little, Brown & Company.

63. Mora, F. (2013). *Neuroeducación. Sólo se puede aprender aquello que se ama.* Madrid: Alianza Editorial.

64. Travlos, A.K. (2010). High intensity physical education classes and cognitive performance in eighth grade students: an applied study. *International Journal of Sport and Exercise Psychology, 8* (3), 302-311.

65. Winter, B., Breitenstein, C., Mooren, F.C., Voelker, K., Fobker, M., Lechtermann, A., Krueger, K., Fromme, A., Korsukewitz, C., Floel, A. y Knecht, S. (2007). High impact running improves learning. *Neurobiology of Learning and Memory, 87,* 597-609.

66. Stylianou, M., Kulinna, P.H., Van der Mars, H., Mahar, M.T., Adams, M.A. y Amazeen, E. (2016). Before-school running/walking club: effects on student on-task behavior. *Preventive Medicine Reports, 3,* 196-202.

67. Huertas-Delgado, F.J., Herrador-Colmenero, M., Villa-González, E., Aranda-Balboa, M.J., Caceres, V., Mandic, S. y Chillon, P. (2017). Parental Perceptions of Barriers to Active Commuting to School in Spanish Children and Adolescents. *European Journal of Public Health, 1*(6).

68. Villa-González, E., Ruiz, J.R. y Chillón, P. (2016). Recomendaciones para implementar intervenciones de calidad de promoción del desplazamiento activo al colegio. *Retos, 30,* 159-161.

69. Herrador-Colmenero, M., Villa-González, E. y Chillón, P. (2017). Children who commute to school unaccompanied have greater autonomy and perceptions of safety. *Acta Paediatrica. 106* (12): 2042-2047.

70. Herrero-Serrano, G. (2015). Ocio activo, un hábito que hay mimar y emprender. *Revista Habilidad Motriz. COLEF de Andalucía. Revista de Ciencias de la Actividad Física y del Deporte, 45,* 22-33.

71. Ponce de León Elizondo, A., Valdemoros San Emeterio, M.A. y Sanz Arazuri, E. (2010). El influjo educativo de los profesores en el abandono de la práctica físico-deportiva de los adolescentes. *Revista electrónica Interuniversitaria De Formación Del Profesorado, 13*(4), 211-220.

72. Gardner, H. (2010). *La inteligencia reformulada: las inteligencias múltiples en el siglo XXI.* Barcelona: Editorial Paidós Ibercia.

73. European Commission/EACEA/Eurydice (2013). *Physical Education and Sport at School in Europe. Eurydice Report.* Luxembourg: Publications Office of the European Union. Disponible en: http://eacea.ec.europa.eu/education/eurydice/documents/thematic_reports/150EN.pdf.